“十四五”国家规划互联网+应用型财经类专业教材

大数据管理会计

主　编：宋文秀　刘恩鹏　陈晋玲　王秀芳

副主编：王占阳　张熙妍　杨海山

天津大学出版社
TIANJIN UNIVERSITY PRESS

内容简介

本书是“十四五”国家规划互联网+应用型财经类专业教材之一。本书以财政部发布的《管理会计基本指引》《管理会计应用指引》为指导，按照大数据与会计专业新版《职业教育专业目录(2021年)》教学标准设置内容框架。全书共10个项目，包括：项目一，管理会计认知；项目二，成本管理；项目三，营运管理；项目四，预测分析；项目五，经营决策；项目六，投融资管理；项目七，预算管理；项目八，绩效管理；项目九，战略管理；项目十，综合实训案例应用。

全书配备微课、视频、可视化实训操作平台等学习资源，支持二维码随扫随学，还提供教学课件等教学资源。

本书可作为高等职业教育专科院校、职业教育本科院校和应用型本科财务会计类专业和财经商贸大类下其他相关专业的教学用书，还可作为社会从业人员从事企业财务工作和研究管理会计的参考用书，同时，也可以作为财经商贸类相关专业技能大赛的参考用书。

图书在版编目(CIP)数据

大数据管理会计 / 宋文秀等主编 ; 王占阳, 张熙妍, 杨海山副主编. -- 天津 : 天津大学出版社, 2024.2
“十四五”国家规划互联网 + 应用型财经类专业教材
ISBN 978-7-5618-7680-0

Ⅰ. ①大… Ⅱ. ①宋… ②王… ③张… ④杨… Ⅲ. ①管理会计 - 数据处理 - 高等职业教育 - 教材Ⅳ. ①F234.3

中国国家版本馆 CIP 数据核字(2024)第039319号

出版发行 天津大学出版社
地　　址 天津市卫津路92号天津大学内(邮编:300072)
电　　话 发行部:022-27403647
网　　址 www.tjupress.com.cn
印　　刷 天津泰宇印务有限公司
经　　销 全国各地新华书店
开　　本 787mm×1092mm 1/16
印　　张 20
字　　数 524千字
版　　次 2024年2月第1版
印　　次 2024年2月第1次
定　　价 56.00元

前　言

党的二十大报告指出，高质量发展是全面建设社会主义现代化国家的首要任务。经济高质量发展目标的实现需要企业高质量发展提供支撑，《会计改革与发展“十四五”规划纲要》和《关于中央企业加快建设世界一流财务管理体系的指导意见》为如何提升企业财务管理赋能企业高质量发展提出了系统的指导意见。其中，管理会计为企业高质量发展发挥着重要的保驾护航作用。数字化技术信息飞速发展，机器人流程自动化、人工智能等技术将使会计工作变得越来越自动化。与传统管理会计相比，新管理会计更多为面向不确定性的管理决策服务。在当今数字经济时代，财务人员可以通过管理会计工具来推动企业数字化转型和价值创造，提升单位管理水平，促进战略落地，在帮助创造企业价值中发挥着重大作用。

本书以财政部发布的《管理会计基本指引》《管理会计应用指引》为指导，校企合作开发，系统介绍各个应用领域比较成熟的管理会计工具方法，配合使用平台提供的专业分析工具，处理涵盖成本管理、成本分析、量本利分析、绩效管理、战略管理、经营预测、经营决策、预算管理等企业管理中的细分领域，形成“数据基础、多维模型、展现方式”的场景化模式；旨在帮助学生掌握管理会计的核心知识和技能，应用大数据技术解决企业在实际经营管理中存在的问题，提升财务预测和财务决策的能力，培养学生分析和解决企业内部管理会计实际问题的能力。本书的主要特点如下。

1. 凸显理实一体，“课岗证赛训”融通

本书根据教育部公布的新版《职业教育专业目录（2021年）》，（简称《目录》）进行编写。《目录》以专业升级和数字化改造为关键，对接“业财税一体化人才的知识、能力、素质”，达到“精财务、懂业务、善工具、通管理”的基本要求。本书按照会计专业教学标准编写，将“岗位需求（专业技能）、课程体系（专业知识）、技能竞赛（综合素质）、证书考试（职业素养）”融于一体，培养“善沟通、多技能、懂管理、有远见、敢担当”的管理会计人才。教学顺序按照项目编排来展开，遵循“知识链接、案例解析、同步实践（小试牛刀）、巩固拓展”的顺序来进行，注重对教学过程的设计，注重学生对教学活动的参与，循序渐进，让学生逐步掌握解决问题的能力和技能，项目完成的结果是得到一个标志性成果。通过明确的活动和任务来给予具体直观的展示，包括案例背景、环境、工具、步骤、讨论、考核评价等环节，将职业技能设计在完成工作任务中，激发学生的学习兴趣，更利于完成教材中所设定的教学活动和工作任务，着重体现知识学习和能力培养的系统化设计，并且还体现教、学、做、考的有机结合和有效衔接，从而培养学生的自主学习能力、创新能力、动手实践能力及团队协作能力。而且按新版专业教学标准要求，在指向学生关键工作能力的同时，在工作任务的实施过程中渗透吃苦耐劳、精益求精的职业素养，促进学生优良品格和正确价值观的养成，有效融合职业道德教育，提高学生的综合素质。

2. 配套实务工具真实场景数据体验，重视学习过程评价

实验操作过程中，通过使用平台提供的专业分析工具，学生结合案例、实务工具以及任务考核，了解财务知识的应用场景和实际应用方法，掌握实际应用技能，更好地应对管理会计的实际问题。构建课堂评价、学习能力与习惯评价、价值观评价以及综合实操过程

评价，将学生的学习能力与习惯及价值观纳入到评价体系中，增加对学习态度的考查，通过学生自评、生生互评、教师考评三方评价共同决定。从学生的责任心、组织能力、独立工作能力、合作能力、主动性以及自我管理六个方面，评估学生在整个学习阶段中所呈现出的行为。

3. 校企双元合作，资源立体化

财务知识和技能的实际应用场景往往比较抽象，许多学生很难将理论知识应用到实际工作中。本书采用“纸质教材+二维码+VDC 管理会计实训平台”的立体化教学形式，以中国企业独立特色的发展模式案例，引起学生的关注度，引入企业职业岗位中的真实任务和场景，融入企业中管理会计岗位的工作规范、工作任务、工作流程和工作技能标准内容，让学生身临其境，通过专题、案例、工具、任务配置，实现个性化教学设计，实现课堂·案例·实训三位一体教学模式的创新。

本书和企业专家共同开发建设，在编写过程中得到了沈阳跃客教育科技有限公司的大力支持，配合使用 VDC 管理会计的软件平台中独特的真实场景和业务实践案例，结合了专业分析工具的计算模型，帮助学生掌握复杂的管理会计知识框架。注重实践，让学生通过数据整理和实务工具操作，将理论知识转化为实际应用能力，实现可视化案例教学的应用场景。帮助学生熟练运用管理会计体系和方法，能够分析和应对企业的内部管理问题，更符合新形势下管理决策的需要。

4. 以专业知识为依托，注入思政因素并建立起两者间相互交融的统一体

本书深入挖掘专业课程内容中蕴含的思政元素，一是将党的二十大精神、党史学习教育和践行社会主义核心价值观有机融入课程思政育人体系，以“多角度挖掘、全方位融入”等方法论指导课程思政教学，深入研究各知识点与思政因素间的内在联系，厘清它们的关系，找准两者间的“内在契合点”。在知识点中，将马克思主义中国化时代化最新成果的世界观和方法论贯穿于其中；二是结合国家宏观经济管理以及经济建设形势和取得的成绩，将中国企业创新和改革的实践应用在管理实践中逐渐探索出行之有效的管理会计工具，形成具有中国企业独立特色的发展模式案例并嵌入到系统化的思政教学案例中，善于用身边故事阐释道理、用细节打动人心，充分激发学生的价值认同和情感共鸣。依照专业知识内容逻辑体系，以专业知识为依托，在潜移默化中将思政之“盐”溶于课程之“汤”，不断提升教育的亲和力、感染力、针对性和实效性，真正实现思政教育的入耳、入脑、入心，充分发挥教材的铸魂育人功能，实现立德树人的目的。

本书由宋文秀、刘恩鹏、陈晋玲、王秀芳担任主编，王占阳、张熙妍、杨海山担任副主编。具体编写分工为：酒泉职业技术学院宋文秀老师负责编写项目一、项目四、项目九；山东信息职业技术学院刘恩鹏老师负责编写项目二、项目八，晋城职业技术学院陈晋玲老师负责编写项目三、项目六、项目七，酒泉职业技术学院王秀芳老师负责编写项目十，酒泉职业技术学院王占阳、张熙妍老师负责编写项目五，沈阳跃客教育科技有限公司杨海山总监负责实践平台实战案例的梳理、设计和实现。酒泉职业技术学院宋文秀老师负责本书的总编纂。在本书的编写过程中，我们参阅了有关著作，在此向相关作者致以诚挚的谢意。

由于编者学识水平和能力有限，书中难免存在疏漏之处，敬请广大读者批评指正。

编者

2023 年 1 月

目　　录

项目一　管理会计认知

学习目标

【知识目标】

（1）了解管理会计及其未来发展趋势。
（2）掌握管理会计的概念。
（3）掌握管理会计的职能。
（4）了解中国管理会计指引体系。
（5）明白管理会计胜任能力要求。

【能力目标】

（1）能够激发学生的创新思维、管理思维、商业思维。
（2）能够执行单位内部控制措施。
（3）具备管理会计工具应用能力、数据分析能力、账务决策能力及团队协作能力。

【素养目标】

（1）通过对管理会计工具与方法的认知，应具备灵活、敏锐的环境适应性能力。

（2）通过学习管理会计能力素质要求，理解管理会计中蕴含的管理方法、理念与个人成长、就业的关系。

（3）通过管理会计胜任能力的学习，明白工作中所必须遵循的职业道德并树立正确的价值观，做好充足的职业技能准备以适应财务转型带来的机遇和挑战。

项目知识结构

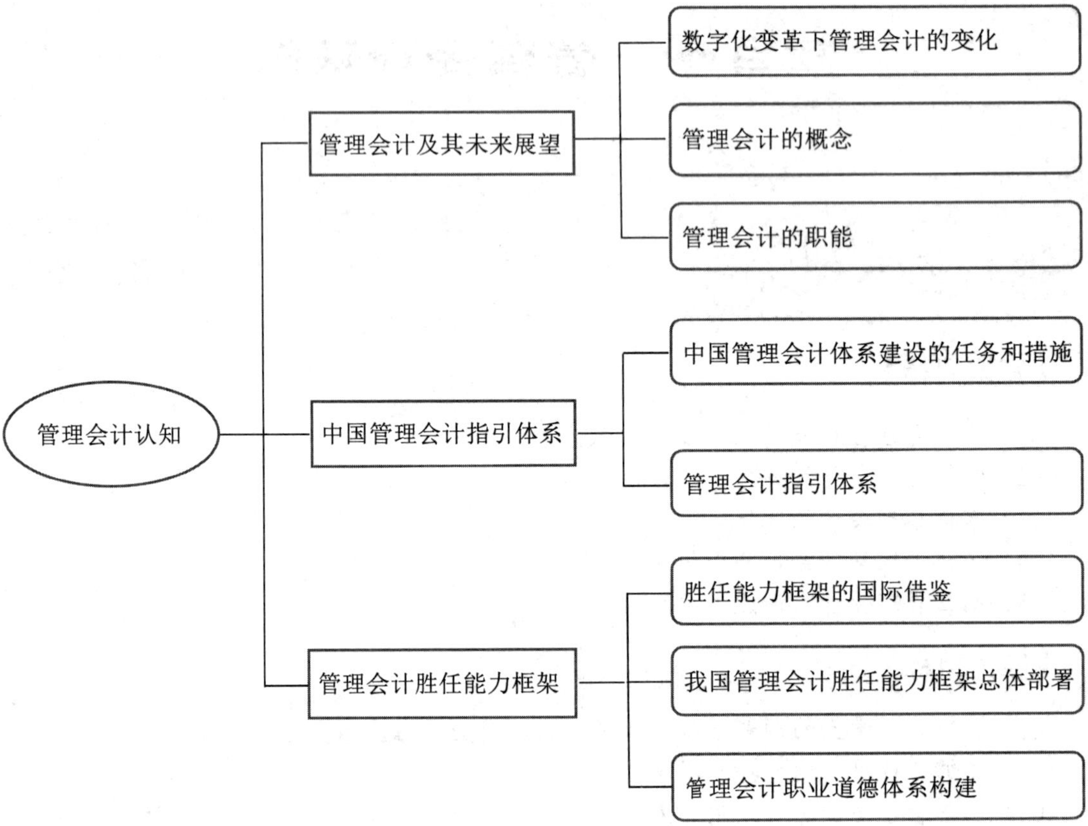

【视野先导】

国之大者：树立“大会计思维”

党的二十大报告指出，高质量发展是全面建设社会主义现代化国家的首要任务。经济高质量发展目标的实现需要企业高质量发展提供支撑，《会计改革与发展“十四五”规划纲要》和《关于中央企业加快建设世界一流财务管理体系的指导意见》，为如何提升企业财务管理赋能企业高质量发展提出了系统的指导意见。其中，管理会计为企业高质量发展发挥着重要的保驾护航作用。

进入数字化时代，管理会计又遇到新挑战、新问题，也迎来了新空间、新机遇。随着企业信息技术、数据应用变革引发的决策机制、商业模式、组织架构等领域的变革，管理会计也在数据技术驱动下产生了一系列重大变化。现代管理会计行业是一个涵盖国家宏观、部门地方中观、企业微观的贯通国际国内的“大系统”，系统内部的各元素之间有机联系在一起，共同推动着行业发展；现代管理会计正在凸显出“大管理”的趋势。“大管理”是建立在微观、中观与宏观及其系统之上的管理，是基于一个企业生命周期的管理。从宏观来看，更是基于整个产业生命周期乃至世界经济周期的管理；现代管理会计正在构建一个枢纽型的、交互型的、有逻辑的信息化“大平台”。在这个大平台下，会计人员的职业胜任能力将被重新定义和构建。现代管理会计行业的变革将带给会计人“大作为”的机会。技术颠覆，职业知识和技能重整，新时代青年的机遇来自我国经济发展与产业升级的前沿方向，来自技术进步、商业模式变革和需求升级带来的长期趋势。我们不但要勇敢地抓住机遇，拥抱选择，同时会计人应保持专业胜任，利用职业特性与专业优势，要能够精通会计、擅长管理、熟知信息技术、洞察业务，并且具备战略远见，从而能够更好地参与商业模式创新的规划与实施，为企业提供更有见地的数据分析，推动企业新业务的布局和数字技术应用等，不断拓宽眼界，抱着一颗好学之心、奋斗之心，为国家经济社会的发展做出更大的贡献。

【启　示】

财务的未来是信息化、自动化、数字化和智能化的。“大智移云物”——大数据、人工智能、移动互联网、云计算和物联网等技术的快速发展，正在促使未来成为一个“万物互联、无处不在、虚实结合、智能计算、开放共享”的智能时代。二十大报告提出，加快实施创新驱动发展战略，推动创新链、产业链、资金链、人才链深度融合。财务部门应积极尝试新兴技术，促进财务数字化转型，帮助企业提升经营能力、洞察商机并预测未来。财务人员要不断创新，实现自身的转型与再造，重塑财务理念与知识体系，深刻认识到当今的世界变局和我们面临的严峻形势，并警醒我们提高自身能力素质，增强时代的危机感和使命感，才能满足时代要求和企业的需求，明白财务人员在企业发展中的职责角色、责任担当和大局意识，砥砺前行。

任务一　管理会计及其未来展望

任务描述

管理会计是为了支撑工业时代大机器生产和控制型管理模式而发展出来的一系列基于财务视角的管理理论和工具。从新时代、新业务对财务的新要求来看，财务转型是必须的。业财融合、管理会计及数字化是财务转型的重要手段和方式。财务转型成功的关键不在于财务工作，而在于用全局的眼光、敏锐的思维参与到企业的战略管理，管理好报表后面的价值驱动因素，因此财务人才必须掌握管理会计。

任务目标

（1）了解数字化变革下管理会计的变化。
（2）理解管理会计的概念。
（3）理解管理会计的职能。

知识链接

2023 年 6 月 18 日，由上海国家会计学院与北京元年科技股份有限公司、中兴新云服务有限公司、金蝶软件（中国）有限公司、浪潮数字企业技术有限公司、用友网络科技股份有限公司、上海汉得信息技术股份有限公司联合主办的“会计数字化转型的中国经验”主题论坛暨 2023 年影响中国会计行业的十大信息技术评选结果发布。2023 年，影响中国会计行业的十大信息技术前十分别是：数电发票、会计大数据分析与处理技术、财务云、流程自动化、电子会计档案、中台技术、新一代企业资源计划（ERP）、数据治理技术、商业智能（BI）、数据挖掘。对比往年，我们发现，数据治理技术和数据挖掘技术携手齐进前十，显现出数据作为企业最重要的资产，正在驱动企业数字化变革、辅助企业管理决策方面发挥越来越大的作用，与数据赋能相关的信息技术，也正在被越来越多的企业所重视。

而在 2023 年五大潜在影响技术排名中，生成式人工智能（AIGC）技术高居第一，这也意味着，ChatGPT 在 2023 年爆火之后，其背后的生成式人工智能以鲜明的特征和广泛的影响，得到了专家较为集中的认同，会计科技之所以能够得到快速的发展，背后的推动力量是人类生存和发展的新需求。在数字化驱动下，财务和业务的边界或将变得越来越模糊，会计人员正面临一场角色转型。

一、数字化变革下，管理会计的变化

与传统管理会计相比，新管理会计更多为面向不确定性的管理决策服务，通过数据的自动化流动化解复杂系统的不确定性，使资源配置从局部优化、静态优化转变为全局优化和动态优化。在此过程中，制造业所使用的管理会计工具越来越复杂，甚至出现多种工具的叠加。在当今数字经济时代，财务人员可以通过管理会计工具来推动企业数字化转型和价值创造。从时空维度来看，财务工作要从事后的记录转向事前的预判和决策，财务人员通过分析数据洞察企业未来发展方向，根据当前局势及趋势变化，推动企业战略发展，持续推进战略落地，实现企业可持续健康发展，为企业创造更多价值。

财务人才必须掌握的管理会计内容，如图 1-1 所示。

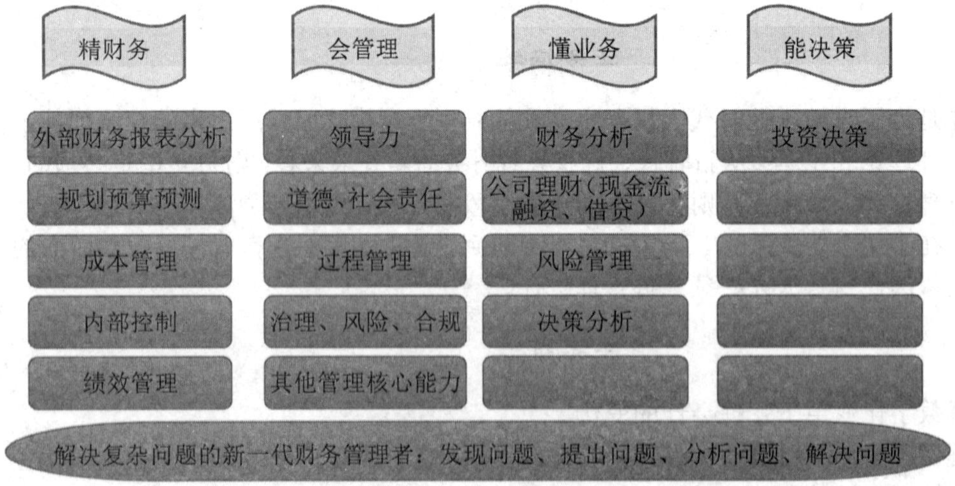

信息技术驱动行业财务变革

图 1-1 财务人才必须掌握的管理会计内容

（一）服务对象拓展至全部职能人员

在以往的实践中，管理会计大多服务于少数决策层的领导，在企业越来越扁平化的趋势下，在重要的决策越来越由听得见炮火的人做决策的情况下，管理会计的应用服务对象从企业的少数高层领导变成了企业内部所有有需求的职能人员。

在数字化时代，管理会计的服务对象既包括企业高层决策者、从集团到部门的中层管理人员，也包括销售、生产、采购、研发、质控等各个经营环节的业务执行人员。无论是经营分析的管理者，还是负责产销协同的协调者，抑或是面对客户、需要做客户数据分析的营销活动决策者，都需要管理会计提供支持。这些服务对象既是数据的使用者又是提供者，以自身不同的关注点对系统提出需求，通过需求传导，在具体场景建立决策模型，并自动化决策和执行。例如，内部运营人员可以根据经营数据分析收支，及时发现经营异常或风险。生产采购人员可以通过合同订单、销量预测，调节产能、储备物料；销售人员可以使用内外部数据分析影响销量、价格的因素并预测未来的发展趋势。

服务对象的逐步下沉，要求管理会计能够在极短的时间内，为不同的需求提出有针对性的解决方案，并能应对具体应用场景的变化。

（二）对数据基础的要求显著提高

一方面，从月度经营报告分析到周频的项目成本利润管控，再到日频的成本预测产品，管理会计在企业的应用已呈现频率提升、随需而用和近乎实时等趋势。与此相对应，企业对数据基础的要求也显著提高。企业需要通过更加充分、更加有效的算力、算法和数据来支持新的管理需求。以预算为例，过去的预算按月滚动就可以，但根据调研访谈情况，不少企业表示希望预算管理能够分解到周，细化到天。像某些大型集团公司更是需要看到整个公司数万种产品中的每种产品从全年到今天、从当月到今天的相关损益和现金流，这就对数据支撑以及相应的算力、算法提出了更高要求。

另一方面，经过多年努力，管理会计已初步从组织体系、科目体系和传统法人报告等方面达成了基于法人架构的核算体系的打通，在数据范围、数据内容、数据边界都实现了非常大的拓展。随着数字化时代的到来，管理会计需要进一步实现融合贯通。在从传统财财融合到现在业财融合的基础上，进一步实现管理和财务的融合、企业内外的融合。为确保融合过程顺利进行，需要通过数据治理来夯实企业数据基础。数据治理是一个整体的系统工程，需要从上至下引导，从下而上执行。因此，在指导方面要有一个强有力的组织、合理的章程、明确的流程、健壮的系统，这样才能使数据治理工作得到有效的保障。

（三）从事后分析到事中管理、事前预测

过去，管理会计无论是预算管理、成本管理还是管理报告，大部分时间只能充分运用已有的数据，面对管理场景的事后分析是工作的重心。但是现在，管理会计的应用越来越从事后分析关注结果，向事中管理关注过程，再向事前预测关注动因并进行模拟过渡。具体而言，在事后分析中，输出评价指标和经营报告；在事中管理中，规范内部经营管理架构、构建指标评价体系并实时统计分析、利用模型测算产品价格和销量、集成供应链成本精细化管理；在事前预测中，通过宏观经济观察、行业监督政策和政府产业支持分析，总结商业模式变动和内部管理情况，在此基础上做出经营变化预测。

这样的转变具有双重意义。一方面，企业从被动接受结果、事后仓促应对，转变为面向未来预谋、预判；另一方面，企业从结果反馈、滞后分析，转向高质量决策，并执行有效行动。例如，A 企业建立了债务风险管理平台，平台最基础的工作是对已经产生的经营成果，从财务数据的角度分析债务的风险，是典型的基于财务数据的事后分析。但在实践中，A 企业管理层逐渐认识到，这样基础的财务分析远远不能满足业务需求，他们更需要通过实时的债务经营过程信息来跟进债务现状，也就是从事后转变成了事中。进一步的，管理层希望能从业务源头上，通过经营销售、各项财务指标的实时变化来预测企业债务情况的变化，从而更好地提前做出应对决策。

（四）以数据驱动打造企业的数字化“作战”能力

在传统的模式下，管理会计无论是在哪个活动领域，都更多地是看、分析和判断。从现在来看，企业更希望能够把看一个结果、看一个状态转变为分析一种可能、分析一层原因，再进一步形成对管理决策的支持，进而演变成我们对于指挥的行动。换言之，管理会计除了要实现可视、可监控、可追溯，还要能感知、会思考、强执行且可演进，能够将管理动作渗透到企业经营管理的全流程中。高层决策将从“经验决策”转向“定量决策”、从“简单统计报告”转向“全面深入的洞察分析”、从“人为层层汇报”转向“全透明的实时穿透”、从“靠人的指挥”转向“数据加规则自动管理”；中层管理将从“人找问题”的管理模式向“问题找人”转变、从“经验管理”向“数据管理”转变、从“事后救火”向“及时闭环”转变、从“耗时耗力加工数据”向“随需获取、实时感知”转变；基层执行则从“流程及制度推动”转向“数据牵引”、从“人为层层审批决策”转向“自动化审批”、从“事事请示”转向“授权前移，按需呼唤资源”、从“烦琐的数据填报”转向“无感采集”。

（五）预算管理向集约型多层级场景化转变

不同企业在预算控制的应用广度、深度上差异较大，存在很大的可以改善的空间和需求。在预算控制与授权审批制度没有分离、预算控制分散在不同的业务系统（例如，差旅系统、办公自动化系统、采购系统等）、预算控制模型不能灵活定义的情况下，预算控制效率和效果无法保障预算有效执行，甚至成为预算实践中的一个瓶颈问题。通过构建统一的预算控制中心，实现事前审批与预警机制，加强事中实时监控，完善事后分析评价，形成全方位的预算管理体系，可以提升预算的“归口管理”能力和效果，促使预算管理从“零散型”向“集约型”转变。同时，结合数字化时代企业管理转型需要，敏捷、多维、高效的全面预算管理已经成为大型企业必不可少的工具，而场景化预测的“业务化”将为这样的全面预算打下坚实的基础。基于多维引擎的全面预算系统支撑企业进行多层级、多场景的模拟测算，助力管理层选择最科学的版本作为预算目标。基于人工智能和大数据分析技术，收集海量企业内外部数据，建立相关预测模型，通过训练、推理、上线、运营、重复训练等过程，有效提升企业在不确定环境下战略和目标的制定能力。

（六）成本管理向即时动态的全周期、全链条管理转变

在传统的成本管理体系下，企业的成本控制大多是以日常生产经营活动为基础的。无论是作业成本计算和产品成本计算，还是标准成本控制和本量利分析，其实都侧重于事后的成本管理控制。对事前预测和决策的忽视，往往会导致成本管理难以充分发挥预防性作用。特别是在个性化、定制化的制造模式下，很多产品可能是一次性的，这意味着一旦产品在实施阶段出现失误，其损失不可挽回。因此，这就要求企业进行即时的动态成本管理。企业在制造过程中实行动态化管理，对单件、单批次产品的实际成本进行即时、准确的核算和计量，将各个单项合同（费项）的实际成本与目标成本进行对应，可以掌握产品从设

计成本、制造成本到合约规划成本等各项成本的变化趋势，及时分析成本偏差原因，促进后期对成本的更有效控制，以为企业及时进行成本决策提供支撑，确保产品盈利目标的实现。同时，由于企业的自动化、智能化趋势，产品设计研发和销售在作业链两端变得越来越重要，中间端的生产环节相对弱化。只重视生产过程的成本核算而轻视设计研发和销售环节的成本核算，已经变得不再适宜。因此，成本管理不应再局限于生产耗费活动，而应将管理重心向前延伸到设计研发环节，向后扩展到服务环节，构建从研发设计到制造再到服务的产品全周期成本管理体系。此外，随着近些年信息技术的快速进步，企业的生产和经营边界正在逐渐消失，企业产业链上下游的供应商、制造商、分销商以及零售商，通过物流、信息流，已经变为一个不可分割的有机主体。合理设计和管理各供应环节，有助于企业实现成本最优化。因此，企业在进行成本管理时，有必要将其延伸到整个供应链环节。

（七）管理报告向报告、推演、模拟、行动、反馈的组合转变

传统管理报告是单一的数据分析，组织单一、人员单一、流程单一、职能单一、输出结果单一，缺乏反馈的流程、通路和机制，使管理会计报告成为单纯的报告，尽管能够给用户提供数据分析结果和相关改进建议，但无法跟踪后续改进行动的落实。传统以法人账套为基础，以传统核算科目为主体的数据已不足以支持更丰富的报告对象的要求。业务单元、虚拟组织、产品、客户、区域、渠道等都可以成为报告的对象。

随着市场竞争压力越来越大、组织结构越来越复杂，多元化产品或服务体系越来越常见。深度分析产品盈利、客户盈利、渠道盈利等多维度的盈利情况，企业产品定价、绩效管理、投资决策等方面都需要强有力的管理支撑。数据中台支撑下的数据分析更贴近具体业务的场景化、业务化分析，往往是通过团队协作来进行的，有管理人员领导，可以调集生产、销售、研发、财务、人力等多部门联动协作，站在企业的整体视角解决场景中的业务问题，做出相应决策并上下协同实施。同时，经由数据中台形成的数据通过回归到业务前端，反向指导业务运营。这些都使得管理会计报告不再是单纯的报告，而是一整套追溯和跟踪体系，从报告、推演、模拟、行动到反馈，通过广泛的自上而下的团队参与和推动，确保报告内容能及时、精准地赋能业务发展。

（八）智能化工具下的高效互动

管理会计在企业的深度应用和变化，离不开具体的管理工具。传统的工具是以套装软件为基础，以 ERP 为依托，然后来做单独的预算软件、核算软件、成本软件等工具。与此不同，未来的管理会计可能更多会是基于平台上一系列能力的组合和应用，将体现为与企业应用平台的深度融合。同时，未来的管理会计从底层的数据上也要实现与业务、ERP、传统核算之间的有效打通。进一步的，管理会计未来在依托平台实现管理工具平台化的基础上，将通过平台形成工具的能力化，进而通过人工智能引入形成工具的智能化。

工具的智能化打破了传统的体验输出方式，可以用类似百度搜索、微信聊天的社交协同方式大幅缩短用户与数据的距离，让用户与数字世界的感知和交互方式发生巨大变化，并带来全新的多感官、多模式体验。以数据智答机器人为例，智答机器人可以让数据使用者随时随地用语音与数据进行实时交互，找到自己想要的数据答案，让数据用户感受到对话式分析的应用体验。同时，系统能理解用户多样化的日常用语以及专业化的业务术语，并给予更精准的回答。此外，智答机器人还可根据分析对象自动推荐最适合的数据可视化展示模板，并能学习用户个性化需求，打造千人千面的专属数据助手。

二、管理会计的概念

（一）什么是管理会计

管理会计是会计的重要分支，主要服务于单位（包括企业和行政事业单位）内部管理需要，通过利用相关信息，有机融合财务与业务活动，在单位规划、决策、控制和评价等方面发挥重要作用的管理活动。管理会计定义的解析，如图 1-2 所示。

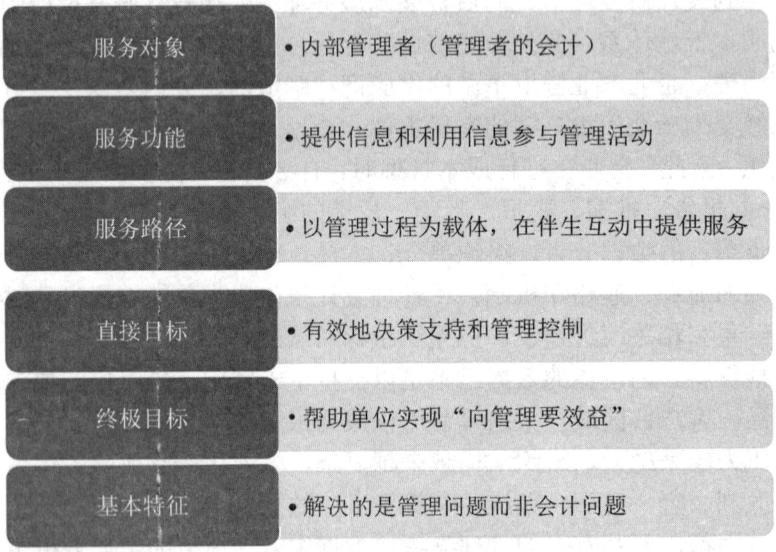

带你看懂管理会计

图 1-2　管理会计定义的解析

（二）管理会计的特点

管理会计是一个包含在组织内部工作的财务和会计专业人员的职业。他们的作用包括参与管理决策、设计计划和绩效管理，提供财务报告和财务控制方面的专业知识，以制定和实施组织的战略。

1. 管理会计与财务会计之间的联系

1）两者的最终目标一致

管理会计和财务会计共同服务于企业管理的目的，其最终目标都是为了改善企业经营管理，提高企业的经济效益。

2）两者的资料来源基本相同

管理会计信息以规范的财务会计核算为基础，管理会计所需的许多资料来源于财务会计系统，它的主要工作内容是对财务会计信息进行深加工与再利用，因而受到财务会计工作质量的约束；而财务会计的发展与改革，要充分考虑管理会计的要求，以扩大信息交换处理能力和兼容能力，避免不必要的重复和浪费。

3）两者的主要指标相互渗透

财务会计提供的历史性资金、成本、利润等有关指标，是管理会计进行长、短期决策分析的重要依据；而管理会计所确定的计划，又是财务会计进行日常核算的目标。他们的主要指标体系和内容是一致的，尤其是企业内部的会计指标体系更应该同步实施才能实现有效的控制和管理。

4）两者在方法上相互补充

管理会计的方法主要是预测、决策、预算、控制和考核;财务会计的方法主要是核算、分析和检查。管理会计利用财务会计核算、分析方面的优势去收集资料、处理资料;财务会计则利用管理会计的先进方法简化会计核算，强化会计分析和检查，提供会计信息。

5）两者提供的信息具有共同的特征

相关性和可靠性是管理会计与财务会计信息的共同特征。信息是决策的基础，无论是企业内部管理者，还是企业外部的投资者和债权人，对所需的信息都要求具备相关性和可靠性。

2. 管理会计与财务会计的区别

如果把管理会计看成是事前控制，则财务会计和审计可算是事中控制和事后控制。通俗地说，财务会计更多地体现规范化或常规性，属于“计算”的范畴；管理会计更多地体现个性化或情境化，属于“算计”的范畴。显然，财务会计的常规性工作可能逐步为计算机所取代，导致“机器换人”。但是，管理会计的个性化工作充满职业判断和商业智慧，难以为计算机所取代。管理会计提供的相关信息让决策者“心中有数”，不至于“拍脑袋”做决策。管理会计与财务会计的区别，如表1-1所示。

表1-1　财务会计与管理会计的区别

内容	财务会计	管理会计
会计主体	企业整体	企业整体以及内部各层次的所有责任单位和个人
职能	反映、监督	计划、决策、控制、考核、规划
工作侧重点	企业外部相关利益者，即“外部会计”	企业内部管理，即“内部会计”
工作原则	公认的会计准则、统一的会计制度，具有权威性和强制性	会计假设和原则不具有权威性，仅有指导性，采用会计的、数学的、统计的控制论等
方法体系	“资产=权益＋负债”，即反映过去发生的	着重评价过去，控制现在，规划未来，事前会计
程序	固定程序、规定模式，财政部统一	自由选择，有用为先
信息特征及信息载体	定量资料，对精确度和真实性的要求较高，公开信息，统一规定的载体	定量资料和定性资料，涉及未来的信息不要求过于精确，不向社会公开发表，没有统一规定的载体
素质要求	操作能力较强、工作稳重细致的专门人才	懂技术、会管理、能理财、善经营的智能型和复合型高级会计人才

三、管理会计的职能

与财务会计相比，管理会计是服务于内部经营管理，旨在提高经济效益的对内报告会计，它侧重于“创造价值”，其职能是解析过去、控制现在与筹划未来的有机结合。

（一）分析职能

分析职能是对信息的收集、整理与加工，并获取有价值信息的过程。

（二）预测职能

预测职能是指采用科学的方法预计、判断、推测事物未来发展的趋势和水平的行为。预测应以企业战略为导向，利用分析所形成的数据，在充分考虑经济规律的作用和经济条件的制约下，有目的地预计和推测单位未来的销售、利润、成本以及资金的变动趋势和水平，为企业预算编制、活动控制和方案决策提供基础资料。

（三）规划职能

规划职能是指以分析结果为依据，确定单位的战略目标及以其为导向的财务、市场、生产经营和组织管理等的目标，并指定实现目标的过程及途径。规划分期间（通常为一年）的价值及数量表现形式是预算。

（四）决策职能

决策职能是单位的相关部门和人员选择和决定未来经营活动方案的过程。决策应以战略为导向，以分析和预测的结果为依据，围绕决策目标拟订多种实施方案，并通过对各种方案的分析、评价来最终决定最优方案。

（五）控制职能

控制职能是通过对单位生产经营过程进行影响和干预，使其按照规划的战略途径、预算方案和其他预定目标进行的过程。管理会计通过采用合适的方法和工具，通过比较、分析实施情况与规划、预算和相关标准的差异，找到发生偏差的原因，及时采取措施防范风险，实现战略目标和决策目标。

（六）评价职能

评价职能是通过分析、考核各责任单位的业绩，提示各责任单位实施战略、预算和标准的情况，并通过奖勤罚懒、奖优罚劣等手段，正确处理分配关系，保证战略和经济责任制的贯彻执行。

案例解析

【案例 1-1】

据《财务与会计》2015 年第 9–11 期《管理会计在中航工业的探索与实践（上、中、下)》介绍，中航工业围绕公司发展战略开展了基于价值创造的管理会计体系建设，推动公司各项改革措施落地。这些措施包括五方面内容。一是围绕战略目标，深入进行全面预算管理，通过预算落实经营目标，实现收入逐年增长。二是围绕经济质量效益提升，深化实施战略成本管理，将成本控制纳入企业战略统筹考量，同时与客户需求相结合，实现长远发展。三是围绕技术与经济相结合，大力推广项目财务管理。在一些自主研发的重大项目中，着力推进项目总会计师系统建设。四是围绕企业价值最大化的目标，全面推行经济增加值（Economic Value Added，EVA）管理，建立健全 EVA 的组织推进体系、制度体系、工作体系、监控体系和考核评价体系，不断提升价值创造能力。五是围绕集团并购中存在的项目战略性强、投资额大、风险因素多等问题，注重发挥管理会计的作用，加强风险防范，有效整合资源，加强财务管控。

【业务】

请分析，在积极探索管理领先的中航工业企业中，建立了哪些先进的管理会计体系？

解 析

相比单一的管理会计工具方法，综合多种管理会计工具方法的管理会计体系，更有助于企业提高效率和效益，为企业创造更大的价值。中航工业在推进全面预算管理的过程中，注重全面预算管理与战略结合、与企业计划管理结合、与业务实际结合、与经营业绩考核结合，通过预算落实经营目标，促进了企业管理水平和经济运行质量效益的提升。

小试牛刀

【实训资料】

彭小叶 2020 年毕业后，进入天一公司财务部。工作的两年中，不断轮岗，从事过出纳、工资核算、成本核算等。刚听科长说，下周轮岗到预算管理岗协助编制预算。

【实训要求】

请你帮小叶分析一下管理会计和财务会计有哪些区别？请将表 1-2 中选项前的字母，填到表 1-3 的空格中去。

表 1-2　内外部因素

项目	因素	项目	因素
A	侧重对企业外部服务	B	侧重对企业内部服务
C	主要以企业内部责任单位为主体	D	固定程序、规定模式、定期编制
E	预测和规划未来，控制现在	F	主要是反映过去
G	不受公认会计原则约束	H	受公认会计原则约束

分析：

表 1-3　财务会计与管理会计的区别

项目	财务会计	管理会计
（1）工作侧重点		
（2）工作主体		
（3）作用时效		
（4）遵循的原则		

扫我看答案

考核评价

＊ 知识评价

巩固拓展

＊ 能力巩固

【实训目的】

通过案例分析，了解管理会计是如何帮助企业提高效率和效益，为企业创造更大的价值。

【实训资料】

汽车是一个国家综合经济实力的标志，汽车产业关联度高、产业链长、就业面广、消费拉动大，在国民经济和社会发展中占有重要地位。相比跨国汽车企业，长安汽车资源相对有限，而发展重任更为巨大。面对新形势、新任务、新挑战，企业亟须顺应时代发展潮流，加强自主创新能力建设，为培养与提升核心竞争力夯实基础；通过进一步改进和完善经济运行管理制度，积极推动企业管理水平的提升、社会与经济效益的最大化，从而助力企业的高质量和健康可持续发展。

为此，2020 年初，长安汽车就确定了新的“12369”战略，即 1 个定位，智能低碳出行科技公司；2 个核心，就是要将软件能力和效率打造成为核心竞争力；将自主、合资和新兴业务列为 3 大业务板块；着力提升客户经营、产品定义、营销服务、品牌提升、技术引领、数字经营等 6 大关键能力；夯实组织优化、人力保障、产业安全、资本运作、增收降本、卓越质量、精益管理、整合资源、党建文化等 9 大基本保障。根据公司整体战略，公司财务提出了“12345”财务规划，即 1 个目标（创新创业计划）；2 个转型（核算型向价值创造型转型+管理向服务转型）；3 大举措（业财一体化、全价值链降本增效、财务共享服务）；4 大能力（盈利发展、资源配置、偿债能力、服务协作）；5 大要求（数据精准、运营高效、分析到位、产融协同、风险控制）。

长安汽车经济运行管理体系贯穿公司各职能价值链，将上下游各环节打通形成联动，通过“目标计划管理、经济运行分析、经济运行纠偏、经济运行绩效评价”等管理环节进行过程监控，推动各经营板块实现经营质量提升，支撑公司整体经营目标达成。

【实训要求】

中国企业一直在试图创新和改革，通过管理创新实践应用形成具有中国企业独立特色的发展模式。思考并查找长安汽车资料，分析管理会计帮助企业采用了哪些改革创新举措？

＊ 知识拓展

管理会计的历史演变

从 19 世纪西方工业革命中企业家的自觉管理行为，到泰勒“科学管理理论”的诞生和管理会计一词的正式确立，由管理会计的早期实践到管理会计的产生，经历了一百五十多年的时间。早期的管理会计实践和理论研究以“成本管理与控制”为中心，通过成本计算与分析，找到提高效率、降低成本的方法，并以成本指标为中心进行绩效考核，从而不断强化管理，提高利润。

管理会计与中国经济

1771 年，英国曼彻斯特纺织厂的设立，标志着现代化的企业的产生，为管理者提供信息变得逐渐重要；1814 年，美国的 Waltham 纺织厂把成本按照棉花、人工和一般管理费用分别核算，有了成本会计的雏形。当时，企业家们在多步骤生产纺织品的过程中，通过对成本信息的记录和分析，确定了中间产品和完工产品的成本，并按照每码成本或每磅成本建立了内部经营效率评价指标，从而为衡量生产效率、评价员工绩效，降低成本提供了有效信息依据。1829 年，铁路运输业开始核算吨公里成本和收入成本率，有了成本控制的理念，用于评价和控制内部生产过程。

1865 年开始，大型贸易公司逐渐意识到，如何控制库存对于盈利非常重要，强调周转和薄利多销，有了周转率的概念，管理会计开始由成本核算向资产管理扩展；1875 年，卡耐基在美国建立了第一个钢铁厂，建立了一整套成本会计核算体系。他利用“成本凭证”，收集炼钢过程中每一个生产环节的所有直接成本，并对每一个作业环节进行分析控制，使产品的平均成本远低于竞争对手。他有一句著名的话：关注成本，利润自然会来。从此，成本会计和管理会计就变得密不可分。

1802 年成立的杜邦公司很成功，但在 1902 年时它的控制权旁落，家族为了实施杠杆收购负债率飙升。为了解决这一问题，发明了分析企业问题所在的杜邦财务分析和衡量企业好坏的净资产收益率。杜邦公司设计了多个重要的经营和预算指标。其中，最重要的会计创新是投资报酬率指标。该指标的运用为大型企业内部建立有效的资本和劳动力市场，协调、激励和评估各分支部门的业绩，最终将资源有效地在各部门之间进行分配提供了支持。

1929 年，由于资本市场会计造假，导致美国的经济大萧条，美国的眼光开始转向财务会计。二战之后，管理会计重点转向日本，代表是丰田汽车公司的看板管理、零库存管理和成本控制。

1980 年代，美国又重新开启了管理会计，并有了一次世界性的合作，出现了很多新的概念。如 ABC（作业成本管理）、COQ（质量成本）、TOQ（约束理论）、BSC（平衡计分卡）、IC（内部控制）、ERM（企业风险管理）、Budgeting（预算管理）等。管理会计成为一门与管理学、经济学、社会学、心理学、数学和计算机技术等相互交叉渗透的多元化科学，并且随着经济和其他学科的发展而发展。

中国在改革开放以后，逐渐开始重视管理会计。1992 年以后，大学里面普遍开设管理会计课程。2014 年 10 月，是财政部确定的管理会计元年，《财政部关于全面推进管理会计体系建设的指导意见》（以下简称《指导意见》），定位管理会计人才建设目标：“以提高单位持续价值创造力为导向，以提升管理会计实务能力为重点，推动研究发布管理会计人才能力框架；积极探索和优化管理会计人才的多种培养模式；加强管理会计人才培养国际交流与合作，打造更多符合市场和单位需要的高端管理会计人才，为管理会计在我国的深入应用打下坚实的人才基础，为我国管理会计发展建立人才储备”。《指导意见》是中国会计改革与发展工作新的里程碑，标志着中国会计改革与发展工作重心转向培育和发展管理会计，也是中国管理会计师胜任能力建设的基本环境。

＊ 学思用贯通，知信行统一

建设数字中国

二十大报告提出建设数字中国，加快发展数字经济，促进数字经济和实体经济深度融合，打造具有国际竞争力的数字产业集群。在当今数字经济时代这个转型框架和体系的引导下，财务人员通过管理会计工具来推动企业数字化转型和价值创造，会计在未来产生的工作价值将更大。通过推动会计科技的发展来推动中国会计文明的进步，朝着明理、增信的方向、用更高的道德和价值标准，着眼于社会更长远的发展，共同推进中国会计科技的进步，为诚信中国、健康中国、绿色中国的建设做出更大的贡献。

任务二　中国管理会计指引体系

任务描述

我国提出发展和培育管理会计基本背景，是推动经济转型升级的迫切需要，是建立现代财政制度、推进国家治理体系和治理能力现代化的内在要求，是会计改革与发展的重要方向。中国管理会计指引体系的框架结构包括基本指引、应用指引和案例库，用以指导单位管理会计实践。

任务目标

（1）了解管理会计指引体系。
（2）了解管理会计应用指引。
（3）了解管理会计案例库的意义。

知识链接

一、中国管理会计体系建设的任务和措施

中国特色的管理会计体系是一个由理论、指引、人才、信息化加咨询服务构成的“4＋1”的管理会计有机系统。这个体系既各有侧重、自成一体，又相辅相成、相互促进，共同构成有机整体。其中，理论建设是基础，指引体系是保障，人才培养是关键，信息化建设是支撑，咨询服务是外部支持。“4＋1”体系，如图 1-3 所示。

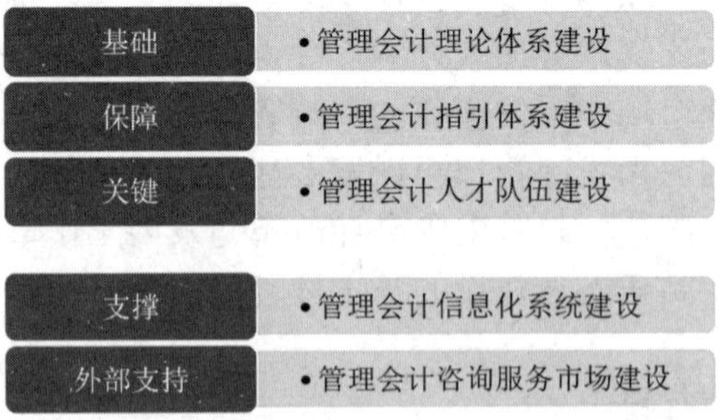

图 1-3　管理会计“4+1”体系

财政部管理会计文件解读

二、管理会计指引体系

管理会计指引体系包括基本指引、应用指引和案例库，用以指导单位管理会计实践。

（一）管理会计的基本指引

管理会计基本指引在管理会计指引体系中起统领作用，是制定应用指引和建设案例库

的基础。基本指引是将管理会计普遍规律上升到标准，是对管理会计基本概念、基本原则、基本方法、基本目标等内容的总结、提炼。包括应用环境、管理会计活动、工具与方法、信息与报告四项管理会计要素。

1. 应用环境

应用环境是单位应用管理会计的基础，包括外部环境和内部环境。企业外部环境是对企业外部的政治环境、社会环境、技术环境、经济环境等的总称，尤其是可能发生重大变化的外部环境因素，确认企业所面临的机遇和挑战。

政治环境指国家的方针政策、法令法规，国内外政治形势的发展状况；社会环境是指人口、居民的收入或购买力、居民的文化教育水平等；技术环境指与本行业有关的科学技术的水平和发展趋势；经济环境包括宏观经济形势、世界经济形势、行业在经济发展中的地位以及企业的直接市场等。其中，企业的直接市场是与企业关系最密切、影响最大的环境因素。具体包括销售市场、供应市场、资金市场、劳务市场等。

内部环境主要包括与管理会计建设和实施相关的价值创造模式、组织架构、管理模式、资源、信息系统等因素。

2. 管理会计活动

管理会计活动是单位管理会计工作的具体开展，是单位利用管理会计信息，运用管理会计工具的方法，在规划、决策、控制、评价等方面服务于单位管理需要的相关活动。

3. 管理会计的工具与方法

管理会计的工具与方法是实现管理会计目标的具体手段，是单位应用管理会计时所采用的战略地图、滚动预算管理、作业成本管理、本量利分析、平衡计分卡等模型、技术、流程的统称。在管理会计的核心理念中，价值的创造与维护是最为重要的两点。基于此，管理会计是企业的战略、业务、财务一体化最有效的工具。

管理会计方法众多，每种工具和方法都能在一定程度或某方面实现企业的管控目标，但各有其建设与运行的前提条件和优缺点。而且，管理会计的工具与方法具有开放性，随着实践发展不断丰富完善。管理会计的工具与方法，如图 1-4 所示。

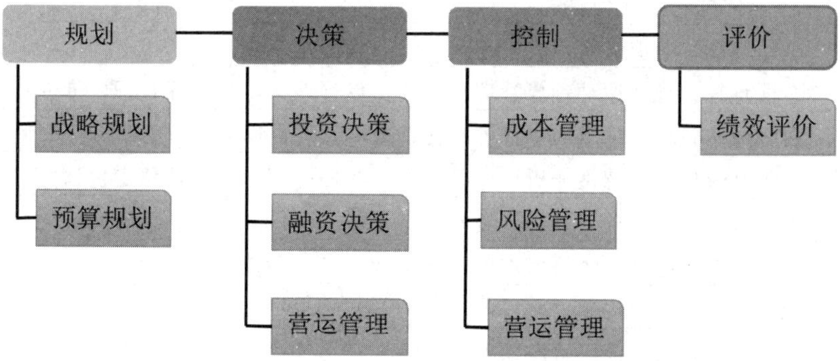

图 1-4　管理会计活动需要的工具与方法

4.信息与报告

管理会计信息是管理会计应用过程中所使用和生成的财务信息和非财务信息，是管理会计报告的基本元素。管理会计报告是管理会计活动成果的重要表现形式，旨在为报告使用者提供满足管理需要的信息，是管理会计活动开展情况和效果的具体呈现。

（二）管理会计应用指引

在管理会计指引体系中，应用指引居于主体地位，是对单位管理会计工作的具体指导。应用指引是开放性的，随实践发展而不断发展完善。应用指引的实施更注重指导性，由各单位根据管理特点和实践需要选择相应的工具方法。管理会计指引体系，如图 1-5 所示。

管理会计的内容是指管理会计服务的领域，是管理会计职能活动以及管理会计师个人活动所适用的管理功能领域。根据《管理会计基本指引》和《管理会计应用指引》以及财政部未来拟继续颁布的应用指引的内容，将管理会计能力领域划分为战略管理、预算管理、成本管理、营运管理、投融资管理、风险管理、绩效管理、管理会计报告与信息化等八个领域的活动。管理会计应用领域与工具方法，如表 1-4 所示。

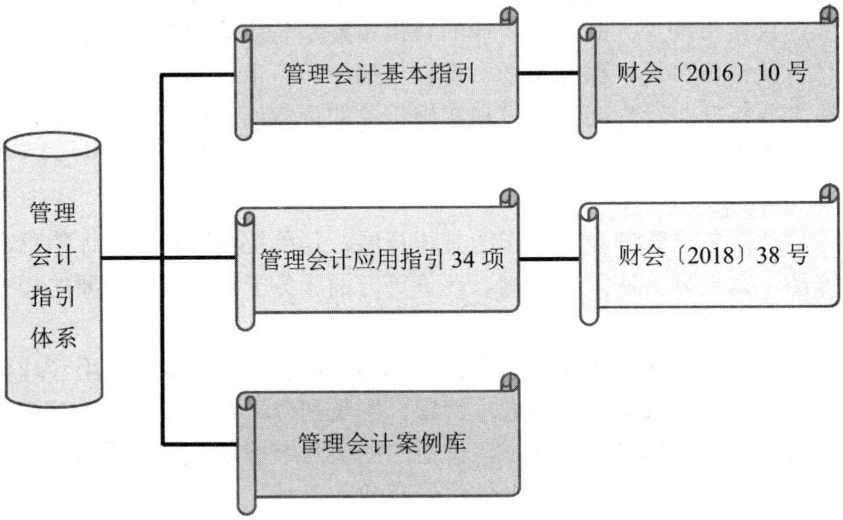

图 1-5　管理会计指引体系

表 1-4　管理会计应用领域与工具方法

管理领域	常见的工具及方法
战略管理	战略地图、价值链管理
预算管理	全面预算管理、滚动预算管理、作业预算管理、零基预算管理、弹性预算管理
成本管理	目标成本管理、标准成本管理、变动成本管理、作业成本管理、生命周期成本管理
营运管理	本量利分析、敏感性分析、边际分析、标杆管理、内部转移定价 、 多维度盈利能力分析
投融资管理	贴现现金流法、项目管理、资本成本分析、情景分析、约束资源优化
绩效管理	关键绩效指标法、经济增加值、平衡计分卡、绩效棱柱模型
风险管理	风险矩阵、风险清单
管理会计报告	管理会计信息系统、行政事业单位

（三）管理会计案例库

建立管理会计案例库，为单位提供直观的参考借鉴，是管理会计指引体系指导实践的重要内容和有效途径，也是管理会计体系建设区别于企业会计准则体系建设的一大特色。

案例解析

【案例 1-2】

据《新理财》之公司理财 2015 年第 2～3 期合刊“宝钢金属：合力冠军”介绍，宝钢金属有限公司（以下简称宝钢金属）是宝钢集团的全资子公司，该公司认为，有机整合多项工具，而不是采取单一一项管理会计工具，才能全面提升企业绩效，创造价值，才能打造真正的管理“冠军”。

【业务】

查阅相关资料分析，宝钢金属运用哪四项管理会计工具提升企业价值管理水平？

解　析

宝钢金属通过整合运用四项管理会计工具，即运用经济增加值模型（EVA）提升效率、实施关键绩效指标（KPI）挖掘价值驱动因素、应用商业智能（BI）提高效率与准确率、引入阿米巴经营管理模式点燃公司激情，最终使公司的利润复合增长率达到 46%。

小试牛刀

【实训资料】

兵装集团在集团“SRRV”战略的指导下，系统性导入全面预算管理、EVA 提升管理等十项管理会计工具，推进兵装集团管理会计体系化建设。在该体系中，兵装集团以全面预算管理推进财务转型、以标准成本和作业成本支撑全价值链的成本管理效益提升、以动态经营分析和内部管理报告为管理决策提供依据、以平衡计分卡确保战略落地、以信息技术提升企业管理效率，实现了管理会计对企业发展战略的全方位支撑。

【实训要求】

分析兵装集团引入了哪十大管理会计工具推进管理会计体系建设？

分析	扫我看答案

考核评价

＊ 知识评价

巩固拓展

＊ 能力巩固

【实训目的】

通过练习，了解海尔集团用“人单合一”模式的管理会计实践，应用到管理工作中引领双赢。

【实训资料】

海尔集团的管理会计着眼于谋取企业整体的竞争优势，通过对企业内部研发、采购、生产、销售和售后等全价值链各个环节的分析、企业上下游产业链的分析，以及竞争对手与行业信息的分析研判，以财务和非财务信息为企业战略制定、业务经营、决策分析和投资并购等提供全方位的服务。海尔的管理会计实践从划小核算单元的组织变革入手，通过再造流程促使财务人员高效聚焦业务进程。通过将传统的财务报表转化为每个自主经营体的战略损益表、日清表和人单酬表，使包括财务在内的各级组织与市场需求精准对接。通过建立零库存和零应收的营运资金管理，实现与供应商与经销商的双赢。

【实训要求】

通过查阅相关资料，分析海尔集团如何建立零库存和零应收的营运资金管理，实现与供应商与经销商的双赢。

＊ 知识拓展

京东集团基于价值链的全方位成本管理

京东是我国知名的综合网络零售商，在线销售家电、数码、电脑、家居、百货、服装、服饰、母婴、图书、视频、在线旅游等 12 大类、数万个品牌、百万种产品。2014 年 5 月，京东成功在美国纳斯达克挂牌上市，其成功背后的重要原因之一，就是其基于价值链的全方位成本管理。

京东基于价值链的全方位成本管理以先进的信息系统为基础，以即时库存管理为前提，以高效的物流体系为核心。该公司通过“提高价值链效率”和“降低价值链各个环节的成本”两条曲线，将成本管理嵌入价值链的各个环节，采取有针对性的措施对价值链节点加以完善，全方位降低成本，实现企业战略目标。

＊ 学思用贯通，知信行统一

“不做假账”的功夫在“账”外

不做假账，是一种人生态度，永远追求至善至臻、知行合一，是人生价值与社会价值的和谐统一。不做假账，是一种超然的能力，是登高望远、运筹帷幄的战略思维；是庖丁解牛，把握规律、精准判断；是对国际经济周期、国家经济周期、产业周期、企业生命周期的穿透；是以中正进取，通达是非判断与价值判断，在娴熟专业判断之上的决策影响力。

不做假账，是专业主义者悲天悯人的情怀，“专业主义”就是对“保持和发展专业胜任能力即是遵守职业道德”这一专门化职业理念、职业价值观和职业态度的认同；因而，才能知“实体”生死、晓“进退”常伦，行“义利”大道，担“职业”责任，秉承“独立、客观、公正”诚信人格，却不独天下利益而造福天下的人文观，是大写的会计人“能视终如始”“利家国社会”意志的写照。

任务三 管理会计胜任能力框架

任务描述

中国会计改革与发展工作重心转向培育和发展管理会计，也是中国管理会计师胜任能力建设的基本环境。构建由“胜任能力结构，胜任能力标准，胜任能力知识体系、技能体系和职业道德”等要素构成的管理会计师胜任能力框架。

任务目标

（1）了解胜任能力框架的国际借鉴。

（2）理解我国管理会计胜任能力框架总体部署。

（3）体会应遵循的职业道德与行为规范。

知识链接

一、胜任能力框架的国际借鉴

国际机构均从管理会计职业发展与管理会计人才培养的角度，及时更新或新开发了管理会计（师）胜任能力框架。英国特许管理会计师公会（CIMA）2016 年正式公布管理会计能力框架，该框架以道德、诚信和专业精神为基础，由技术技能、商业技能、人际技能和领导技能四大要素构成，具体共计 22 项具体要素。英国特许公认会计题公会（ACCA）并没有专门针对管理会计提出胜任能力框架，而是提出了“财会全才”的十大能力框架观。在此框架中，可持续的管理会计、领导力与管理、战略与创新、财务管理、治理、风险和控制、利益相关方关系管理、专业素质与操守能力建设与管理会计密切相关。美国的管理会计师协会（IMA）2016 年提出全新的《管理会计能力素质框架》，该框架聚焦于规划与报告、决策、科技、运营和领导力五个领域，具体能力要素共 28 项。技术正在重新定义管理会计师的作用，同时也以前所未有的速度显著地改变着商业发展前景和管理会计专业。为了跟上不断变化的商业环境和技术进步，IMA 分析了管理会计师所需的新兴能力，并更新了 IMA 管理会计能力素质框架，如图 1-6 所示。这一增强的框架确定了六个领域的核心知识、技能和能力，金融和会计专业人员需要利用这些在数字时代保持相关性，并有效地履行其当前和未来的角色。

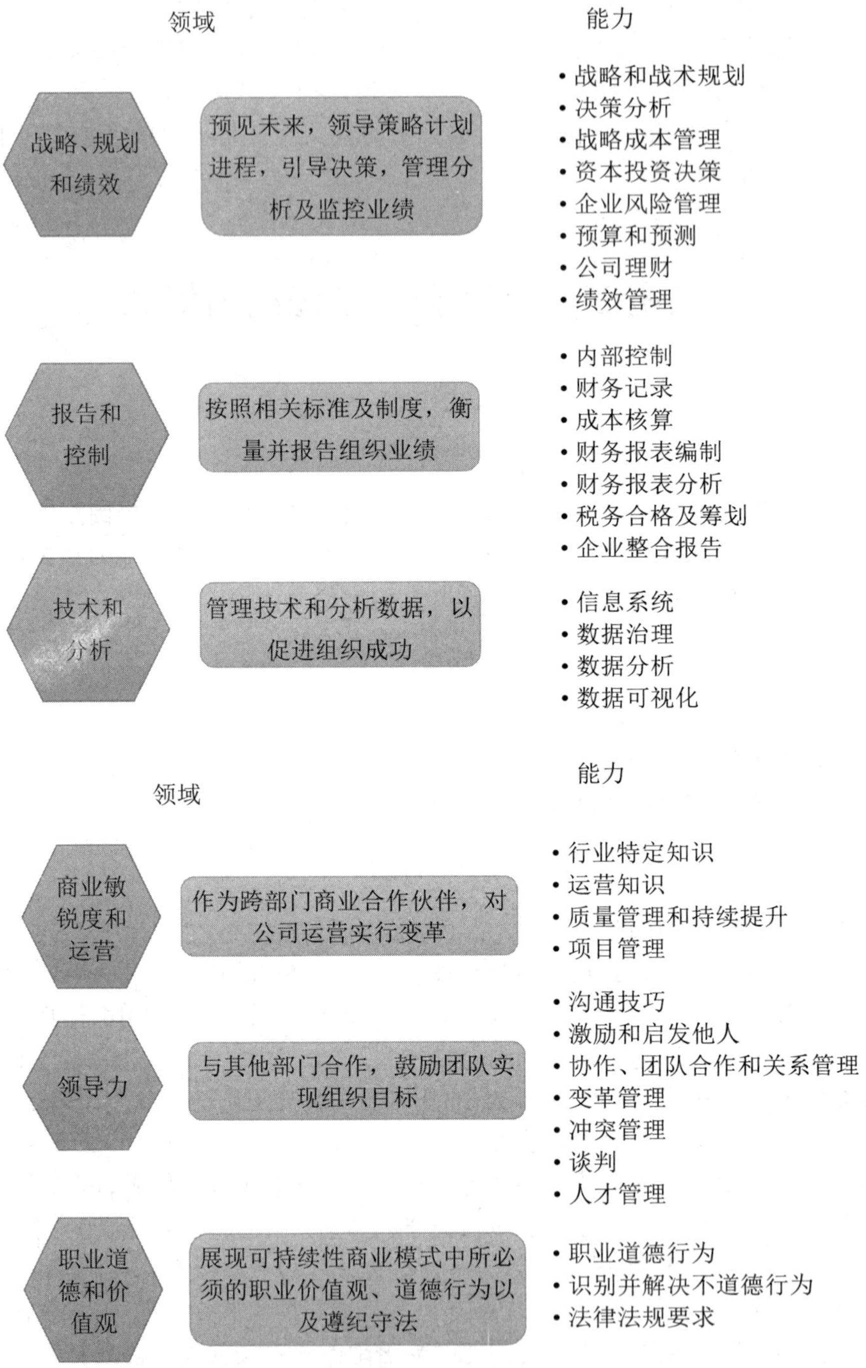

图 1-6　美国管理会计师协会（IMA）管理会计能力素质框架

二、我国管理会计胜任能力框架总体部署

《指导意见》是中国会计改革与发展工作新的里程碑，标志着中国会计改革与发展工作重心转向培育和发展管理会计，也是中国管理会计师胜任能力建设的基本环境。以《指导意见》为统领，以《管理会计基本指引》和《管理会计应用指引》为具体指导，构建由“胜

任能力结构、胜任能力标准、胜任能力知识体系、技能体系和职业道德”等要素构成的管理会计师胜任能力框架。以下重点阐述胜任能力标准。

国内外的研究成果，为我们提供了可供借鉴的内容。胜任能力标准是指判别一项管理会计工作或实务是否达到有效水平的尺度。它可以从管理会计职能和管理会计师个体两个方面构建其具体内容，前者是从有效的管理会计实务的角度，描述管理会计职能活动以及管理会计师个人活动所适用的管理功能领域。根据《基本指引》和《应用指引》以及财政部未来拟继续颁布的应用指引的内容，将管理会计能力领域划分为八个领域，管理会计职能层面的胜任能力标准在后续项目中会提到；后者是指在上述胜任职能中，承担具体任务的管理会计师个人所必须具备的实际工作能力，即个人的胜任特性。个人层次的能力标准集中表现为认知技能和行为技能这两个方面的个人特性。个人特性具体细分为七方面的技能要素，即个人能力要素。这些技能要素是确定胜任管理会计师工作表现的必要条件。由于个人技能要素和职业道德部分主要涉及管理会计师在职业（执业）过程中的内在品质要求，以及法律法规、自律性约束等，因此，这两项技能不需要区分等级，其他技能要素按照三个等级的管理会计师进行能力标准描述（如表 1-5 所示）。

表 1-5　管理会计师个人能力标准描述

能力要素（关键任务）	关键角色		
	初级管理会计师	中级管理会计师	高级管理会计师
1. 分析技能	● 对管理活动、职能活动有足够的了解 ● 对组织环境的分析有足够的理解，并配合团队完成环境分析、数据处理等工作	● 能够独立完成实施数据及其相关信息分析 ● 能够实施逻辑推理分析、管理活动分析、组织环境分析并对发现的问题做出相关性和重要性评估	● 在缺乏充分数据的情况下实施逻辑推理分析，发现复杂现象背后的问题，对问题的难度和复杂程度进行评价 ● 引入新的分析技术（如大数据分析技术），建立适应新的环境变化所需要的分析模型
2. 判断技能	● 对单位所处的环境和自身条件有充分了解 ● 运用一定的工具方法或技术，配合团队完成问题诊断和预测工作	● 能够实施调查，发现事实、诊断现状，判断复杂形势和环境，提出最佳解决方案 ● 具备判断潜在机会与威胁的技能，预测结果，预见事物发展趋势	● 高度关注环境变化，在缺乏数据的情况下，能够判断问题或行为的相关性和重要程度 ● 领导和发展管理会计在组织中的地位与作用
3. 技术技能	● 具备书面表达和口头表达方式能清晰有效传递信息的基本能力 ● 熟练信息技术（包括数据库与电子表格等）和统计技术的基础应用方法 ● 理解与专业相关的基础知识，如组织、战略、运营等一般管理知识	● 应用各种方式（书面、人际、表达）进行良好、有效沟通 ● 熟练运用管理会计的专业知识、工具/方法与流程 ● 掌握应用基本理论知识解决相对复杂的问题 ● 熟练应用高级信息处理技术和统计技术 ● 具有有效的演示技能	● 具有有效的领导、协调、组织能力 ● 对技术性处理的数据或信息结果的相关性、可靠性和可比性等进行评估和判断 ● 能够有效地鼓励团队及其成员，营造积极主动、创新进取的文化环境

续表

能力要素（关键任务）	关键角色		
	初级管理会计师	中级管理会计师	高级管理会计师
4. 个人技能	● 视野开阔，思维开放，勇于创新 ● 应对变化，处理压力与挫折 ● 求知欲强，终身学习 ● 具备实务管理能力 ● 灵活、敏锐和环境适应性		
5. 人际沟通技能	● 善于学习 ● 积极帮助团队或成员 ● 倾听他人意见，认可不同观点，以明确、准确、简洁的语言方式，包括形体语言交互传递相关信息	● 善于谈判、联络、合作，能够取得团队和客户信任 ● 善于倾听、理解、帮助他人，并向他人学习	● 善于建立和充分利用关系网络化 ● 善于应对危机，解决矛盾 ● 善于引导、指导他人利用各种机会和工具建立有效沟通 ● 积极获取和分享多样化的信息
6. 组织技能	● 理解财务部门和业务部门之间的合作伙伴关系 ● 根据团队领导或其他相关部门的要求提供相关信息 ● 分析合作者的需求	● 对单位进行全面诊断并进行解释，提出改进方案（涉及战略、控制、运营、绩效、系统、流程和风险） ● 将管理会计功能嵌入单位的战略、业务相关的各项管理活动中 ● 充分利用单位资源开展管理会计活动（资源包括组织结构、制度、文化等） ● 宣传、推广管理会计服务的价值，提高管理会计地位	● 领导管理会计团队，组织、领导实施管理会计项目 ● 使管理会计不断适应变化的新环境，并创造有利条件，不断完善管理会计功能 ● 在单位整个范围内推动创造价值的跨职能活动 ● 有效地领导或指导复杂信息的生成、报告和解释
7. 职业操守	● 正直、诚信、坚韧、担当、可信赖 ● 遵纪守法，保持职业自律与自我控制 ● 关注公众利益和社会责任 ● 保守单位秘密		

三、管理会计职业道德体系构建

财政部发布的《会计改革与发展“十四五”规划纲要》指出，持续推进会计诚信建设。将会计职业道德作为会计人才培养、评价、继续教育的重要内容，推动财会类专业教育加强职业道德课程建设，不断提升会计人员的诚信素养。加强会计诚信机制建设，依托会计管理信息平台，实现跨层级、跨部门、跨系统数据互联互通。加强会计诚信体系建设，全面建立会计行业信用记录，继续完善守信联合激励和失信联合惩戒机制。《中国管理会计职业能力框架》的颁布，为培养管理会计人才核心能力提供了重要参考和教学指引。其中的制定决策能力，包含了职业道德能力。中国总会计师协会于 2017 年 4 月首次推出的管理会计师证书（初级）考试，将《管理会计职业道德》作为四门考试课程之一。类似的，ACCA、

CMA（美国注册管理会计师）等众多行业资质协会都以道德操守课程或职业道德模块考试作为取得专业执照的先决条件。

（一）树立正确的职业精神

职业精神对于会计人而言，具有特别重要的意义。2001 年，朱镕基总理视察上海国家会计学院，并题写“不做假账”校训。之后，视察北京国家会计学院时，再次题写“诚信为本，操守为重，坚持准则，不做假账”十六字校训，这是对会计人职业精神最深刻、最准确的阐释。信息和数据质量是国家治理体系和治理能力现代化的重要基础，没有高质量的信息和数据提供支撑，高质量的治理也就无从谈起。会计信息是经济社会治理的基础，会计信息质量的好坏无疑会对国家治理体系和治理能力产生重要影响。面对当前会计信息质量问题仍然较为突出的现状，如何坚守会计职业精神包括积极从各行各业的职业精神中汲取营养，既是会计人才的使命必然，也是其实现思想引领的重要保障。

（二）遵守道德准则

美国管理会计师协会（IMA）界定了四项职业道德行为准则。一是胜任能力。包括通过持续学习各种知识技能，保持合适的职业竞争力；根据相关法律、法规和技术标准，执行专业责任；提供准确、清晰、简洁和及时的决策支持信息和建议。二是保密。包括除非经授权或者法律要求，否则禁止披露工作中的机密信息；告知相关各方如何正确使用工作过程中获得的机密信息。监督下属行为，确保信息的机密性（不应在公共场所，如机场咖啡厅进行业务沟通，妥善保存纸质和电子文档）；不得利用保密信息获取不道德的或非法的利益。三是正直。包括避免潜在或者实际上的利益冲突，告知所有相关当事人，避免发生潜在的利益冲突；禁止从事任何不利于履行道德职责的行为；禁止参与或支持损害职业的活动；为积极的道德文化做出贡献，并将职业操守置于个人利益之上。四是可信（诚信）。包括公允、客观地交流信息；充分披露可能会影响目标使用者理解财务报告、分析或建议的所有相关信息等。

《中国管理会计职业能力框架》中明确提出，各级管理会计都应遵循这五大方面的职业道德与行为规范。一是践行社会主义核心价值观，树立新发展理念；强调了管理会计的职业理念与信仰。二是爱岗敬业，坚守诚信原则，提供真实、准确的管理和会计信息，如实反映、报告单位财务状况与经营业绩；强调了岗位职责与技能。三是维护单位的合法权益，保守工作秘密，积极促进所在单位承担必需的社会责任；强调了职业操守与社会责任。四是在与道德规范冲突的情况下，不以牺牲道德规范为代价达到个人或单位的目的；强调了集体利益与社会利益的关系。五是廉洁自律，不参与舞弊或行贿、受贿等；强调了个人操守与具体准则约束。

（三）遵守法律法规

会计法律制度是会计职业道德的最低要求，会计人要不忘初心、自始至终守住职业道德和法律的底线。要加强对《会计法》《企业会计准则》《企业会计制度》《公司法》《证券法》《民法典》《税法》《企业财务通则》《内部控制基本规范》《管理会计指引》等相关法律、法规和规章的学习，在工作中做到有法必依，要敢于向一切不合法的做法亮剑。把法律规范和道德规范结合起来，以道德滋养法治精神，加强德治与法治的衔接与贯通，营造全行业守法、合规、诚信的向善向上氛围。

案例解析

【案例 1-3】

乙方希望甲方可以多给 20%的预算，并赠送给了甲方 VIP 票，以期望达成合作。

【业务】

如果甲方接受了礼物，违反了职业道德的哪一项？

解 析

违反了职业道德正直。正直是个人的道德指南针，它指导着行为。正直的核心原则是美德、同情心、诚实、忠诚和客观性。

【案例 1-4】

宝宝乐是一家生产婴儿产品的公司，公司每年生产销售婴儿床 5 000 件，每个婴儿床需要加一层贴纸；公司现有一个生产 400 件婴儿床的特殊订单，每件价格为 145 元，并且公司有足够的产能；宝宝乐公司会向外部供应商购买贴纸用来装饰婴儿床，贴纸的单价为 10 元，公司管理层想自己生产贴纸，每件贴纸的变动成本为 6 元，并且会使得公司的固定成本额外增加 8 600 元；宝宝乐公司的首席财务官把公司打算生产贴纸的这一决策以及相关财务数据告诉了一位朋友，同时这一幕让公司一位会计人员发现了；而首席财务官的这位朋友是公司贴纸供应商的行政助理，这位朋友将这个消息告诉了公司的供应商。

【业务】

根据管理会计师职业道德准则，该公司首席财务官违反了哪项？

解 析

违反保密的原则。从业人员应该对获取的信息保密，除非经授权披露或者法律要求披露，很明显该公司的首席财务官并没有做到保密，他将公司打算生产贴纸的信息在没有经过授权的情况下透露给自己的朋友。

小试牛刀

【实训资料】

1947 年 10 月 10 日，发表了《中国人民解放军总部关于重新颁布三大纪律八项注意的训令》。从此，内容统一的“三大纪律八项注意”就以命令的形式固定下来，成为全军的统一纪律，对当时部队作风建设起到了极大的推动作用。

三大纪律：一切行动听指挥，不拿群众一针一线，一切缴获要归公。

八项注意：说话和气，买卖公平，借东西要还，损坏东西要赔，不打人骂人，不损坏庄稼，不调戏妇女，不虐待俘虏。

【实训要求】

（1）毛泽东制定“三大纪律，八项注意”的背景是什么？他要解决什么问题？为什么要编成歌唱？

（2）以毛泽东的政治军事韬略和文采，以及此事的重要性，完全可以写出洋洋洒洒几万字甚至几十万字的军队作风建设制度，为什么他只制定了这两条？

（3）“三大纪律，八项注意”为什么很有效？

分析：

（1）

（2）

（3）

扫我看答案

考核评价

* 知识评价

巩固拓展

* 能力巩固

【实训目的】

通过练习，掌握管理会计师应遵守的职业操守。

【实训资料】

2020 年 2 月 1 日，美国浑水调研公司发布瑞幸咖啡做空报告，2019 年第三、四季度门店销量虚增 69%、88%；实际销售价格为上市价格的 46%，而非声称的 55%；为填补虚高的门店收入，夸大广告支出数逾 150%；夸大其他产品收入近 400%等。认为 2019 年度，瑞幸咖啡财务报告通过虚增收入及支出进行财务欺诈。4 月 2 日，瑞幸咖啡宣布，2019 年二季度至四季，公司伪造了 22 亿元人民币的交易额，相关的成本和费用相应虚增。受此影响，同日瑞幸咖啡盘前暴跌 85%。

【实训要求】

（1）分析瑞幸咖啡具体是怎么来操作利润的？

（2）请分析该公司违背了哪些管理会计职业道德准则？

*** 知识拓展**

乳制品公司的管理会计之路

某国内乳制品公司为了科学确定战略目标，对我国乳制品行业的外部环境进行了分析，通过定量分析，得出当前我国人均消费乳制品的数量有所增长、市场需求份额增大的结论；同时，在对该市场存在的机会和威胁的分析中，得出当前威胁我国乳制品业的主要原因是乳制品企业缺乏自我控制的优质奶源地和国外同类企业竞争激烈的结论。

该乳制品以国内乳制品需求量、消费者对乳制品需求的喜好、消费者对乳制品的支出预期、国内外乳制品性价比分析、上年同期本企业乳制品销售业绩等分析为基础，合理推测了本年度本公司的销售数量，为编制销售预算提供了基础材料。

乳制品公司根据分析和预测的结果，确定了"以提供高品质乳制品占领市场"的战略目标，具体实施的路径为：收购内蒙古的优质奶源企业，加大乳制品保鲜保质技术研发力度，提升公司产品知名度。公司根据此战略规划进行经营预算，同时对收购内蒙古优质奶源企业、研发费用投入等进行专项预算，进行财务规划。

乳制品公司根据其战略规划进行项目评审和决策。公司管理层在决策中，首先根据战略规划否决了购买新产品生产线项目；其次对有合作意向的内蒙古优质奶源企业进行了方案比较，最终通过定性和定量分析确定了奶源地污染较少、净现值额较高的 n 企业作为合作对象，采用控股并购的方式取得该优质奶源企业的控制权。

乳制品公司提升乳制品知名度的路径之一，是缩短封闭式机械挤奶—原奶检测—巴氏杀菌—自动吹瓶灌装—成品检测—包装冷藏运输等作业的时间。为此，单位制订了上述各个作业的最短时间。如要求从挤奶到成品的时间不超过 120 分钟，并保证成品在 2～6 摄氏度条件下运往第一产品中转站（如从张家口牧场至北京）的时间不超过 5 个小时，以此保证原奶的新鲜度和质量。为此，管理会计可通过作业成本管理、标准成本、精益管理等方法，严格控制每个环节的工作时间，以质量求生存，助推企业战略目标的实现。

乳制品公司为了实现战略规划，制定了相应的绩效评价体系。除一般的财务指标、客户指标外，还将各作业环节的作业时间作为评价某责任单位业绩的主要标准之一，明确规定，如不能在标准时间内完成作业，则不能取得绩效奖金。通过评价指标的设计和实施，促进战略目标实现。乳制品公司的管理会计之路，如图 1-7 所示。

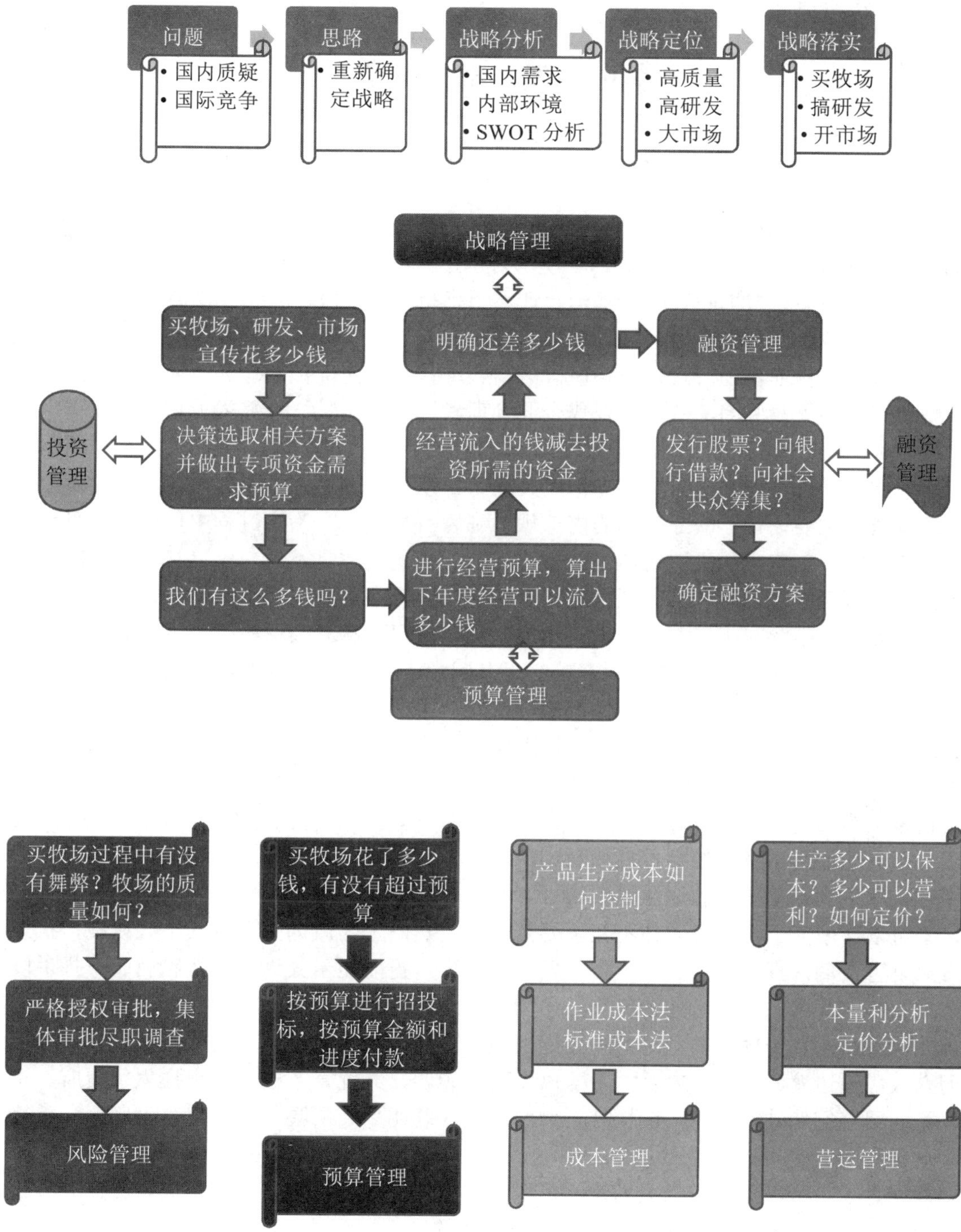

图 1-7　乳制品公司的管理会计之路

＊ **学思用贯通，知信行统一**

学史明理，学史增信

——《红楼梦》所表现的内部控制管理理念

从内部控制角度看贾府的衰败

《红楼梦》作为中国四大名著之一，其所蕴含的内容十分丰富。“横看成岭侧成峰”，从不同的角度去看，研究者便可得出不同的意见。我们能够从该书中汲取哪些经验和教训呢？在《管理会计应用指引》第700、701、702背景指导下，企业进一步提升内部控制意识，强化风险管理，规避各种风险，做到科学决策、精细管理，真正做强做大。结合现代企业内部控制理念，来分析贾府衰败的主要原因，从而给现代企业管理者以启示。《孟子•离娄上》有“不以规矩，不能成方圆”。作为家族治理，理应有明确的规章制度。然而，在中国传统治家观念中，却以家训为主。贾府在治家过程中，以“旧例”为主，即沿袭以前的做法作为家庭理财的主要途径，缺乏明确的内部规章制度。故此，在治家过程中，很容易受到直接管理者的个人影响，从而造成内部的管理混乱。其他人暂且不说，仅以善于治家的王熙凤为例，便可管中窥豹。在第十五回，王熙凤曾在铁槛寺借老尼为张姓财主之女金哥退婚之际，索要了三千两银子，并扬言道：“凭是什么事，我说要行就行。”可见，其在行事过程中，为了炫耀其权力，见利忘义。在第三十九回中，当袭人（贾宝玉的婢女）向平儿（王熙凤的陪房丫头）问起当月月钱为何还未发放时，平儿才说出王熙凤其实早已支取，只是已放给别人使用以收取利钱，待别处的利钱收来，凑齐了才发放。并说：“这几年拿着这一项银子，翻出有几百来了……只他这体己利钱，一年不到，上千的银子呢。”王熙凤私放利钱可谓是中饱私囊，相当于现在的私设“小金库”，作为荣府管家之人，实在是坏了风气。王熙凤不但凭借当家理财的身份谋取私利，还通过玩弄权力害死贾瑞和尤二姐。在她的心目中，谁危害到她在贾府的地位以及声誉，必将置对方于死地。贾瑞虽然对她抱有非分之想，本可以惩戒一下他即可，亦不至于要其性命。然而王熙凤为了显示其个人权威，执意设毒局陷害贾瑞，直至贾瑞病死。至于尤二姐一事，更能显示其为一己之私利而不择手段去恣意妄为。其实，在她所处的年代，作为贾府这样的家族，娶个三房四妾也属平常。但在王熙凤看来，贾琏偷娶的尤二姐将会危及她在贾琏心目中的地位。为此，不惜耍弄聪明借刀杀人，逼迫尤二姐吞金自杀。王熙凤大耍小聪明，终究害了自己，也拖累了贾府。正应了第五回警幻仙姑制作的《红楼梦》词曲之一《聪明累》所唱“机关算尽太聪明，反算了卿卿性命。”

以铜为镜，可以正冠；以史为镜，可以知兴替；以人为镜，可以明得失。阅读并分析《红楼梦》所蕴含的内部控制思想，除了品味该书的博大精深之外，还在于启迪企业如何从中汲取现代企业管理所需的营养。二十大再次提出健全党统一领导、全面覆盖、权威高效的监督体系，完善权力监督制约机制，以党内监督为主导，促进各类监督贯通协调，让权力在阳光下运行。结合学习管理会计指引体系内容，明白和理解以下内容。

在当今复杂的商业环境中，每个企业都面临众多的风险因素，正是由于这些风险的存在，作为防范风险的企业内部控制和管理会计也被提到了空前的管理高度。

（1）规范公司治理结构是基础。公司治理结构是控制环境中最重要的一个因素，它定下了企业管理的基调，影响着企业的管理风格和文化理念。就像《红楼梦》中的贾府，如果在治家机制上增强机构的透明性并加强监管，防止授权过度，改变骄奢淫逸的作风，虽然不能长富久安，也不至于短期内灾祸接二连三地发生，直至家破人亡。其实，作为企业亦然，只有搭建良好的治理结构，才能为规范运营提供良好的基础。

（2）建立健全内控制度是保障。要加强对权力运行的制约和监督，把权力关进制度的笼子里，形成不敢腐的惩戒机制、不能腐的防范机制、不易腐的保障机制。内部控制制度是企业健康运营的制度保障，"有法可依"是提高执行力的基础。只有制度完善、不断创新才能适应企业的发展。贾府治家失败的重要原因之一，是缺乏一套科学的治家制度，主要依赖旧例和管理者的个人喜好。对于现代企业，尤其是家族企业而言，这种教训更应该吸取。

（3）防范整治企业风险是完善。外部环境千变万化，从而给企业的运营带来诸多不确定性。企业只有建立一套风险预警机制，提早发现、及时治理、事后总结，才能不断提高防范风险的能力。贾府自恃位高权重，忽略了种种风险，从而酿成无法挽回的大错，实在是令人扼腕叹息。

（4）加强内部沟通机制是工具。企业的管理者需要多种信息作为决策的依据，这在企业信息化日益发达的今天尤为突出。因此，加强企业内部的沟通从而保障信息畅通至关重要。反观贾府，在个人私利的驱动下，贾府的公共利益被忽略。内部的主流信息并非如何管理好家族，而多是坊间传闻。更为遗憾的是，贾府的管理者并未及时纠正这种歪风邪气。

（5）强化内外监督机制是补充。企业内部的及时监督可以促使管理者发现失误和漏洞，从而及时纠正和完善，这也是企业中普遍设置内部审计机构的主要原因所在；而外部社会化的监督可以促使企业保持良好的职业道德和社会形象。贾府的衰败，致命的原因是内部缺乏监管，而外部监管也并不及时,最终内部管理的失控引致了无法扭转的局面。

项目二　成本管理

学习目标

【知识目标】

（1）了解成本管理的基础知识。

（2）掌握成本性态分析。

（3）熟悉变动成本法与全部成本法的区别。

（4）掌握变动成本法的优缺点及应用。

（5）理解标准成本差异的内涵，掌握标准成本差异的分析思路和方法。

（6）掌握变动成本差异、固定成本差异的计算方法，正确理解变动成本差异、固定成本差异对成本管理的意义。

（7）理解和掌握作业、作业分类、作业动因、资源动因等重要概念，把握作业成本法的理论脉络。

（8）了解作业成本法的成本计算程序。

（9）掌握作业成本法的基本方法。

【能力目标】

（1）要具备根据不同成本计算方法的成本管理流程与特征的能力，按照业绩标准，接受标准指令，高效率地执行作业；能运用技术工具与方法不断优化业务流程，实施持续改进；能够分析作业结果，反馈作业差异，改进运营绩效。

（2）熟练掌握信息处理技术（包括数据库与电子表格等）和统计技术的基础应用方法。

【素养目标】

（1）通过学习成本管理，能够按照管理控制与预算管理的目标和标准，高效率地执行供、产、销环节的具体作业，运用精细化成本管理方法，使所配置的资源得以最有效的利用。

（2）通过学习成本管理，能够对生产经营过程中的各个环节进行科学合理的管理，力求以最少的生产耗费取得最多的生产成果。

项目知识结构

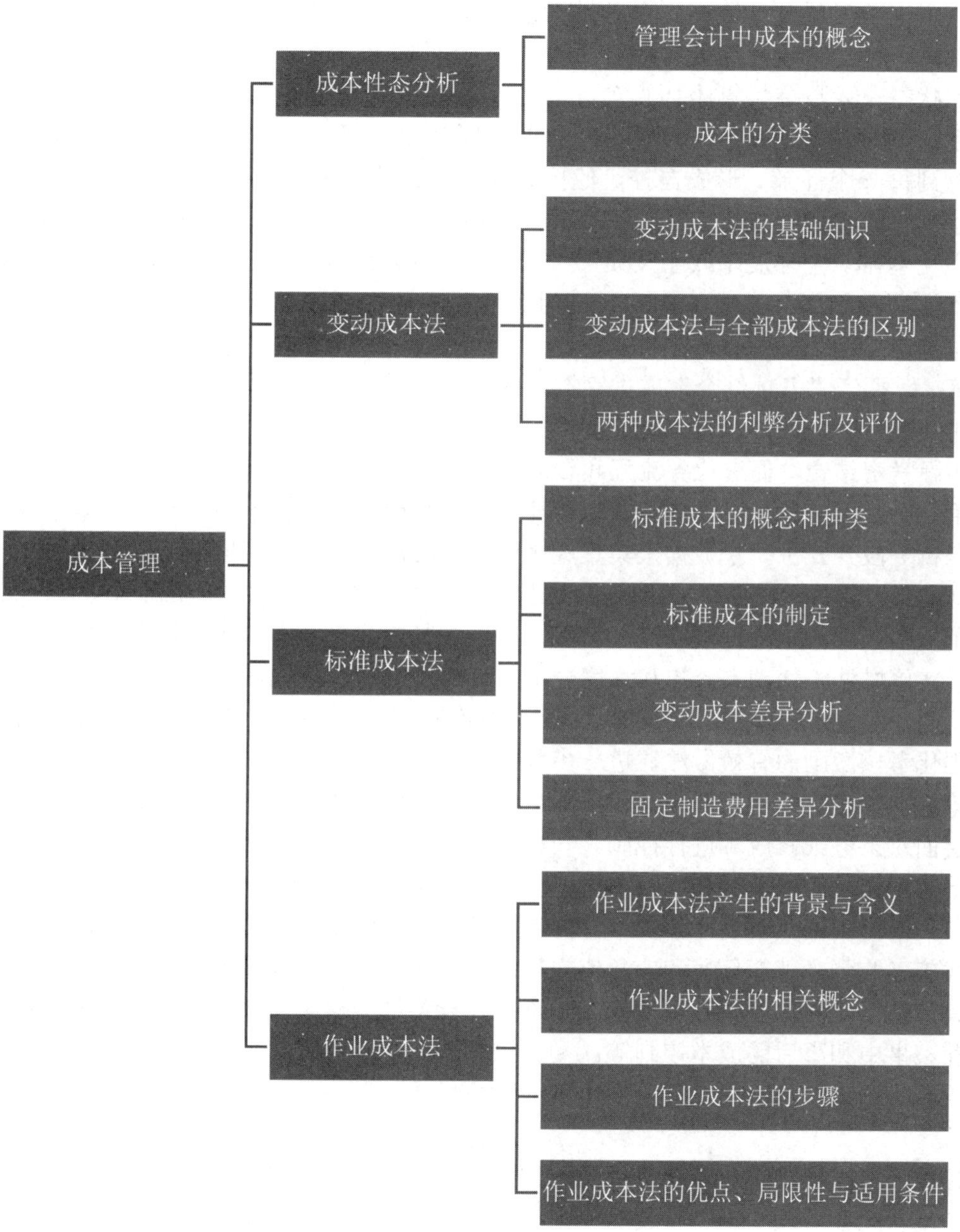

【视野先导】

上海铁路局成本管控创新实践

面对铁路管理体制、经营机制及经营形势等内外部经营环境的巨大变化，上海铁路局在成本管控方面进行了有效的探索创新。其具体做法如下。

第一，整合应用多项预算管理工具，统领成本管理全过程。①上海铁路局自 2011 年开始实施“全口径预算”，从预算源头将运输核心业务、运输其他业务和非运输业务，以及资金、资产及人员等资源全部纳入统筹范围，从效益最大化角度统筹编制、执行全口径预算，对全局经营业务和经济资源进行全面整合，改变了以往各自分割、轻整体重局部的状态。②坚持预算闭环管理，放大成本管控激励约束效应。包括构建全局预算指标体系；预算编制、执行、调整及评价全过程与业务部门保持沟通对接；将预算的可控性渗透到每一个环节，形成自控、他控、互控的预算管理立体体系；落实绩效考核制度等。③通过构建标准成本定额管理体系和划小核算单元，使成本更加准确，为成本有效管控强化基础。④开展增收节支提效工作，每年制定具体措施上百条，并将每一条措施细化落实到各部门、站段、车间、班组等责任主体，明确目标、落实责任，推动全员、全过程、全面创效。

第二，探索“五项结合”成本管控方向。不断探索成本管理与技术创新、管理创新、生产作业流程优化、创效分析指导决策、供应链管理等方面的结合，力求成本管控与运输生产实际紧密结合，促进业务流程和资源统筹优化，降低成本耗用。

第三，利用信息化手段搭建燃油管理大数据平台，建立机车能耗全面成本管理体系。南京东机务段开发了一个数据采集集成平台——燃油消耗监测管理系统，把燃料收发、报单统计、热力监管、财务结算各相关部门有机联动，实现信息互通、资源共享、各取所需，把机车能耗预算核定、过程监控、针对性措施的制定及责任考核等管控全过程贯穿起来。同时，实施燃油消耗动态监控和深度分析，有效控制机车用油成本。

第四，区分不同车底，以客车运行“公斤/辆小时”为指标，对柴油单耗予以管控。同时，强化考核激励的有效做法，进一步优化铁路发电车柴油单耗管控。

第五，探索“检养修”分开的生产组织变革，引入作业成本法，从事前、事中、事后三个层面对工务维修成本进行控制。一方面采取“检养修”分开的生产组织改造，即分别设立检查工区、维修工区和线路工区。检查工区负责“检查、分析、建议计划、验收”四大环节，维修工区负责线路养护维修的作业环节；线路工区负责管辖范围内的设备巡查、营业线施工监督、外部环境和应急值守等。另一方面运用作业成本法实施维修成本控制分析。具体包括建立作业中心、按检查、维修，设备或维修工作量确定成本动因；对作业进行事前、事中和事后的成本控制等。

【启 示】

目前，我国现代企业具有产权明晰、权责明确、政企分开、管理科学的特点，而成本管理是现代企业管理中一个重要的内容。在国内，产品供过于求，同质化严重，利润微薄，降价是找死，不降价是等死；在国际上，中国产品基本上就是“廉价”的代名词，低价没利润，不低价又没竞争力。如此一来，将中国的成本困境暴露无遗。为实现“中国制造”向“中国创造”的突围，必须从战略的角度审视成本管理。

任务一　成本性态分析

任务描述

成本的核算关乎产品的定价，产品的定价关乎企业利润，伴随着市场的竞争日益激烈，企业的利润空间不断缩小，精确的计算产品的成本和加强成本控制尤为重要。企业要想在激烈的竞争中立于不败之地，必须首先获得成本优势，继而发挥和保持这种优势，这是实现成本领先战略的主要途径。而成本优势的获得不限于成本本身，必须从管理的高度挖掘成本降低的潜力。

任务目标

（1）了解成本管理的基础知识。

（2）能够对经济业务进行成本性态分析。

知识链接

一、管理会计中成本的概念

随着经济的不断发展，会计业务在不断延伸和拓展，成本的概念也在不断丰富。

成本基础认知

广义上讲，成本是一种耗费。成本是对实现某一特定目标而做出的牺牲。这种牺牲可以通过付出的资源来计量。管理会计的出现使成本的概念多样化。现代管理会计则认为，成本是指企业在生产经营过程中对象化的、以货币表现的、为达到一定目的而应当或者可能发生的各种经济资源的价值牺牲或者代价。

二、成本的分类

成本可以按各种不同的标准进行分类，以适应企业经营管理的不同需要。

（一）成本按经济用途分类

成本按经济用途，可以分为制造成本和非制造成本两大类，以满足对外财务报告的需要。

1. 制造成本

制造成本也称为生产成本或生产经营成本，是指为制造（生产）产品或提供劳务而发生的支出。就制造企业而言，制造成本可根据其具体经济用途分为直接材料、直接人工、燃料和动力及制造费用等成本项目。

2. 非制造成本

非制造成本也称为期间成本或期间费用，通常可分为销售成本、管理成本和财务成本。销售成本是指为销售产品而发生的各项成本。如专职销售人员的工资、津贴和差旅费，专门销售机构固定资产的折旧费、保险费、广告费、运验费等。管理成本是指在制造成本和销售成本以外的所有办公和管理费用。如董事经费，行政管理人员的工资、差旅费、办公费，行政管理部门固定资产的折旧费及相应的保险费和财产税等。财务成本则是指在企业理财过程中发生的名种成本。如借款的利息支出。

（二）成本按性态分类

成本性态也称为成本习性，是指在一定条件下成本总额对业务总量（产量或销售量）的依存关系。

对成本性态可从这 3 个方面理解：①一定条件，是指在一定的时间范围或产量范围，又称相关范围；②成本总额，是指为取得营业收入而发生的成本费用，包括制造成本和非制造成本；③业务总量，是指企业在一定生产经营期内投入或完成的经营工作量的总称，可以表现为实物量、价值量、时间量等。

成本按性态可以分为固定成本、变动成本和混合成本三类。

1. 固定成本

成本性态分析

（1）固定成本的定义。固定成本是指其总额在一定期间和一定产量范围内，不受业务量变动的影响而保持固定不变的成本。例如，行政管理人员的工资、办公费、财产保险费、不动产税、按直线法计提的固定资产折旧费、职工教育培训费等。

（2）固定成本的性态。在一定时间范围和产量范围内，固定成本有两种性态。一是固定成本总额的不变性，即不论产量是否变动，成本总额都不会发生任何变化，如图 2-1 所示；二是单位额的反比例变动性，即当产量变动时，单位产品的固定成本将随产量的变动而呈反比例变动，如图 2-2 所示。

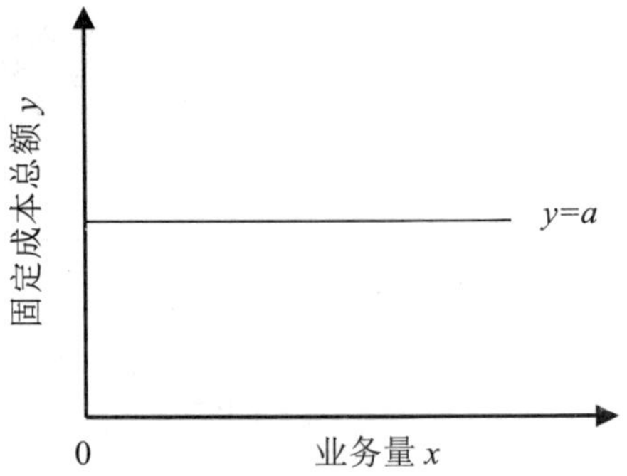

图 2-1　固定成本总额性态模型

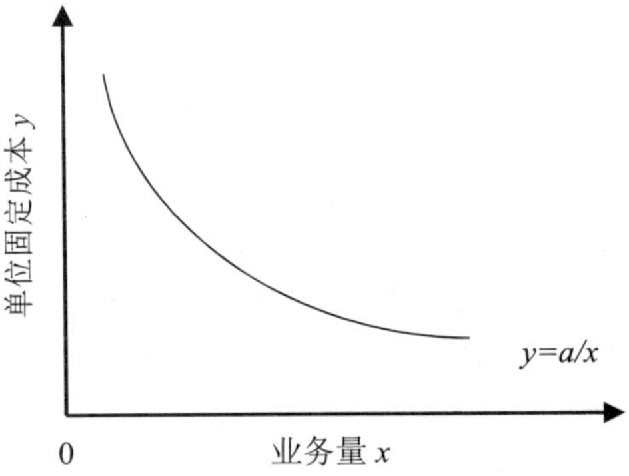

图 2-2　单位固定成本

（3）固定成本的分类。固定成本按其支出数额是否受企业管理层决策行为的影响，可被细分为酌量性固定成本和约束性固定成本。

酌量性固定成本也称为选择性固定成本，是指企业管理当局的决策可以在不同时期改变其支出数额的固定成本，如新产品开发费、广告费、职工培训费等。

约束性固定成本是企业维持正常生产的经营能力而必须负担的最低固定成本，企业管理当局的决策无法改变其支出数额，因而也称为承诺性固定成本。例如，厂房及机器设备按直线法计提的折旧费、房屋及设备租金、不动产税、财产保险费、照明费、行政管理人员的薪金等。

部分费用的固定成本分类，如表 2-1 中所示。

表 2-1　固定成本分类

序号	费用类型	固定成本类型
1	研究开发费	酌量性固定成本
2	社会保险费	约束性固定成本
3	直接人工	酌量性固定成本
4	能源费（按千瓦小时计费）	约束性固定成本
5	直接材料	约束性固定成本
6	外请顾问的咨询费	酌量性固定成本
7	设备折旧费	约束性固定成本
8	注册会计师审计费	酌量性固定成本
9	广告宣传费	酌量性固定成本
10	销售佣金	酌量性固定成本
11	雇员教育培养	酌量性固定成本
12	公司房屋租金	约束性固定成本

（4）固定成本的相关范围。固定成本的固定性是有限定条件的，在管理会计中称为相关范围，具体表现为一定的时间范围和一定的空间范围。

当原有的相关范围被打破时，固定成本是否还表现为某种固定性？原有的相关范围被打破，自然就有了新的相关范围；原有的固定成本总额发生变化，自然就会有新的固定成本总额，只是其固定性体现在新的相关范围内了。

2. 变动成本

（1）变动成本的定义。变动成本是指在一定期间和一定产量范围内，其总额随着产量的变动而成正比例变动的成本。例如，直接材料费、产品包装费、按件计酬的工人薪金、推销佣金以及固定资产折旧费等。

（2）变动成本的性态。在相关范围内，变动成本具有两种性态。一是变动成本总额的正比例变动性，即变动成本总额随着业务量的增减而成正比例变动；二是单位变动成本的不变性，即单位变动成本是一个定量。

若以 y 表示成本总额、x 表示产量、b 表示单位变动成本，则变动成本的性态可用以下数学模型表达，如图 2-3、图 2-4 所示。

$y=b\times x$

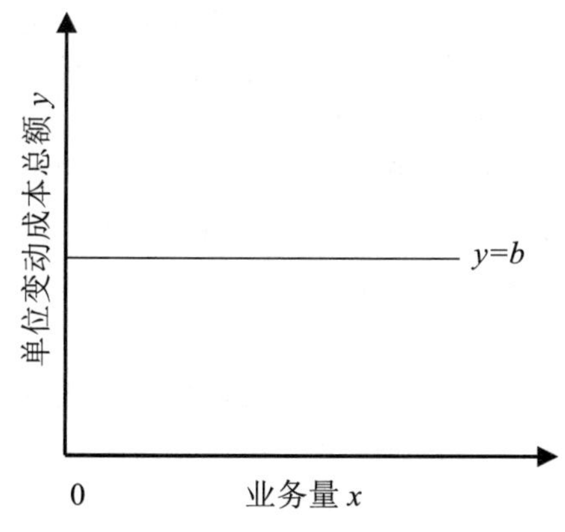

图 2-3　变动成本总额性态模型

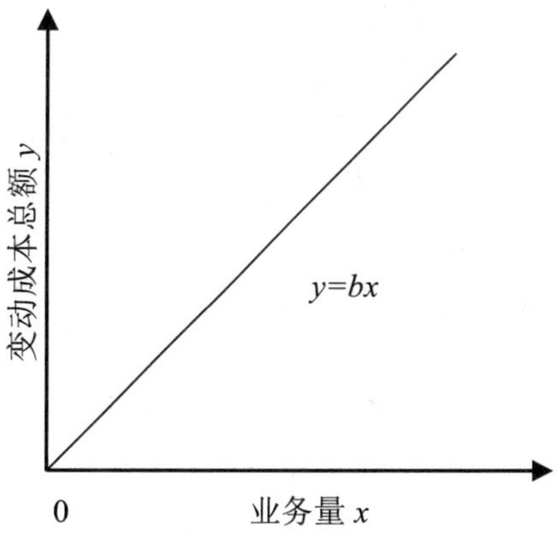

图 2-4　单位变动成本性态模型

（3）变动成本的分类。借用固定成本分类的思想，变动成本也可以分为酌量性变动成本和约束性变动成本。酌量性变动成本是指企业管理当局的当前决策可以改变其支出数额的成本。约束性变动成本是指企业管理当局的当前决策无法改变其支出数额的变动成本。

（4）变动成本的相关范围。变动成本同样也存在相关范围的问题。超过相关范围，变动成本将不再表现为完全的线性关系，而是非线性的关系。

图 2-5 表明，当产量开始上升，即产量由 0 件到 x_1 件时，变动成本总额的增长幅度小于产量的增长幅度，表现在图中，就是变动成本总额曲线呈现一种上凸的趋势，即其斜率随着产量的上升而变小；当产量继续上升，即产量由 x_2 件继续增加时，变动成本总额的增长幅度又会大于产量的增长幅度，表现在图中，就是变动成本总额曲线呈现一种下凹的趋势，即其斜率随着产量的上升而变大；而在产量上升的中间阶段，即产量由 x_1 件到 x_2 件时，变动成本总额线的弯曲程度平缓，基本呈直线状态（即线性关系）。变动成本的相关范围指的就是这个中间阶段。

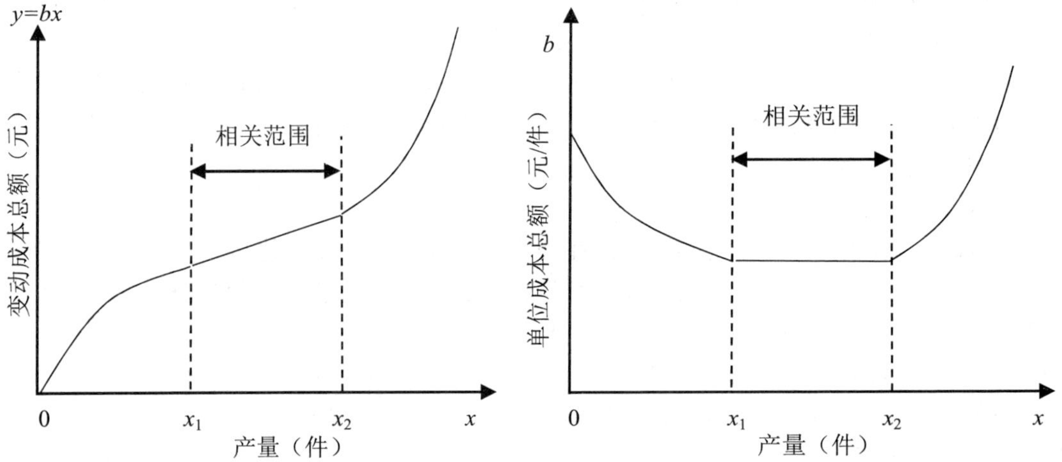

图 2-5　变动成本的相关范围

对于单位变动成本而言，当产量开始上升，即产量由 0 件到 x_1 件时，随着操作人员工作的熟练、工艺技术的进步，成本开始下降，到一定产量后，即产量由 x_1 件到 x_2 件时，单位变动成本固定下来。当产量继续增加到一定程度，即产量由 x_2 件继续增加时，由于各种原因，如设备陈旧导致生产效率降低，单位变动成本呈现增加趋势。

此外，变动成本原有的相关范围被打破，也就有了新的相关范围。需要指出的是，与固定成本相比，相关范围改变后的固定成本总额呈现跳跃性变化，相关范围之间的界限相对来说容易划分，而变动成本由于呈现渐进性变化，划分起来比较困难。

3. 混合成本

混合成本是指同时具有固定成本和变动成本两种性态的成本，其特征是成本项目发生额的高低虽然直接受业务量大小的影响，但不存在严格的比例关系。在现实经济生活中，企业的总成本就是一项最大的混合成本。

混合成本根据其发生的具体情况，通常可以分为以下三类。

（1）半变动成本。半变动成本是指总成本虽然受产量变动的影响，但是其变动的幅度并不与产量的变化保持严格的比例关系。这类成本的特征是当产量为零时，成本为一个初始量，类似于固定成本；当业务发生时，成本以初始量为起点，随产量的变化而成比例变化，类似于变动成本。

半变动成本可以用以下模型来表示。

$$y=a+bx$$

式中：a 表示固定成本总额；b 表示单位变动成本；x 表示产量；y 表示总成本。

需要说明的是，在现实经济生活中，成本的种类多样、形态各异，但是，不管是哪种形态的混合成本，都可以用统一的数学模型 $y=a+bx$ 来模拟。

（2）半固定成本。半固定成本随产量的增长而呈阶梯式增长，又称阶梯式半变动成本，其特点是：产量在一定范围内增长，成本总额不变；当产量增长超过一定限度时，成本总额会突然跳跃式上升，然后在产量增长的一定限度内又保持不变，如企业的货运员、检验员的工资等。

半固定成本的性态，如图 2-6 所示。

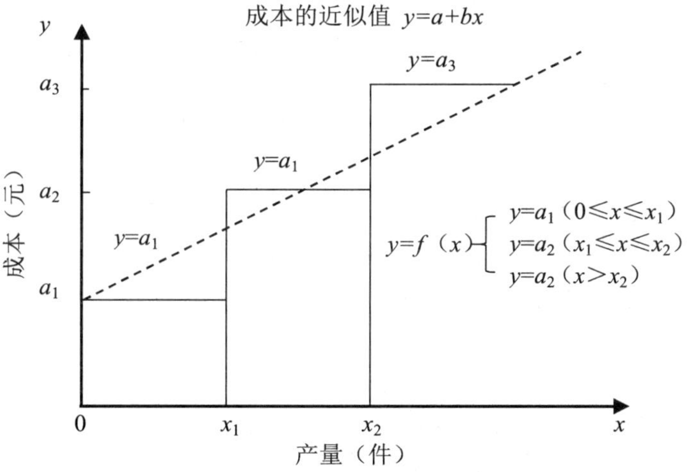

图 2-6　半固定成本的性态

（3）延伸变动成本。延伸变动成本是指随着产量的“延伸”，原本固定不变的成本成为变动成本。延伸变动成本的特征是在一定产量范围内，其成本总额保持固定不变，一旦突破这个产量限度，其超额部分的成本就相当于变动成本。比较典型的例子是，当企业实行计时工资制时，其支付给职工的正常工作时间内的工资总额是固定不变的；但当职工的工作时间超过了正常水平，企业按法律规定支付加班工资（加班工资的大小与加班时间的长短存在正比例关系），所有为此而支付的人工成本，则属于延伸变动成本。

延伸变动成本的性态，如图 2-7 所示。

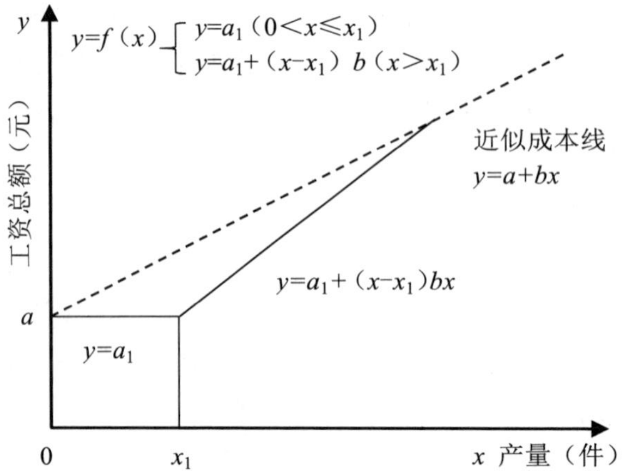

图 2-7　延伸变动成本的性态

（三）其他成本的概念及分类

与财务会计相比，管理会计进行决策所应用的成本概念在内涵上和外延上都有很大不同。为此，必须熟悉这些新的成本概念。

1. 机会成本

企业在进行经营决策时，必须从多个备选方案中选择一个最优方案，放弃另外的方案。此时，被放弃的次优方案所可能获得的潜在利益被称为已选中的最优方案的机会成本。应注意的是，机会成本仅是被放弃方案的潜在利益，而非实际支出，因此不能据以登记入账。

2. 边际成本

从理论上讲，边际成本是指产量向无限小变化时成本的变动数额。事实上，产量不可能无限小变化，至少应为 1 个单位的产量。因此，边际成本就是产量每增加或减少 1 个单位所引起的成本变动数额。如果把不同产量作为不同方案来理解，边际成本实际就是不同方案形成的差量成本。

3. 沉没成本与付现成本

按照决策是否导致未来现金流出，成本可以划分为沉没成本与付现成本。

（1）沉没成本。沉没成本是企业在以前经营活动中已经支付现金，而在现在或将来经营期间摊入成本费用的支出。如固定资产、无形资产、递延资产等。

（2）付现成本。付现成本是指由现在或将来的任何决策能够改变其支出数额的成本。付现成本是决策必须考虑的重要影响因素。

4. 相关成本与无关成本

企业在进行经营决策时，在可供选择的多种方案所涉及的各种成本中，有些成本与方案的选择有关，而有些成本与方案的选择无关。

相关成本是对决策有影响的各种形式的未来成本。如机会成本、边际成本、付现成本、专属成本、差量成本、酌量性成本等。

那些对决策没有影响的成本，称为无关成本。这类成本过去已经发生，或对未来决策没有影响，因此，在决策时不予考虑。如沉没成本、联合成本、约束性成本、历史成本、共同成本、半成品成本、不可延缓成本和不可避免成本等。

案例解析

【案例 2-1】

假设企业每月电费支出的初始量为 4 000 元，超过初始量的电费用为 1 元/千瓦时，每生产 1 件产品需耗电 1 千瓦时。假设企业本月共生产 7 000 件产品，则其支付的电费总额为 11 000 元。

【业务】

分别用模型和图解法描述电费的成本性态。

解　析

将数据代入半变动成本模型，则有 $y=a+bx=4\,000+1\times7\,000=11\,000$，其中，$a=4\,000$，$b=1$，$x=7\,000$。

电费的性态，如图 2-8 所示。

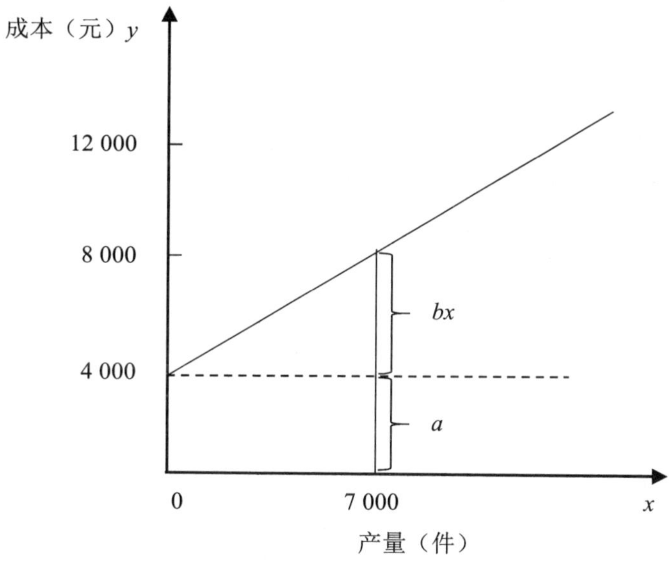

图 2-8　电费的性态

【案例 2-2】

假设某企业的产品生产下线之后，需经专门的质检员检查方能入成品库，每位质检员最多检验 2 000 件产品。也就是说，产量每增加 200 件就必须增加一名质检员，而且是在产量一旦突破 200 件的倍数时就必须增加。

【业务】

假设质检员的工资标准为 3 000 元，请对企业质检员工资的成本性态进行描述。

解　析

企业质检员工资的成本性态，可用图 3-7 说明。当产量在 0 到 x1；（0～200 件）时，成本 $y=a_1$=3 000 元；当产量在 x_1 到 x_2（200～400）时，成本 $y=a_2$=6 000 元。随着产品产量的增加，企业质检员的工资呈现阶梯式跃升，属于阶梯式混合成本。

【案例 2-3】

甲企业只生产一种 A 产品，一个月的最大生产能力是 800 件，其专用生产设备的月折旧额为 15 000 元。当产量分别为 200 件、400 件、600 件和 800 件时，单位产品负担的折旧额如表 2-2 所示。

表 2-2 单位产品所负担的固定成本

产量（件）	固定成本（元）	单位产品负担的固定成本（元）
200	15 000	75
400	15 000	37.5
600	15 000	25
800	15 000	18.75

【业务】

试对 A 产品进行成本性态分析。

解　析

我们用 F 来表示固定成本总额，x 表示产量，a 表示单位产量所负担的固定成本，并将表 2-2 的有关数据绘入坐标图中，得到固定成本的性态模型，如图 2-9 所示。

从表 2-2 和图 2-9 中可以看出，单位产品所负担的固定成本与产量成反比关系，即产量的增加会导致单位产品所负担的固定成本下降。

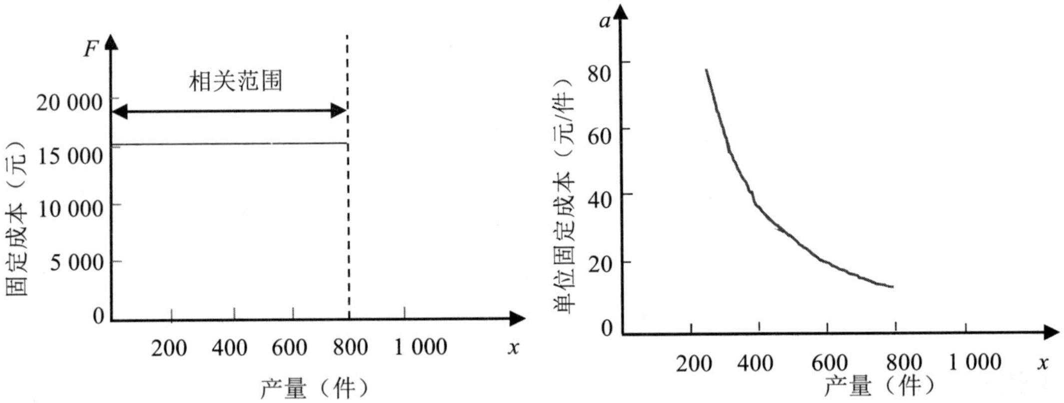

图 2-9 固定成本的性态模型

小试牛刀

【实训资料】

小张大学毕业回家创业，开了一家包子店，生意红火，同学小魏很羡慕，也打算经营个加盟店，于是考察店铺情况及每月的开支。这家包子店店铺租金每月 5 000 元，而每千克面粉可以做 30 个包子，小张卖 3 000 个包子，就需要花费 1 200 元买进 100 千克面粉；假如卖 6 000 个包子，就需要花费 2 400 元买进 200 千克面粉。

【实训要求】

请分析店铺租金和面粉的成本性态，并将分析结果填入表 2-3。

表 2-3　店铺租金和面粉的成本性态分析

分析项目	分析结果
成本性态	
固定成本	
变动成本	

扫我看答案

考核评价

＊ 知识评价

巩固拓展

＊ 能力巩固

【实训目的】

通过练习，掌握成本分析的基本方法。

【实训资料】

甲企业只生产一种 A 产品，一个月的最大生产能力是 800 件，其专用生产设备的月折旧额为 15 000 元。当产量分别为 200 件、400 件、600 件和 800 件时，假定甲企业的生产设备增加了 1 倍时，A 产品最大加工能力达到 1 600 件，月折旧费用由 15 000 元增加到 30 000 元。

【实训要求】

请填写表 2-4，并分析折旧费用（固定成本）的变化。

表 2-4 固定成本的变化

产量（件）	200	400	600	800	1 000	1 200	1 400	1 600
固定成本（元）								

＊ **知识拓展**

分解混合成本，建立成本性态模型

会计科小王通过分析第一季度的不锈钢炊具制造成本项目，感悟到了直接材料、直接人工随着业务量的变动呈正比例变动，制造费用项目中的财产税、工资费、保险费、折旧费等项目不受业务量的影响，固定不变。但是，制造费用项目中的维修费、水费、电费、润滑材料很显然是混合成本，这里面有多少固定成本、单位变动成本又为多少，还不清楚。如果搞清这些问题，就能将公司的制造成本建立起成本性态模型，预测 4 月份的制造成本。

在实际工作中，大多数成本是以混合成本的形式存在的，许多成本项目同时兼有固定成本和变动成本性质，同业务量之间的对应关系不清晰，并不能直接区分为固定成本或变动成本，所以将这类成本归为混合成本。混合成本不能满足成本管理的需要，所以必须采用适当的方法将其分解为变动成本和固定成本，从而为成本预测、成本控制提供信息。

无论哪一类混合成本，都可直接或间接地用直线方程 $y=a+bx$ 去模拟。其中，a 表示混合成本中的固定部分；bx 表示混合成本中的变动部分；b 表示混合成本中变动的单位额。

在成本性态分析过程中，进行混合成本分解，就是设法求出待定参数 a 和 b 的数值，并建立 $y=a+bx$ 模型。混合成本分解的主要方法有如下 6 种。

（一）技术测定法

仅适用于投入成本和产出数量之间有规律性联系的成本分解。

（二）高低点法

计算较为简单，但结果代表性较差

（三）回归分析法

计算结果较为准确，但计算复杂

（四）账户分析法

较为简便易行，但比较粗糙且带有主观判断

（五）散布图法

画直线靠目测，容易导致出现人为的误差

（六）合同确认法

一般要配合账户分析法使用

＊ **学思用贯通，知信行统一**

构建节约型社会

构建节约型社会是我国的一项基本国策，企业作为社会资源的主要使用者，更应当成为节约的主体。荀子曾提出："强本而节用，则天不能贫；养备而动时，则天不能病。"在全社会生产、流通等各个领域，注重资源节约型社会的建设，节约人力、物力、财力。由此可见，节约对于个人、组织的重要性。企业节约文化的核心是企业员工拥有共同的节约观点和勤俭办企业的责任意识。只有当节约成为整个企业的价值观，成为全体员工共同认同的信念和行为准则，才能推动企业战略目标的实现，而"节约型"的企业文化，可以转化成具有持久优势的生产力和竞争力，不断带动企业创造更好的经济效益和社会效益。

VDC 管理会计实验课后实训——成本性态分析

一、实训任务内容

（1）掌握成本性态分析工具的使用方法。

（2）运用高低点法进行成本性态分析，分析产量及成本信息、确定高低点、计算 a 值和 b 值、建立成本性态模型。

（3）运用散布图法进行成本性态分析，分析产量及成本信息、画散布图、插入趋势线并给出对应的公式、读取散布图法 a 值和 b 值、建立成本性态模型。

二、实训数据和实训工具

VDC 管理会计实验平台——成本性态分析

任务二　变动成本法

任务描述

变动成本法是企业成本管理中最为常见的成本核算方法之一，也是各类成本分析方法的根基所在。

任务目标

（1）能区别变动成本法与完全成本法。

（2）能对两种成本方法进行评价与利弊分析。

知识链接

一、变动成本法的基础知识

（一）变动成本法的概念

变动成本法是管理会计专用的一种成本计算方法，又称边际成本法、直线成本法。它是指在组织常规的成本计算过程中，以成本性态分析为前提条件，只将变动生产成本作为产品生产成本的构成内容，而将固定性制造费用作为期间费用处理的一种成本计算方法。变动成本法下全部成本的构成，如图 2-10 所示。

变动成本法

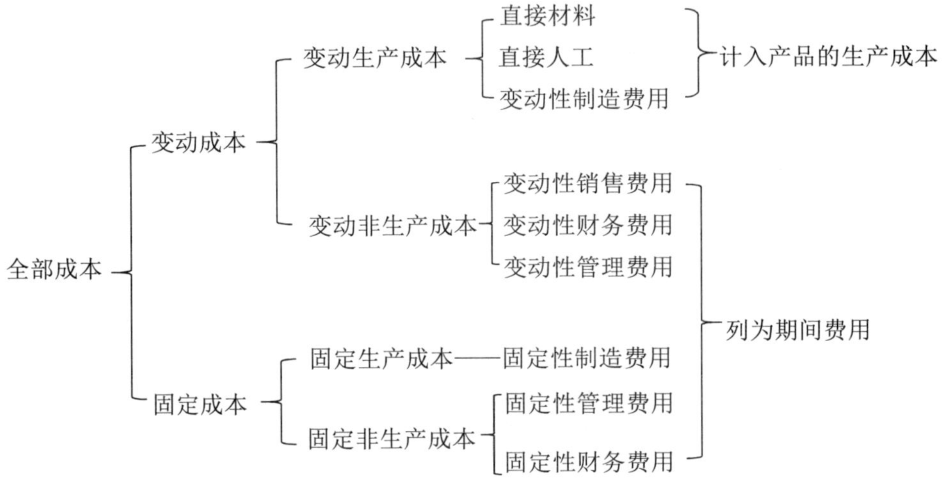

图 2-10 变动成本法下的全部成本的构成

（二）变动成本法的特征

变动成本法以成本性态分析为前提，只有进行成本性态分析，制造费用才被分为固定性制造费用和变动性制造费用，进而生产成本才可以被划分为变动生产成本（包括直接材料、直接人工、变动性制造费用）和固定性生产成本（即固定性制造费用）。变动成本法的产品成本只包括直接材料、直接人工、变动性制造费用等变动生产成本。

二、变动成本法与全部成本法的区别

（一）全部成本法及其构成

全部成本法是指在计算一定期间内生产产品的成本时，将生产产品所消耗的所有直接材料、直接人工和全部制造费用（包括固定性制造费用和变动性制造费用），都计入产品成本中的成本计算方法。

采用这种方法，要把在一定期间内发生的全部成本先按其经济职能划分为生产成本和非生产成本两大类。其中，生产成本包括直接材料、直接人工和制造费用；非生产成本包括销费用、管理费用、财务费用等。全部成本法下的成本构成，如图 2-11 所示。

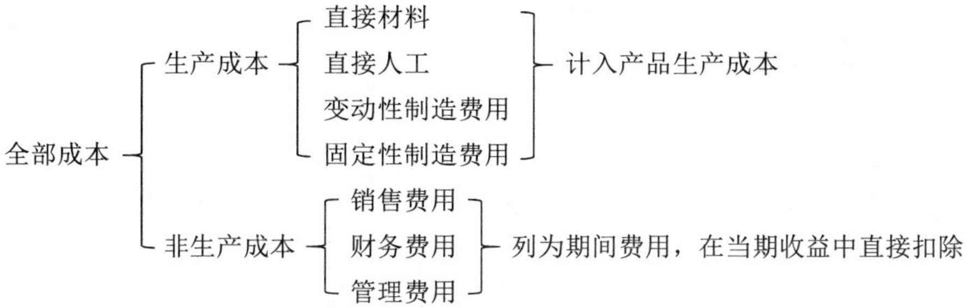

图 2-11　全部成本法下全部成本的构成

（二）应用的前提条件不同

1. 变动成本法的应用前提条件

变动成本法有其严格的应用前提，必须把全部成本分为固定成本和变动成本两大块。尤其是对混合成本，更加注重对它的合理分解。将混合成本分解后，分别归属于固定成本和变动成本。不仅如此，还要对销售费用、财务费用和管理费用，按成本性态进行分类，而不是将它们简单地划归为期间费用。

2. 全部成本法的应用前提条件

全部成本法将变动成本和固定成本全部计入当期产品成本中。所以，应用全部成本法时，不需要划分固定成本和变动成本之间的界限，更不需要对混合成本进行分解，将成本归总就可以了。

（三）产品成本及期间成本的划分标准及构成内容不同

全部成本法和变动成本法的区别，如表 2-5 所示。

表 2-5　全部成本法和变动成本法的区别

区别	变动成本法	全部成本法
产品成本构成不同	直接材料 直接人工 变动制造费用	直接材料 直接人工 制造费用
期间费用构成不同	固定制造费用 管理费用 销售费用 财务费用	管理费用 销售费用 财务费用

从表 2-5 中可以看出，在变动成本法下，制造费用按成本性态划分为固定制造费用和变动制造费用两部分，变动制造费用计入产品成本，固定制造费用计入期间费用。在全部成本法下，制造费用不按成本性态划分，全部计入产品成本，销售的产品所负担的制造费用计入销售成本。没有销售出去的产品形成存货，其所负担的制造费用计入企业的资产中。

（四）期末存货成本的计算不同

在两种成本法下，期末存货成本的计算，如表 2-6 所示。

表 2-6 在两种成本法下期末存货成本的计算

分析方法	变动成本法	全部成本法
期末存货计算方式	本期发生的固定制造费用被作为期间成本，在计算当期损益时被全部扣除。因而，期末存货中不包括固定制造费用	产品成本中包括固定制造费用，所以当本期存在期末存货时，本期发生的固定制造费用要在期末存货和本期销售存货之间分配。因此，在全部成本法下，有一部分固定制造费用随着期末存货成本递延到下期
期末存货计算公式	期末存货成本=单位期末存货成本×期末存货量=期末变动成本×期末存货量	期末存货成本=单位期末存货成本×期末存货量

通过表 2-6，可以看出，两种方法下的期末存货成本的计算公式看似相同，但其内涵是不同的，因而计算出来的结果也不同。

需要注意的是，产品成本构成内容上的区别是变动成本法与全部成本法的主要区别。两种方法在其他方面的区别均由此产生。

（五）销售成本的计算方法不同

无论是全部成本法，还是变动成本法，本期销售成本的计算通用公式都为

本期销售成本=期初存货成本+本期发生的生产成本-期末存货成本

在变动成本法下，由于单位变动成本是固定不变的，本期销售成本仅和销售量有关，因此：

本期销售成本=单位变动成本×销售量

因为在全部成本法下的单位产品成本既包括单位变动成本也包括单位固定成本，而单位固定成本与业务量成反比例变动。因而，当前后各期间的生产量不相同时，其单位固定成本就会变化，从而使本期销售成本既与销售量有关又与生产量有关。

（六）两种方法下计算损益的过程不同

表 2-7 在两种成本法下损益的计算

分析方法	变动成本法	全部成本法
税前利润	贡献毛益=销售收入-变动成本 税前利润=贡献毛益-固定成本	销售毛利=销售收入-销售成本 税前利润=销售毛利-期间成本
公式分析	变动成本=变动生产成本+变动非生产成本=（直接材料+直接人工+变动制造费用）+变动销售和管理费用	销售成本=单位产品成本×销售量=期初存货成本+本期生产成本-期末存货成本
	固定成本=固定生产成本+固定非生产成本=固定制造费用+固定销售管理费用	期间成本=销售费用+管理费用

通过表 2-7，可以看出，变动成本法下损益的计算过程是先计算贡献毛益，然后计算税前利润；全部成本法下损益的计算过程是先计算销售毛利，然后计算税前利润。

三、变动成本法与全部成本法的利弊分析及评价

在评价与应用全部成本法和变动成本法时，应注意和强调成本信息的决策有用性的差异（比如，在不同市场环境下，管理的目的不同；不同利益主体，其考核角度不同），不能

简单处理。全部成本法的优缺点是相对于变动成本法而言的。例如，变动成本法下的产品成本不符合传统的成本概念，而全部成本法下的产品成本符合传统的成本概念。但变动成本法和全部成本法之间也并不是一种简单的“此是彼非”和“此非彼是”的关系。例如，变动成本法使人们更加重视销售环节；全部成本法有刺激生产的作用，因而使人们重视生产环节。在一定情况下，这不一定就是缺点。如当产品供不应求时，生产是第一位的。

案例解析

【案例 2-4】

假定某企业去年全年只生产甲产品，其产销量及成本资料，如表 2-8 所示。

表 2-8　产销量及成本资料

<table>
<tr><th>项目</th><th>产销量（件）</th><th>项目</th><th colspan="2">成本（元）</th></tr>
<tr><td>期初存货</td><td>0</td><td>直接材料</td><td colspan="2">60 000</td></tr>
<tr><td>本期产量</td><td>10 000</td><td>直接人工</td><td colspan="2">20 000</td></tr>
<tr><td rowspan="2">本期销量</td><td rowspan="2">8 000</td><td rowspan="2">制造费用</td><td>变动费用</td><td>20 000</td></tr>
<tr><td>固定费用</td><td>50 000</td></tr>
<tr><td rowspan="2">期末存货</td><td rowspan="2">2 000</td><td rowspan="2">销售费用</td><td>变动费用</td><td>10 000</td></tr>
<tr><td>固定费用</td><td>20 000</td></tr>
<tr><td rowspan="4">销售单价（元/件）</td><td rowspan="4">30</td><td rowspan="2">管理费用</td><td>变动费用</td><td>4 000</td></tr>
<tr><td>固定费用</td><td>6 000</td></tr>
<tr><td rowspan="2">财务费用</td><td>变动费用</td><td>0</td></tr>
<tr><td>固定费用</td><td>0</td></tr>
</table>

【业务】

根据资料，分别计算两种成本法下产品的生产成本。

解　析

根据上述资料，在两种成本法下产品成本的计算，如表 3-8 所示，在这里我们用单位产品成本表示区别。由表 2-9 可见，在全部成本法下的单位生产成本，比变动成本法下的单位生产成本大，其差额正是对固定成本是否吸纳造成的。

表 2-9　在两种成本法下产品生产成本的计算

项目	全部成本法	变动成本法
直接材料（元）	60 000	60 000
直接人工（元）	20 000	20 000
变动制造费用（元）	20 000	20 000
固定制造费用（元）	50 000	
产品生产成本（元）	150 000	100 000

【案例 2-5】接【案例 2-4】。

【业务】

分析在两种方法下的存货成本计算差异。

解　析

两种方法下的存货成本计算，如表 2-10 所示。

表 2-10　在两种方法下的存货成本计算

项　目		期末存货（件）	单位成本（元）	总成本（元）
存货成本计算	全部成本法	2 000	15	30 000
	变动成本法	2 000	10	20 000

【案例 2-6】接【案例 2-4】。

【业务】

分析在两种成本法下的销货成本计算差异。

解　析

在两种成本法下的销货成本计算，如表 2-11 所示。

表 2-11　在两种成本法下的销货成本计算

项　目	全部成本法	变动成本法
直接材料（元）	60 000	60 000
直接人工（元）	20 000	20 000
变动制造费用（元）	20 000	20 000
固定制造费用（元）	50 000	
变动销售费用（元）		10 000
变动管理费用（元）		4 000
变动财务费用（元）		0
销货成本（元）	150 000	114 000

小试牛刀

【实训资料】接【案例 2-4】。

【实训要求】

比较在全部成本法和变动成本法下的各项差异。请根据表 2-8、表 2-9 填写在两种方法下的差异比较，见表 2-12。

解：表 2-12　在两种方法下的差异比较　　单位：元

项目	变动成本法	全部成本法	差异
单位产品成本			
期末存货成本			
销售成本			
期间成本			
税前利润			

扫我看答案

考核评价

＊ 知识评价

巩固拓展

＊ 能力巩固

【实训目的】

通过练习，掌握两种成本方法的特点。

【实训资料】

美佳是一家生产小家电的企业，本月生产的一款小家电甲产品月初没有在产品和产成品存货。当月甲产品共生产 50 件，销售 40 件，月末结存 10 件。每件产品的售价为 500 元，销售费用中的变动性费用为每件 20 元。甲产品的制造成本资料和企业的非制造成本资料，如表 2-13 所示。

表 2-13 成本费用表 单位：元

成本项目	单位产品项目成本	项目总成本
直接材料	200	10 000
直接人工	60	3 000
变动制造费用		1 000
固定制造费用		2 000
管理费用		4 000
变动销售费用	20	800
固定销售费用		2 200
合计		23 000

【实训要求】

采用全部成本法和变动成本法计算出表 2-14 所示的产品成本、期末存货成本、销售成本、期间成本和损益。

表 2-14 在两种成本计算法下的利润计算过程 单位：元

损益计算过程	变动成本法	全部成本法
销售收入		
销售成本		
期初存货成本		
当期产品成本		
期末存货成本		
销售成本		
贡献毛益（生产阶段）或毛利		
管理费用		
销售费用		
变动销售费用		
贡献毛益（全部）		
固定成本		
固定制造费用		
管理费用和固定销售费用		
小计		
税前利润		

＊ **知识拓展**

变动成本法的局限性

尽管变动成本法提供了制造成本法所不能提供的信息，但在实际运作中也存在着不足，不符合传统的成本概念。美国会计学会对成本的定义是：“成本是为了一定的目的而付出的（或可能付出的）货币测定的价值牺牲。”依照这种传统观点，无论固定成本还是变动成本都要记入产品成本。

不能适应长期决策的需要。变动成本法对短期经营决策有明显的作用，但不适合长期决策。因为变动成本法只是为企业提供的成本资料只包括变动成本部分，不能为企业提供长期决策和定价决策需要使用包括全部支出在内的成本资料。这样，它就不能用于判断某种产品的盈利潜在能力。

影响征税部门的收益和投资者及时取得的收益。变动成本法，一般会降低期末存货估价，降低营业利润额，在某种程度上会暂时降低所得税和股利。成本分解不够精确。将成本划分为固定成本和变动成本，在很大程度上是假设的结果，不是一种精确的计算。

＊ **学思用贯通，知信行统一**

在数字中国的图景中，管理会计扮演何种角色

建设现代化产业体系，坚持把发展经济的着力点放在实体经济上，推进新型工业化，加快建设制造强国、质量强国、航天强国、交通强国、网络强国、数字中国。（节选自二十大报告）

2022 年 1 月 12 日，国务院发布《“十四五”数字经济发展规划》，明确将大力推进产业数字化转型和加快推动数字产业化列为重要任务。在数字经济大潮下，数字化转型已成为中国企业的必答题。

对于企业的成本管理而言，伴随数字技术而来的最根本的改变就是实现了“现实中的万物”和“虚拟的互联网”的整合，从而实现人与物之间的信息的高效、智能的沟通，并给精益化成本管理被企业更深入地应用提供了可能。具体来说，首先，物联网能够为成本管理提供及时、完整、可靠的数据基础。其次，物联网使得生产成本的计算线上留痕并且可追溯，也使得生产成本的计算结果更科学、更合理，并且能够确保财务人员准确掌握生产线上各作业环节的资源消耗，实现对生产成本的动态核算和实时管理。最后，物联网实现了成本管理工作的自动化。从物联网获得的数据可以与 RPA 技术相结合，进一步延展以实现自动化流程，实现数据赋能业务以及降本增效。

VDC 管理会计实验课后实训——成本性态分析

一、实训任务内容

（1）掌握管理月报表的使用方法。

（2）能够分产品编制传统利润表。

（3）能够分产品编制贡献式利润表，并对不同产品的利润贡献情况进行分析。

（4）能够对两种报表编制方法下经营成果的差异进行合理说明。

二、实训数据和实训工具

VDC 管理会计实验平台——变动成本法

任务三　标准成本法

任务描述

标准成本是企业为开展一项业务活动或达到一项具体目标而发生的理想预定开支。标准成本预先告诉人们期望业绩应该是什么样的。标准成本可以作为控制成本开支、评价实际成本、衡量工作效率的依据和标尺。使用标准成本制度应集中于通过积极的加压和恰当的激励来影响人的行为，而不是惩罚与处分。作为工业企业，最重要的就是依据产品成本信息不断改进产品生产流程。因此，首先需要制定相应标准。标准成本法对产品工艺的改进具有难以替代的价值。

任务目标

（1）了解标准成本的概念和种类。

（2）了解标准制定的规则。

（3）会分析变动成本差异。

（4）会分析固定制造费用差异。

知识链接

一、标准成本的概念和种类

（一）标准成本的概念

标准成本是通过精确的调查、分析与技术测定而制定的，用于评价实际成本、衡量工作效率的一种目标成本。具体有以下两种含义。

（1）单位产品的标准成本＝单位产品直接材料标准成本+单位产品直接人工标准成本+单位产品制造费用标准成本。

（2）标准成本（总额）＝实际产量×单位产品标准成本。

标准成本法

（二）标准成本的种类

（1）理想标准成本是一种理论标准，是指在现有条件下所能达到的最优成本水平，即在生产过程无浪费、机器无故障、人员无闲置、产品无废品的假设条件下制定的成本标准。

（2）正常标准成本是指在正常情况下，企业经过努力可以达到的成本标准。这一标准考虑了生产过程中不可避免的损失、故障和偏差等。

二、标准成本的制定

（一）用量标准与价格标准，如表 2-15 所示。

表 2-15 用量标准与价格标准

单位产品标准成本	用量标准	价格标准
直接材料	单位产品材料消耗量	原材料单价
直接人工	单位产品直接人工工时	小时工资率
制造费用	单位产品直接人工工时（或台时）	小时制造费用分配率

（二）单位产品标准成本的确定

1. 直接材料标准成本

直接材料标准成本＝∑（单位产品材料用量标准×材料价格标准）

2. 直接人工标准成本

直接人工标准成本=工时用量标准×标准工资率

3. 制造费用标准成本

制造费用标准成本=工时用量标准×制造费用分配率标准

三、变动成本差异分析

企业应定期将实际成本与标准成本进行比较和分析，确定差异数额及性质，揭示差异形成的动因，落实责任中心，寻求可行的改进途径和措施。成本差异按其数量特征可以分为有利差异和不利差异。有利差异是指因实际成本低于标准成本而形成的节约差。不利差异是指因实际成本高于标准成本而形成的超支差。企业应该采取措施，消除不利差异，发展有利差异，以实现对成本的控制，不断降低成本，提高经济效益。

（一）成本差异的计算

直接材料、直接人工和变动制造费用都属于变动成本，其实际成本高低取决于实际用量和实际价格。标准成本的高低取决于标准用量和标准价格，所以其成本差异可归结为价格脱离标准造成的价格差异与用量脱离标准造成的用量差异两类，如图 2-12 所示。

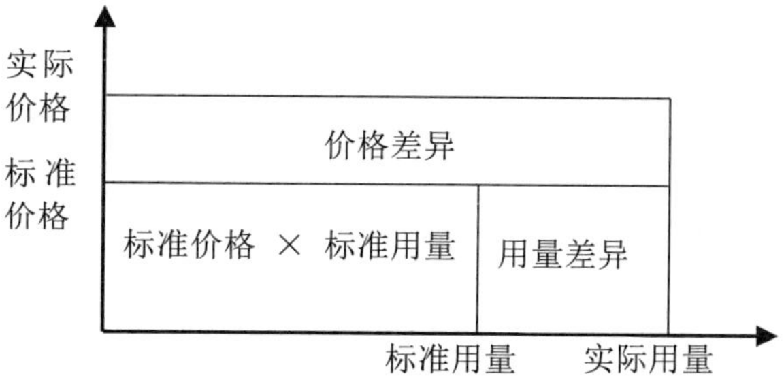

图 2-12 差异分析图解

（二）变动成本差异的分析

1. 直接材料成本差异分析

直接材料成本差异，是指直接材料实际成本与标准成本之间的差额，该项差异可分解为直接材料价格差异和直接材料数量差异。计算公式如下：

直接材料成本差异=实际成本-实际产量下的标准成本

=实际耗用量×实际单价-标准耗用量×标准单价

直接材料成本差异=直接材料价格差异+直接材料数量差异

直接材料价格差异，是指在采购过程中，直接材料实际价格偏离标准价格所形成的差异。直接材料数量差异，是指在产品生产过程中，直接材料实际消耗量偏离标准消耗量所形成的差异。

2. 直接人工成本差异分析

直接人工成本差异，是指直接人工实际成本与标准成本之间的差额，该差异可分解为直接人工工资率差异和直接人工效率差异。直接人工工资率差异也称为直接人工工资分配率差异，类似直接材料价格差异，是指实际工资率偏离标准工资率形成的差异，按实际工时计算确定；直接人工效率差异类似直接材料数量差异，是指实际工时偏离标准工时形成的差异，按标准工资率计算确定。计算公式如下：

直接人工成本差异=实际成本-实际产量下标准成本=实际工时×实际工资率-实际产量下标准工时×标准工资率

直接人工成本差异=直接人工工资率差异+直接人工效率差异

3. 变动制造费用成本差异分析

变动制造费用项目的差异，是指变动制造费用项目的实际发生额与变动制造费用项目的标准成本之间的差额。该差异可分解为变动制造费用项目的价格差异和数量差异。当变动制造费用的标准用量为标准机器工时，变动制造费用的标准价格为小时制造费用率时，变动制造费用的价格差异可以称作耗费差异，数量差异称作效率差异。计算公式如下：

变动制造费用差异=实际成本-实际产量下标准成本

变动制造费用差异=变动制造费用耗费差异+变动制造费用效率差异

变动成本差异分析的具体公式，如表 2-16 所示。

表 2-16 变动成本差异分析的具体公式

变动成本差异	价格差异	数量差异
直接材料	材料价格差异＝实际数量×（实际价格－标准价格）	材料数量差异＝（实际耗用量－实际产量×单位产品的标准耗用量）×标准价格
直接人工	工资率差异＝实际工时×（实际工资率－标准工资率）	人工效率差异＝（实际工时－实际产量×单位产品的标准工时）×标准工资率
变动制造费用	耗费差异＝实际工时×（变动制造费用实际分配率－变动制造费用标准分配率）	效率差异＝（实际工时－实际产量×单位产品的标准工时）×变动制造费用标准分配率

（三）变动成本差异责任承担分析

变动成本项目差异形成原因及责任归属表，如表 2-17 所示。

表 2-17　变动成本项目差异形成原因及责任归属

差 异	负责部门	具体原因
材料价格差异	采购部门	①供应厂家价格变动；②未按经济采购批量进货；③未能及时订货造成紧急订货；④采购时舍近求远等
材料数量差异	主要是生产部门	①操作疏忽造成废品和废料增加；②工人用料不精心；③操作技术改进而节省材料；④新工人上岗造成多用料；⑤机器或工具不适用造成用料增加等
工资率差异	一般是人力资源部门	①工人升降级使用；②奖励制度未产生实效；③工资率调整；④加班或使用临时工；⑤出勤率变化等
人工效率差异和变动制造费用效率差异	主要是生产部门	①工作环境不良；②工人经验不足；③劳动情绪不佳；④新工人上岗太多；⑤机器或工具选用不当；⑥设备故障较多；⑦生产计划安排不当；⑧产量规模太少，无法发挥经济批量优势等
变动制造费用耗费差异	生产部门经理负责	变动制造费用的实际小时分配率脱离标准

四、固定制造费用差异分析

（一）固定制造费用成本差异分析的方法

固定制造费用不随业务量变动而变动，固定制造费用成本差异分析不同于变动成本差异分析。其分析方法有“二因素分析法”和“三因素分析法”。固定制造差异分析，如图 2-13 所示。

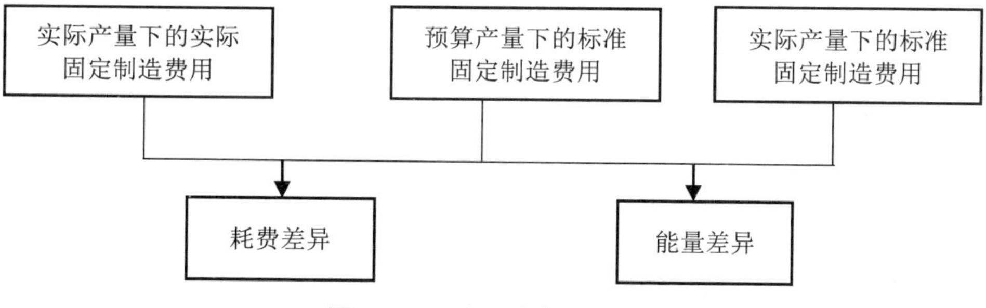

图 2-13　固定制造费用差异分析

（二）固定制造费用差异分析的具体公式

1. 二因素分析法

固定制造费用耗费差异＝固定制造费用实际数－固定制造费用预算数

固定制造费用能量差异＝固定制造费用预算数－固定制造费用标准成本

> 【提示】
> 此处，“生产能量”是用预算产量下的标准工时表示
> 固定制造费用标准分配率＝固定制造费用预算数÷生产能量

2. 三因素分析法

固定制造费用耗费差异＝固定制造费用实际数－固定制造费用预算数

固定制造费用闲置能量差异＝固定制造费用预算数－实际工时×固定制造费用标准分配率＝（生产能量－实际工时）×固定制造费用标准分配率

固定制造费用效率差异＝（实际工时－实际产量应耗标准工时）×固定制造费用标准分配率

案例解析

【案例 2-7】

甲公司下属乙部门生产 A 产品，全年生产能量为 1 200 000 机器工时，单位产品标准机器工时为 120 小时。2021 年，实际产量为 11 000 件，实际耗用机器工时 1 331 000 小时。

2021 年，标准成本资料如下。

（1）直接材料标准消耗 10 千克/件，标准价格 22 元/千克；

（2）变动制造费用预算 3 600 000 元；

（3）固定制造费用预算 2 160 000 元。

2021 年，实际成本资料如下。

（1）直接材料实际耗用 121 000 千克，实际价格 24 元/千克；

（2）变动制造费用实际 4 126 100 元；

（3）固定制造费用实际 2 528 900 元。

该部门作为成本中心，一直采用标准成本法控制和考核业绩。最近，新任部门经理提出，按完全成本法下的标准成本考核业绩不合理，建议公司调整组织结构，将销售部门和生产部门合并为事业部，采用部门可控边际贡献考核经理业绩。目前，该产品年销售 10 000 件，每件售价 1 000 元。经分析，40%的固定制造费用为部门可控成本，60%的固定制造费用为部门不可控成本。

【业务 1】

计算 A 产品的单位标准成本和单位实际成本。

【业务 2】

分别计算 A 产品总成本的直接材料的价格差异和数量差异、变动制造费用的价格差异和数量差异，用三因素分析法计算固定制造费用的耗费差异、闲置能量差异和效率差异，并指出各项差异是有利差异和不利差异。

【业务 3】

计算乙部门实际的部门可控边际贡献。

解　析

【业务 1】

变动制造费用标准分配率＝3 600 000/1 200 000＝3（元/小时）

固定制造费用标准分配率＝2 160 000/1 200 000＝1.8（元/小时）

单位标准成本＝22×10＋3×120＋1.8×120＝796（元）

单位实际成本＝（121 000/11 000）×24＋（4 126 100＋2 528 900）/11 000＝869（元）

【业务 2】

直接材料价格差异＝121 000×（24－22）＝242 000（元）（不利差异）

直接材料数量差异＝（121 000－11 000×10）×22＝242 000（元）（不利差异）

变动制造费用价格差异（耗费差异）＝1 331 000×（4 126 100/1 331 000－3）
＝133100（元）（不利差异）

变动制造费用数量差异（效率差异）＝（1 331 000－11 000×120）×3
＝33 000（元）（不利差异）

固定制造费用耗费差异＝2 528 900－2 160 000＝368 900（元）（不利差异）

固定制造费用闲置能量差异＝（1 200 000－1 331 000）×1.8
＝－235 800（元）（有利差异）

固定制造费用效率差异＝（1 331 000－11 000×120）×1.8
＝19 800（元）（不利差异）

【业务 3】

乙部门实际的部门可控边际贡献＝10 000×1 000－（121 000×24＋4 126 100）/11 000×10 000－2 528 900×40%＝2 597 440（元）

小试牛刀

【实训资料 1】飞天公司甲产品耗用 A、B、C 三种直接材料。其直接材料用量标准与价格标准，如表 2-18 所示；直接人工工时用量标准与标准工资率，如表 2-19 所示；制造费用工时用量标准与制造费用分配率标准，如表 2-20 所示。

表 2-18　甲产品耗用直接材料用量标准与价格标准

项目	标准		
	A 材料	B 材料	C 材料
用量标准①	3 千克/件	6 千克/件	9 千克/件
价格标准②	45 元/千克	15 元/千克	30 元/千克
标准成本③			
单位产品直接材料标准成本			

表 2-19　甲产品直接人工工时用量标准与标准工资率

项目	标准
月标准总工时①	15 600 小时
月标准总工资②	168 480 元
标准工资率③	
单位产品工时用量标准④	1.5 小时/件
直接人工标准成本⑤	

表 2-20 甲产品制造费用工时用量标准与制造费用分配率

项目		标准
工时	月标准总工时①	15 600 小时
	单位产品工时用量标准②	1.5 小时/件
变动制造费用	标准变动制造费用总额③	56 160 元
	标准变动制造费用分配率④	
	变动制造费用标准成本⑤	
固定制造费用	标准固定制造费用总额⑥	187 200 元
	标准固定制造费用分配率⑦	
	固定制造费用标准成本⑧	
单位产品制造费用标准成本⑨		

【实训要求】

扫我看答案

（1）计算甲产品直接材料标准成本。

（2）计算甲产品直接人工成本标准成本。

（3）计算甲产品制造费用标准成本。

【实训资料 2】

歌尔企业生产某一产品，其标准成本单，如表 2-21 所示。

表 2-21 标准成本单

项目	用量标准	价格标准	标准成本
直接材料	5 千克/件	6 元/千克	30 元
直接人工	6 小时/件	2 元/小时	12 元
变动制造费用	5 小时/件	0.4 元/小时	2 元
固定制造费用	6 小时/件	0.8 元/小时	4.8 元
单位产品标准成本	48.8 元		

假设无期初、期末存货，该企业的标准总工时为 60 000 小时，标准产量是 10 000 件，标准固定制造费用是 48 000 元。实际产量、实际耗用量和实际价格等资料，如表 2-22 所示。

表 2-22 该产品实际产量、耗用量和实际价格资料表

项目	总额	单位数
实际产量	12 000 件	
实际耗用总工时	78 000 小时	6.5 小时/件
直接材料	66 000 千克	5 元/千克
直接人工	195 000 元	2.5 元/小时
变动制造费用	78 000 元	1 元/小时
固定制造费用	46 800 元	0.6 元/小时

【实训要求】

扫我看答案

（1）计算直接材料成本差异，并进行分析。

（2）计算直接人工成本差异，并进行分析。

（3）计算变动制造费用成本差异，并进行分析。

（4）计算固定制造费用成本差异，并进行分析。

解：

（1）直接材料成本差异分析，填入表 2-23。

表 2-23　直接材料成本差异分析　　单位：元

项目	计算结果	有利差异或不利差异
材料价格差异		
材料用量差异		
材料成本差异		

（2）直接人工成本差异分析，填入表 2-24。

表 2-24　直接人工成本差异分析　　单位：元

项目	计算结果	有利差异或不利差异
直接人工工资率差异		
直接人工效率差异		
直接人工成本差异		

（3）变动制造费用成本差异分析，填入表 2-25。

表 2-25　变动制造费用差异分析　　单位：元

项目	计算结果	有利差异或不利差异
变动制造费用耗费差异		
变动制造费用效率差异		
变动制造费用成本差异		

（4）固定制造费用成本差异分析，填入表 2-26。

表 2-26　固定制造费用差异分析　　单位：元

项目	计算结果	有利差异或不利差异
固定制造费用预算差异		
固定制造费用生产能力差异		
固定制造费用效率差异		
固定性制造费用成本差异		

考核评价

＊ 知识评价

巩固拓展

* 能力巩固

【实训目的】

通过练习，掌握标准成本计算的基本方法。

【实训资料】

福耀公司是一家制造企业，只生产和销售防滑瓷砖一种产品。产品生产工艺流程比较成熟，生产工人技术操作比较熟练，生产组织管理水平较高，公司实行标准成本制度，定期进行标准成本差异分析。

甲公司生产能量 6 000 平方米/月，2021 年 9 月，实际生产 5 000 平方米。

其他相关资料，如表 2-27 和表 2-28 所示。

表 2-27 防滑瓷砖实际消耗量

项 目	直接材料	直接人工	变动制造费用	固定制造费用
实际使用量	24 000 千克	5 000 人工小时	8 000 机器小时	8 000 机器小时
实际单价	1.5 元/千克	20 元/小时	15 元/小时	10 元/小时

表 2-28 防滑瓷砖标准成本资料

项 目	用量标准	价格标准
直接材料	5 千克/平方米	1.6 元/千克
直接人工	1.2 小时/平方米	19 元/小时
变动制造费用	1.6 小时/平方米	12.5 元/小时
固定制造费用	1.5 小时/平方米	8 元/小时

【实训要求】

（1）分析直接材料成本差异，并判断差异是有利差异还是不利差异。请填写直接材料成本差异分析，如表 2-29 所示。

（2）分析直接人工成本差异，并判断差异是有利差异还是不利差异。请填写直接人工成本差异分析，如表 2-30 所示。

（3）分析变动制造费用差异，并判断差异是有利差异还是不利差异。请填写变动制造费用成本差异分析，如表 2-31 所示。

（4）分析固定制造费用成本差异，并判断差异是有利差异还是不利差异。请填写固定制造费用成本差异分析，如表 2-32 所示。

（5）计算产品成本差异总额和单位成本差异，如表 2-33 所示。

表 2-29 直接材料成本差异分析 单位：元

项目	计算结果	有利差异或不利差异
材料价格差异		
材料用量差异		
材料成本差异		

表 2-30　直接人工成本差异分析　单位：元

项目	计算结果	有利差异或不利差异
直接人工工资率差异		
直接人工效率差异		
直接人工成本差异		

表 2-31　变动制造费用差异分析　单位：元

项目	计算结果	有利差异或不利差异
变动制造费用耗费差异		
变动制造费用 效率差异		
变动制造费用　成本差异		

表 2-32　固定制造费用差异分析　单位：元

项目	计算结果	有利差异或不利差异
固定制造费用耗费差异		
固定制造费用闲置能量差异		
固定制造费用效率差异		
固定性制造费用成本差异		

表 2-33　产品成本差异总额和单位成本差异分析

项目	计算结果
产品成本差异总额（元）	
单位成本差异（元/平方米）	

＊ 知识拓展

标准成本的产生背景

标准成本是早期管理会计的主要支柱之一。美国工业在南北战争以后有很大的发展，许多工厂发展成为生产多种产品的大企业。但是由于企业管理落后，劳动生产率较低，许多工厂的产量大大低于额定生产能力。为了改进管理，一些工程技术人员和管理者进行了各种试验，他们努力把科学技术的最新成就应用于生产管理，大大提高了劳动生产率，并因此而形成了一套科学管理制度。

为了提高工人的劳动生产率，他们首先改革了工资制度和成本计算方法，以预先设定的科学标准为基础，发展奖励计件工资制度，采用标准人工成本的概念。在此之后，又把标准人工成本概念引申到标准材料成本和标准制造费用等。最初的标准成本是独立于会计系统之外的一种计算工作。1919 年，美国全国成本会计师协会成立，对推广标准成本曾起了很大的作用。1920—1930 年，美国会计学界经过长期争论，才把标准成本纳入了会计系统，从此出现了真正的标准成本会计制度。

*学思用贯通，知信行统一

“降本增效”的核心是提升企业成本管理质量

选择合适的成本管理工具方法，是企业成本管理能够发挥实效的一个重要前提。标准成本法、作业成本法、变动成本法等在我国企业中如今得到了深入应用，并在企业实践中日渐呈现出融合与创新的趋势。

标准成本法在我国企业的应用较为广泛。标准成本是通过精确的调查、分析与技术测定而制定的，用来评价实际成本、衡量工作效率的一种目标成本。其主要特点在于标准的制定（包括用量标准、价格标准等，如直接人工工时、原材料价格标准、制造费用标准分配率等）以及差异分析。通过找出偏差原因、控制偏差，从而帮助企业降低成本，同时提升标准成本的准确性，以便为经营决策提供更准确的信息支持。

VDC 管理会计实验课后实训——成本控制

一、实训任务内容

（1）掌握标准成本分析模型的使用方法。

（2）理解标准成本分析的内容。

（3）理解成本差异的含义及分类。

（4）理解成本差异的计算与分析。

（5）理解固定制造费用二因素分析法，固定制造费用三因素分析法。

（6）掌握原材料成本差异的计算与分析。

（7）掌握直接人工成本差异的计算与分析。

（8）掌握变动制造费用差异的计算与分析。

（9）掌握固定制造费用差异的计算与分析。

二、实训数据和实训工具

VDC 管理会计实验平台——标准成本分析

任务四　作业成本法

任务描述

作业成本法首先将成本先分配到作业，再将作业成本分配到产品或服务。从本质上讲，作业成本法的核心理念在于追踪成本动因，找出导致成本发生的真正原因，确定其责任归属，并且通过消除不增加价值的作业达到成本最优化。谁耗用谁分摊，多用多摊、少用少摊、不用不摊，成本核算更精细、准确。

任务目标

（1）了解作业成本法的含义和产生背景。
（2）能按作业成本法的工作步骤操作。
（3）了解作业成本法的优点及局限性。

作业成本法

知识链接

一、作业成本法的产生背景与含义

（一）作业成本法的产生

伴随高度自动化、智能化的企业经营环境的改变，产品成本结构中的制造费用（主要是折旧费等固定成本）比重大幅度增加，其分配的科学与否决定产品成本计算的准确性和成本控制的有效性。作业成本法因其“相关性”提高而大大提升成本信息的精确度，从而有利于企业利用成本信息进行管理决策。

传统成本核算系统的一个最主要缺陷就在于常常少计复杂的、低产量产品的成本，而多计高产量产品的成本，从而使成本信息不真实、不相关，并导致存货计价不准确、产品线决策不正确、资源分配不合理、产品定价不符合实际等，并最终以错误的战略视角和错误识别的关键成功因素而使企业失去竞争优势。

（二）作业成本法的含义

作业成本法是将间接成本与辅助费用更准确地分配到产品和服务的一种成本计算方法。

在作业成本法下，直接成本可以直接计入有关产品，与传统的成本计算方法相同，只是直接成本的范围比传统成本的范围大，强调尽量减少不准确的分配。不能追溯到产品的成本，则先追溯有关作业或分配到有关作业，计算作业成本，再将作业成本分配到有关产品。

二、作业成本法的相关概念

（一）作业

作业是指企业中特定组织（成本中心、部门或产品线）重复执行的任务或活动，是连接资源和成本对象的桥梁。一项作业既可以是一项非常具体的任务或活动，也可以泛指一类任务或活动。

按照受益对象、层次和重要性，将作业分为以下五类，并分别设计相应的作业中心。

1. 产量级作业

产量级作业是指明确为个别产品（或服务）实施的，使单个产品（或服务）受益的作业，也就是说每个单位产品（或服务）至少要执行一次的作业。产量级作业成本是直接成本，可以追溯到每个单位产品上，即直接计入成本对象。

产量级作业的数量与产品（或服务）的数量成正比例变动，如机器加工、组装、检验等。这些作业对每个产品都必须执行。这类作业的成本包括直接材料、直接人工工时、机器成本和直接能源消耗等。

2. 批别级作业

批别级作业是指为一组（或一批）产品（或服务）实施的、使该组（或批）产品（或服务）受益的作业，也就是指同时服务于每批产品或许多产品的作业。批别级作业成本需要单独进行归集，计算每批的成本，然后分配给不同批次（如某订单），最后根据产品的数量在单个产品之间进行分配。

批别级作业的发生是由生产的批量数而不是单个产品（或服务）引起的，其数量与产品(或服务)的批量数成正比变动。例如，生产前设备调试、成批产品转移至下一工序的运输、成批采购和检验等。

3. 品种级作业

品种级作业是指为生产和销售某种产品（或服务）实施的、使该种产品（或服务）的每个单位都受益的作业，即服务于某种型号或样式产品的作业。

品种级作业成本仅仅因为某个特定的产品品种线存在而发生，随品种数而变化，不随产量、批次数而变化。例如，维护某产品的工程师数量取决于产品复杂程度，而生产复杂程度是产品零件多少的函数，可以按零件数量为基础分配品种级作业成本至每一种产品，然后再分配给不同批次（如某订单），最后根据产品数量在单个产品之间进行分配。

4.客户级作业

客户级作业是指为服务特定客户所实施的作业。客户级作业保证企业将产品(或服务)销售给每位客户，但作业本身与产品（或服务）数量独立。例如，向某位客户提供的技术支持活动、咨询活动、独特包装等。

5.设施级作业

设施级作业是指为提供生产产品（或服务）的基本能力而实施的作业。设施级作业是开展业务的基本条件，其使所有产品（或服务）都受益，但与产量或销售量无关，不依赖于产品的数量、批次和种类。例如，工厂保安、维修、行政管理、保险、针对企业整体广告的活动等。如果无法追溯到单位产品，并且和产品批次、产品种类无明显关系的成本，则都属于设施级作业成本。

这些成本首先被分配到不同产品品种，然后再分配到成本对象（如某订单），最后分配给单位产品。这种分配顺序不是唯一的选择，也可以直接依据直接人工或机器工时分配给成本对象。

作业应具备特征：作业是以人为主体的工作，在企业生产经营过程中，只有人能发挥主观能动作用时，该工序或环节才可能成为作业；作业消耗一定的资源。作业以人为主体，至少要消耗一定的人力资源，作业是人力作用于物的工作，因而也要消耗一定的物质资源。例如，水从高处往低处流，不是作业，使水从低处向高处流，是人消耗资源的结果，才可能成为作业；作业管理的核心是识别增值作业和非增值作业。增值作业是指能够增加顾客价值的作业，如制造业中的采购订单的获取、在产品加工、完工产品的包装均属于增值作业。非增值作业是并非企业生产经营所必需的，不能为顾客带来价值的作业。例如，不必要的等待、延误、返工、次品处理、废品清理等，都是非增值作业。非增值作业是企业作业成本控制的重点，作业成本管理的核心是尽可能消除“不增值作业”，改进“增值作业”，优化“作业链”和“价值链”，最终增加“顾客价值”和“企业价值”。

（二）成本动因

成本动因是指作业成本或产品成本的驱动因素，是成本对象与其直接关联的作业和最终关联的资源之间的中介。按其在资源流动中所处的位置和作用，分为资源成本动用和作业成本动因两种。

1. 资源成本动因

资源成本动因是引起作业成本增加的驱动因素，用于衡量一项作业的资源消耗量，即对一项作业所消耗资源数量的计量。它是将各项资源费用归集到不同作业的依据，最终汇总为特定成本库的成本。资源动因反映了作业与资源耗费之间的关系。如检验作业的检验设备额定功率和设备开工小时、公用事业的仪表数；薪酬相关作业的员工人数；机器调整作业的调整次数；材料整理作业的材料移动次数；机器运转作业的机器小时等。

2. 作业成本动因

作业成本动因是引起产品成本增加的驱动因素，用于衡量一个成本对象（产品、服务或顾客）需要的作业量，即计量某一成本对象耗用了多少作业量，并将不同作业中归集的成本分配到成本对象的依据。成本动因选择的是否合理，直接关系到资源费用能否准确地分配到最终的成本对象。典型的作业动因采购订单份数、验收单份数、检验报告数或时数、直接人工小时、机器小时等。

（三）作业中心和成本库

划分作业中心的目的，一方面是出于重要性和成本效益原则以控制成本核算的力度；另一方面是为了整合相似职能实现资源共享、形成专业能力。例如材料采购、检验、入库和仓储都可以归入材料处理作业中心。

成本库归集了一个作业中心所耗用的全部资源。成本库所归集的成本按其具有代表性的作业动因分配到各有关产品成本对象之中。

三、作业成本法的步骤

作业成本法按照“作业耗用资源，产品耗用作业”的基本思路进行成本的归集和分配，在过程中满足不同的管理需要。作业成本计算的基本程序是要把资源耗费价值予以分解并分配给作业，再将各作业汇集的价值分配给最终产品或服务。这一过程可以分为以下五个步骤。

第一步，设立资源库，并归集资源库价值。

第二步，确认主要作业，并设立相应的作业中心。

第三步，确定资源动因，并将各资源库汇集的价值分派到各作业中心。

第四步，选择作业动因，并确定该作业成本的成本动因分配率。

$$作业成本分配率=\frac{当期实际作业成本}{作业动因数}$$

第五步，计算作业成本和产品成本。

某产品耗用的作业成本=Σ（该产品耗用作业动因数×作业成本分配率）

某产品成本＝直接材料+直接人工+该产品作业成本

四、作业成本法的优点、局限性与适用条件

作业成本法的成本分配主要使用追溯和动因分配，尽可能减少不准确的分摊。因此，能够提供更加真实、准确的成本信息。作业成本法的优点、局限性与适用条件，如表 2-34 所示。

表 2-34　作业成本法的优点、局限性与适用条件

项目	内　容
优　点	（1）成本计算更准确 （2）成本控制和成本管理更有效 （3）为实施价值链分析和成本领先战略提供信息支持
局限性	（1）开发和维护费用较高 （2）作业成本法不符合对外财务报告的需要 （3）确定成本动因比较困难 （4）操作较为复杂，执行成本较高，有可能违背成本效益原则
适用条件	（1）制造费用在产品成本中占有较大比重 （2）产品多样性程度高 （3）面临着的竞争激烈 （4）规模比较大

案例解析

【案例 3-7】

海澜之家本月生产甲、乙两种产品。其中，甲产品技术工艺过程较为简单，生产批量较大；乙产品技术工艺过程较为复杂，生产批量较小。其他有关资料如表 2-35 所示。

表 2-35　甲、乙两种产品的相关资料　　单位金额：元

项目	甲产品	乙产品
产量（件）	10 000	2 000
直接人工工时（小时）	25 000	4 000
单位产品直接人工成本	12	10
单位产品直接材料成本	20	20
制造费用总额	232 000	

【业务 1】

采用传统成本计算方法，制造费用按照直接人工工时比例进行分配，分别计算 A、B 两种产品的单位成本。

【业务 2】

采用作业成本计算方法，分别计算 A、B 两种产品的单位成本。

【业务 3】

分析两种方法计算产品成本差别原因。

解　析

【业务 1】

根据表 2-32 中资料，如果按传统的成本计算方法，制造费用按直接人工工时在甲、乙两种产品之间进行分配，则

$$制造费用分配率=\frac{232000}{25000+4000}=8$$

单位甲产品应分配制造费用=25 000×8/10 000=20（元）

单位乙产品应分配制造费用=4 000×8/2 000=16（元）

甲产品单位成本=12+20+20=52（元）

乙产品单位成本=10+20+16=46（元）

【业务 2】

作业成本法下成本计算，如表 2-36 和表 2-37 所示。

表 2-36　计算各项作业的成本分配率

作业成本库（作业中心）	可追溯成本（元）	成本动因	作业量			成本动因分配率（元/件）
			甲产品（件）	乙产品（件）	合计（件）	
机器调整准备	50 000	准备次数	300	200	500	100
质量检验	45 000	检验次数	150	50	200	225
设备维修	30 000	维修工时	200	100	300	100
生产订单	55 000	订单份数	195	80	275	200
材料订单	25 000	订单份数	140	60	200	125
生产协调	27 000	协调次数	50	50	100	270
合计	232 000					

企业每年制造费用总额为 232 000 元，依据作业动因设置六个成本库，根据表 2-36 有

关资料和计算结果，计算作业成本计算法下两种产品的制造费用，如表 2-37 所示。

表 2-37　作业成本计算法下两种产品的制造费用分配表　　　　**单位金额：元**

作业成本库（作业中心）	成本动因分配率（元/件）	甲产品		乙产品		作业成本（制造费用）合计（元）
		作业量（件）	作业成本（元）	作业量	作业成本（元）	
机器调整准备	100	300	30 000	200	20 000	50 000
质量检验	225	150	33 750	50	11 250	45 000
设备维修	100	200	20 000	100	10 000	30 000
生产订单	200	195	39 000	80	16 000	55 000
材料订单	125	140	17 500	60	7 500	25 000
生产协调	270	50	13 500	50	13 500	27 000
合计			153 750		78 250	232 000
单位产品应分摊的制造费用	15.38			39.13		

由此可得出，甲、乙两种产品的单位成本。

甲产品单位成本=12+20+15.38=47.38（元）

乙产品单位成本=10+20+39.13=69.13（元）

【业务 3】传统成本计算法与作业成本计算法的比较，如表 2-38 所示。

表 2-38　产品成本结果结算比较表　　　　**单位金额：元**

产品	作业成本计算法	传统成本计算法	绝对差	相对差
甲产品	47.38	52	4.62	9.75%
乙产品	69.13	46	−23.13	−33.44%

在传统方法下，制造费用按照单一标准进行分配，产量大的甲产品承担更多的制造费用，高估了产量高的产品的成本，低估了产量低的产品的成本，扭曲了产品成本；作业成本法按照多动因分配，提高了成本分配的准确性。

小试牛刀

【实训资料】

皇冠假日酒店有限责任公司专注于国内酒店业务，主要提供住宿、餐饮和会议服务。公司管理层和治理层积极寻求新型成本核算方式，通过调研发现行业内优秀的竞争对手多采用作业成本法。因而，公司决定在内部建立以作业成本法为核心的成本控制模型，可以解决营运间接费用分摊不准确的问题，从而使公司成本核算及管控更加精确化。归纳整理的作业清单，见表 2-39 所示。

表 2-39　作业清单

作业中心	作业动因	资源	资源动因
住宿服务	客人入住房天数	人工成本	工作天数
		水费	水表度数
		电费	电表度数
		物料消耗费	入住房天数
清洁卫生服务	房间入住次数	人工成本	工作天数
		清洗消毒费	入住房天数
		其他费用	入住房天数
物业与维修服务	维修次数	人工成本	工作天数
		租赁费	房间数
		装修摊销	次数
		折旧费	次数

2022 年 1 月，客房成本费用明细表，如表 2-40 所示。2022 年 1 月，人工成本明细表，如表 2-41 所示。

表 2-40　2022 年 1 月客房成本费用明细表　　**单位金额：元**

项目	合计
人工成本	408 000.00
水费	35 000.00
电费	80 000.00
物料消耗费	102 000.00
装修摊销	250 000.00
租赁费	300 000.00
清洗消毒费	68 000.00
折旧费	90 000.00
其他费用	75 000.00
合计	1 408 000.00

表 2-41　2022 年 1 月人工成本明细表　　**单位金额：元**

项目	人数	工资
住宿服务	32	320 000.00
清洁卫生服务	6	58 000.00
物业与维修服务	3	30 000.00
合计	41	408 000.00

【实训要求】

请利用作业成本法将资源费用归集计算，并填入表 2-42 中

解析：

表 2-42　资源费用归集计算表　　单位金额：元

作业中心	资源	资源费用
住宿服务	人工成本	
	水费	
	电费	
	物料消耗费	
	合计	
清洁卫生服务	人工成本	
	清洗消毒费	
	其他费用	
	合计	
物业与维修服务	人工成本	
	租赁费	
	装修摊销	
	折旧费	
	合计	

扫我看答案

考核评价

* 知识评价

巩固拓展

＊ 能力巩固

【实训目的】

通过练习，掌握作业成本的基本方法。

【实训资料】

志高公司生产普通蒸汽挂烫机和手持式蒸汽挂烫机，公司采用传统成本法计算产品成本。最近，财务经理对传统成本法计算出的结果进行分析，认为对制造费用的分配存在问题，于是决定采用作业成本法来对普通蒸汽挂烫机和手持式蒸汽挂烫机的制造费用重新进行分配，以提高成本信息的有用性，产品成本资料，如表 2-43 所示。

表 2-43　产品成本资料

产品名称	年产量（台）	单位产品机器工时	直接材料单位成本	直接人工单位成本
普通蒸汽挂烫机	10 000	10	50	20
手持式蒸汽挂烫机	40 000	10	30	20

企业每年制造费用总额为 2 000 000 元，依据作业动因设置五个成本库，作业中心相关资料，如表 2-44 所示。

表 2-44　作业中心相关资料

作业名称	成本动因	作业成本	作业动因数		
			普通蒸汽挂烫机	手持式蒸汽挂烫机	合计
机器调整	调整次数	600 000	3 000	2 000	5 000
质量检验	检验次数	480 000	4 000	4 000	8 000
生产订单	订单份数	120 000	200	400	600
机器维修	维修次数	600 000	400	600	1 000
材料验收	验收次数	200 000	100	300	400
合计		2 000 000			

【实训要求】

采用作业成本计算法，计算两种产品的单位成本。请填写下列表，如表 2-45 至表 2-47。

（1）计算各项作业的成本分配率，计算如表 2-45。

表 2-45　各项作业的成本分配率

作业名称	成本动因	作业成本①	作业动因数	
			两种产品合计②	分配率③=①÷②
机器调整	调整次数			
质量检验	检验次数			
生产订单	订单份数			
机器维修	维修次数			
材料验收	验收次数			
合计				

（2）计算作业成本计算法下两种产品的制造费用，计算如表 2-46 所示。

表 2-46　在作业成本计算法下两种产品的制造费用

作业名称	作业成本	作业动因数		分配率	分配的制造费用	
		普通蒸汽挂烫机	手持式蒸汽挂烫机		普通蒸汽挂烫机④	手持式蒸汽挂烫机⑤
机器调整						
质量检验						
生产订单						
机器维修						
材料验收						
合计						

（3）在作业成本法下两种产品单位成本的计算，如表 2-47 所示。

表 2-47　在作业成本法下两种产品单位成本的计算

产品名称	单位产品制造费用（元）	产品单位成本（元）
普通蒸汽挂烫机		
手持式蒸汽挂烫机		

***知识拓展**

传统成本法与作业成本法的区别

小张和小刘一起到附近的饮料店。小刘点了咖啡，一杯 25 元，小张点了珍珠奶茶，一杯 15 元。关于如何付款，两人有不同的意见。小张希望 AA 制付款，小刘则建议各自付款。生活中常见的这两种付款方式实际上与传统成本法和作业成本法对间接成本的处理有着可比之处。

传统成本法一般将间接成本以单一标准（如人工/机器工时等）一次性平均分配到各种产品成本中，就好比小张提议的 AA 制，不管他们各自消费多少，都由他们两人平均分摊饮料钱；而作业成本法则不同，它更关注费用、成本的来源，通过更多元的分配标准（成本动因），将成本更准确地归集到相关产品中。好比小刘的提议，他点了咖啡，咖啡的钱由他承担，小张点了珍珠奶茶，珍珠奶茶的钱则由小张承担。在作业成本法下，成本归属更具有相关性，据此提供的成本信息也更加准确。作业成本法的实质就是在资源耗费与产品耗费之间借助“作业”这一“桥梁”来分离、归纳、组合，最后形成产品成本。

＊ **学思用贯通，知信行统一**

实践是检验真理的唯一标准

1978 年夏秋，安徽省遭遇了百年不遇的大旱，这使得当时的安徽农民和农业生产，都面临着严峻的考验。然而，正是这样的挑战，给了安徽一次率先进行农村经济体制改革尝试的机遇，也让凤阳县小岗村的一份特殊契约，成为了拉开中国农村改革序幕的一个标志。

解放思想
历史转折

为了活命，村干部把田地分到各家，搞起了包产到户，并冒死在契约上留下了红手印。

“实践是检验真理的唯一标准”。一年后，如同释放了魔力，小岗村的粮食产量由之前的每年的 3 万斤左右一下子增加到 13.29 万斤，相当于“文革”期间年均产量的 4 倍。不仅证明了 18 户村民选择的正确性，也推动了中国农村经济体制的改革向着正确的方向不断前进。

在成本管理中，结合学习党史故事《包干到户 体制创新》，培养学生面对问题实事求是地分析场景，以实际情况为基础，根据实际情况进行成本效益分析，树立实事求是的科学精神和协作共进的团队精神，为委托人成本管理的高效决策提供有益参考。

项目三　营运管理

学习目标

【知识目标】

（1）了解本-量-利分析的相关概念，理解本量利关系的基本公式和边际贡献指标。

（2）掌握保本分析和保利分析的计算方法，为预测、决策提供必要的财务信息。

（3）掌握各因素对目标利润的影响，并能在实践中加以应用。

【能力目标】

（1）能够具备根据企业的不同情况进行保本分析和保利分析的能力。

（2）能够具备对企业经营安全程度进行评价的能力。

（3）能够具备对企业利润的敏感性分析能力。

（4）培养学生能够根据企业的营运数据进行数据分析的思维能力。

【素养目标】

（1）通过营运管理学习，使学生理解优秀的管理会计人员如何能为企业创造更多价值，增强分析能力，拓展活跃思维。

（2）通过营运管理学习，培养学生的信息处理能力、数字应用能力和沟通协调能力，适时渗透学生树立爱岗敬业、诚信从业等观念。

项目知识结构

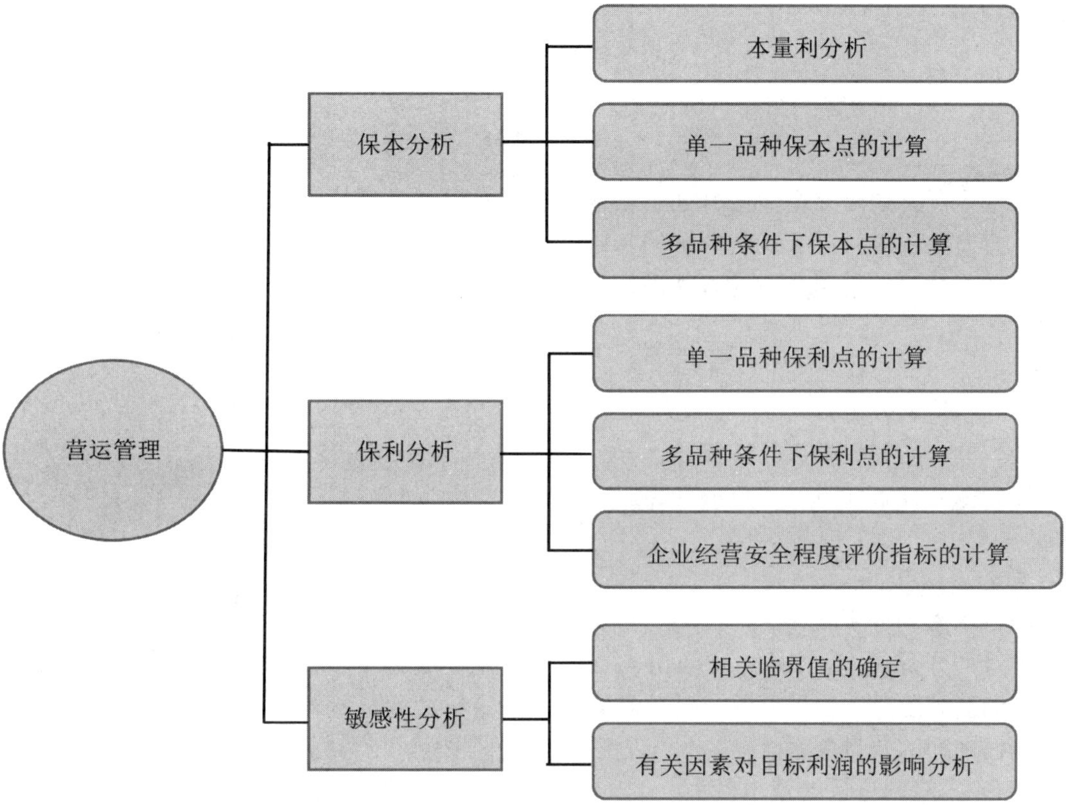

【视野先导】

本量利分析在企业中扮演的角色

本量利分析在企业生产经营决策中的应用越来越广泛，其以数字化的模型和图示来展示成本、业务量、利润之间的关系，其原理在企业生产经营决策、计划和控制中具有广泛的用途。本量利分析法扮演着当代企业管理的分析工具的角色，可以准确衡量企业的生产经营方式的是否安全，充分了解每个因素的改变对企业利润的影响，为企业提供有效的途径和方法并达到企业期许的利润。因此，提升本量利分析法在企业进行经营管理决策中的作用和地位，对企业管理者而言是尤为重要的问题。

【启　示】

本量利分析法中明确的目标体系使得企业决策者能够做出正确的选择，对企业高层管理水平的提高有百利而无一害。在企业管理合理的前提下，员工工作热情上升，积极性被可视化地调动。

任务一　保本分析

任务描述

保本分析就是研究企业恰好处于保本状态时本量利关系的一种定量分析方法，是确定企业经营安全程度和进行保利分析的基础，以此来安排企业的经营生产。请结合案例企业的不同经营情况，采用合适的方法进行保本分析。

任务目标

（1）本量利分析。

（2）单一品种保本点的计算。

（3）多品种条件下保本点的计算。

知识链接

一、本量利分析

本量利分析（Cost Volume Profit Analysis），是在成本性态分析和变动成本法的基础上进一步展开的一种分析方法，着重研究业务量、价格、成本和利润之间的数量关系。

本量利分析认知

（一）本量利分析的基本模型

本量利分析的目标是利润，在变动成本法基础下，计算利润的基本公式即为本量利分析的基本模型。计算公式为

目标利润=销售收入-总成本

=销售收入-（变动成本+固定成本）

=销售单价×销售量-单位变动成本×销售量-固定成本

=（单价-单位变动成本）×销售量-固定成本

上式中可用英文字母表示，P 为营业利润；p 为销售单价；x 为销售量（业务量）；b 为单位变动成本；a 为固定成本总额。

于是，本量利分析的基本模型又可以表示为

$$
\begin{aligned}
P&=px-(bx+a)\\
&=px-bx-a\\
&=(p-b)x-a
\end{aligned}
$$

在这个基本公式下，不仅可以进行保本分析、保利分析，而且若将其分解，还能进行影响因素的变动分析。

（二）边际贡献的计算

边际贡献是用来衡量产品盈利能力的一项非常重要指标，也称贡献毛益、边际利润或创利额，是指产品的销售收入扣除变动成本之后的余额，它具有弥补固定成本和创造利润

的特点。如果边际贡献等于固定成本，企业则不盈不亏；如果边际贡献大于固定成本，则企业处于盈利状态，它们之间的差额为盈利额；反之，企业将会出现亏损。

边际贡献可以用单位边际贡献表示，也可以用总额和边际贡献率形式表示。

1. 单位边际贡献

单位边际贡献（Unit Contribution Margin，*Ucm*），是指单位产品价格与单位变动成本的差额，该指标反映每销售一件产品所带来的边际贡献，用公式表示为

单位边际贡献=销售单价-单位变动成本

即

$$cm=p-b$$

2. 边际贡献总额

边际贡献总额（Total Contribution Margin，*Tcm*），是指产品销售收入总额与变动成本总额之间的差额，用公式表示为

边际贡献总额=销售收入总额-变动成本总额

即

$$Tcm=px-bx=(p-b)x=cmx$$

3. 边际贡献率

边际贡献率（Contribution Margin Rate，*cmR*），是指边际贡献总额占销售收入总额的百分比，或单位边际贡献占单价的百分比，用公式表示为

$$\text{边际贡献率}=\frac{\text{边际贡献总额}}{\text{销售收入总额}}\times 100\%$$
$$=\frac{\text{单位边际贡献}}{\text{销售单价}}\times 100\%$$

即

$$cmR=\frac{Tcm}{px}\times 100\%$$
$$=\frac{cm}{p}\times 100\%$$

4.变动成本率

与边际贡献率相关的另一个指标是变动成本率（Variable Cost Rate，*bR*）。变动成本率是指变动成本总额占销售收入总额的百分比或单位变动成本占销售单价的百分比，用公式表示为

$$\text{变动成本率}=\frac{\text{变动成本总额}}{\text{销售收入总额}}\times 100\%$$
$$=\frac{\text{单位变动成本}}{\text{销售单价}}\times 100\%$$

即

$$bR=\frac{bx}{px}\times 100\%$$
$$=\frac{b}{p}\times 100\%$$

将变动成本率与边际贡献率两个指标联系起来，可以得出：

边际贡献率+变动成本率=1

即

$$cmR+bR=1$$

可见，变动成本率与边际贡献率两者是互补的。企业变动成本率越高，边际贡献率就越低，创利能力弱；反之，企业变动成本率越低，边际贡献率必然越高，创利能力强。

二、单一品种保本点的计算

保本分析就是研究企业恰好处于保本状态时，本量利关系的一种定量分析方法，是确定企业经营安全程度和进行保利分析的基础，又称损益平衡分析、盈亏临界分析等。保本点也称盈亏平衡点、损益平衡点，是指企业经营达到不盈不亏的状态的销售量或者销售额，在管理会计中是一项很重要的管理信息。

确定单一产品的保本点分析的方法主要有基本等式法、图示法等。

（一）基本等式法

等式法是指在本量利基本关系的基础上，根据保本点的定义，运用本量利分析的基本公式，先求出保本点的销售量，再推算保本点的销售额的一种方法。

本量利分析的基本公式为

利润=（销售收入−变动成本）−固定成本

即

$$P=(p-b)x-a$$

本量利分析中，保本点的利润等于零，令 $P=0$，公式变形为

$$(p-b)x-a=0$$

得到保本销售量公式

$$x_{保本}=\frac{a}{p-b}=\frac{a}{cm}$$

保本销售额可以用保本点销售量乘以销售单价而得，即

$$保本销售额y_{保本}=销售单价\times 保本点销售量=px_{保本}=\frac{a}{cmR}=\frac{a}{1-bR}$$

当企业的产品有多个品种时，由于不同产品的销售量无法直接相加，因此基本等式法不适用。

（二）图示法

图示法是指通过绘制图形确定保本点的一种方法。如图 3-1 所示，x 轴表示销售量，y 轴表示销售额，图中绘制出销售收入线（$y=px$）和总成本线（$y=a+bx$），销售收入线与总成本线的交点即为保本点，保本点在 x 轴对应的销售量为保本点销售量，在 y 轴对应的销售额为保本点销售额。

该图可以反映出当销售量（额）大于保本点时，企业就会有盈利，销售量越大，能实现的盈利就愈多。反之，当销售量（额）小于保本点时，企业就会有亏损，销售量越少，亏损额就越大。

该方法的特点在于形象直观，易理解，但由于绘图麻烦，而且保本量和保本额数值需要在坐标轴上读出，因此结果可能不是十分精确。

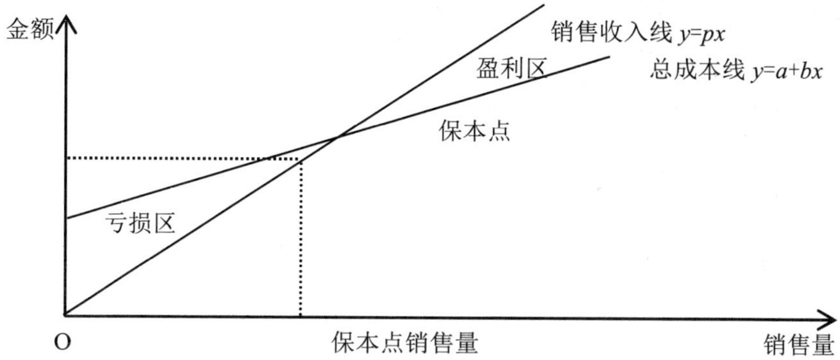

图 3-1　本量利关系图

三、在多品种条件下保本点的计算

生产并销售单一产品在企业中往往不符合实际情况，企业通常生产并销售多种产品。因此，有必要进一步研究多品种产品条件下保本点分析方法和模型。在企业生产多品种产品条件下，保本点分析的方法有多种形式，本任务重点介绍加权平均法。

加权平均法是在掌握多个产品的边际贡献率的基础上，按各自产品销售额所占比重作为权重进行加权平均，计算出加权平均边际贡献率，进一步计算多品种产品的综合保本额和各自产品的保本销售额和保本销售量。计算步骤为如下。

第一步，计算加权边际贡献率，其计算公式为

加权边际贡献率=Σ（某产品的销售额比重×该产品的边际贡献率）

第二步，计算综合保本销售额，其计算公式为

$$综合保本销售额=\frac{固定成本总额}{加权边际贡献率}$$

第三步，计算各自产品的保本销售额和销售量，其计算公式为

某种产品的保本销售额=综合保本销售额×该种产品的销售额比重

$$该产品的保本量=\frac{该产品的保本销售额}{该产品的销售单价}$$

案例解析

【案例 3-1】

亚飞公司生产和销售一批产品，该产品的单位售价为 50 元，单位变动成本为 30 元，固定成本为 60 000 元。如果预计该产品销售量为 10 000 件，要求：

【业务 1】

计算该产品的单位边际贡献、边际贡献总额和边际贡献率。

【业务 2】

采用基本等式法计算该公司保本销售量和保本销售额。

解　析

【业务 1】

单位边际贡献 $cm=p-b=50-30=20$（元）

边际贡献总额 $Tcm=(p-b)x=cm\cdot x=20\times10\ 000=200\ 000$（元）

$$边际贡献率\ cmR=\frac{Tcm}{px}\times 100\%=\frac{200\ 000}{50\times 10\ 000}\times 100\%=40\%$$

或　$$cmR=\frac{cm}{p}\times 100\%=\frac{20}{50}\times 100\%=40\%$$

或　$$bR=\frac{b}{p}\times 100\%=\frac{30}{50}\times 100\%=60\%$$

则　$$cmR=1-bR=1-60\%=40\%$$

【业务 2】

$$保本销售量：x_{保本}=\frac{a}{p-b}=\frac{60\ 000}{50-30}=3\ 000\ （件）$$

$$保本销售额：y_{保本}=px=50\times 3\ 000=150\ 000（元）$$

或　$$保本销售额：y_{保本}=\frac{a}{cmR}=\frac{60\ 000}{40\%}=150\ 000（元）$$

【案例 3-2】

亚飞公司计划期内固定成本 21 600 元，同时生产甲、乙、丙三种产品（假定产销平衡），其产量、售价和成本数据，如表 3-1 所示。

表 3-1　甲、乙和丙三种产品的有关资料

项目	甲产品	乙产品	丙产品
产量（件）	500	1 000	1 250
销售单价（元）	25	7.5	4
单位变动成本（元）	20	4.5	3

【业务】

采用加权平均法计算该企业三种产品的保本销售额和保本销售量。

解　析

三种产品的销售总额＝500×25+1 000×7.5+1 250×4=2 5000（元）

甲产品的销售额比重＝（500×25）÷25 000×100%＝50%

乙产品的销售额比重＝（1 000×7.5）÷25 000×100%＝30%

丙产品的销售额比重＝（1 250×4）÷25 000×100%＝20%

甲产品的贡献边际率＝（25－20）÷25×100%＝20%

乙产品的贡献边际率＝（7.5－4.5）÷7.5×100%＝40%

丙产品的贡献边际率＝（4－3）÷4×100%＝25%

由此可得

加权贡献边际率＝Σ（某种产品的贡献边际率×该产品的销售额比重）

＝20%×50%＋40%×30%＋25%×20%=27%

$$综合保本销售额=\frac{固定成本总额}{加权边际贡献率}=\frac{21\ 600}{27\%}=80\ 000\ （元）$$

甲产品的保本销售额＝80 000×50%＝40 000（元）

$$甲产品的保本销售量=\frac{40\ 000}{25}=1\ 600（件）$$

乙产品的保本销售额＝80 000×30%＝24 000（元）

$$乙产品的保本销售量=\frac{24\ 000}{7.5}=3\ 200（件）$$

丙产品的保本销售额＝80 000×20%＝16 000（元）

$$丙产品的保本销售量=\frac{16\ 000}{4}=4\ 000（件）$$

小试牛刀

【实训资料 1】

亚飞公司开发新产品，预计销售单价为 40 元，单位变动成本为 20 元，固定成本总额为 40 000 元。

【实训要求】

（1）计算该产品的单位边际贡献和边际贡献率。

（2）采用基本等式法，计算该公司保本销售量和保本销售额。

解：

（1）单位边际贡献

边际贡献率

（2）保本销售量

保本销售额

扫我看答案

【实训资料 2】

亚飞公司计划期内固定成本 8 600 元，其他资料，如表 3-2 所示。

表 3-2　甲、乙和丙三种产品的有关资料

项目	甲产品	乙产品	丙产品
产量（件）	1 000	700	500
销售单价（元）	20	10	6
单位变动成本（元）	15	6	3

【实训要求】

采用加权平均法，计算该企业三种产品的保本销售量和保本销售额。

解：

综合保本销售额

甲、乙、丙三种产品保本销售额分别是

甲、乙、丙三种产品保本销售量分别是

扫我看答案

考核评价

＊ 知识评价

巩固拓展

＊ 能力巩固

【实训目的】

通过练习，掌握保本销售量和保本销售额的计算。

【实训资料】

邦达公司计划期固定成本总额预计 20 000 元，生产销售甲、乙、丙三种产品，有关三种产品的产销售量、价格、成本等资料，如表 3-3 所示。

表 3-3　甲、乙和丙三种产品的有关资料

项目	甲产品	乙产品	丙产品
产量（件）	1 600	2 000	4 000
销售单价（元）	60	18	10
单位变动成本（元）	40	13	8

【实训要求】

采用加权平均法，计算三种产品的保本销售额和保本销售量。

＊ 知识拓展

在多品种条件下，保本点的计算方法—联合单位法

联合单位是指多种产品按销售量比例构成的组合。例如，企业生产 A、B、C 三种产品，这三种产品的产销比为 2∶2∶1，则 1 个联合单位就相当于两个 A、两个 B 和 1 个 C。如果企业所生产的各个产品销售量之间存在比较稳定的数量关系，且产品销售有保障，那就可以使用联合单位作为保本点计算的计量单位。计算步骤如下

第一步，选择一种产品为标准产品，计算出各种产品的产销比；

第二步，计算联合单价和联合单位变动成本，计算公式为

联合单价=Σ（某产品的销售单价×该产品的产销比）

联合单位变动成本=Σ（某产品的单位变动成本×该产品的产销比）

第三步，计算联合单位边际贡献，计算公式为

联合单位边际贡献=联合单价-联合单位变动成本

第四步，计算联合保本销售量，计算公式为

$$\text{联合保本销售量}=\frac{\text{固定成本总额}}{\text{联合单位边际贡献}}$$

第五步，计算各种产品的保本销售量和销售额

某种产品的保本销售量=联合保本销售量×该种产品的产销比

该产品的保本销售额=该产品的保本销售量×该产品销售单价

【案例 3-3】承接【案例 3-2】

假定甲、乙、丙三种产品产销比稳定，要求采用联合单位法计算三种产品的保本销售

量和保本销售额。

解析：（1）计算各种产品的产销比。

甲：乙：丙=500：1000：1 250=1：2：2.5

（2）计算联合单价和联合单位变动成本。

联合单价=Σ（某产品的销售单价×该产品的产销比）

=25×1+7.5×2+4×2.5=50

联合单位变动成本=Σ（某产品的单位变动成本×该产品的产销比）

=20×1+4.5×2+3×2.5=36.5

（3）计算联合单位边际贡献。

联合单位边际贡献=联合单价-联合单位变动成本=50-36.5=13.5

（4）计算联合保本销售量。

$$联合保本销售量=\frac{固定成本总额}{联合单位边际贡献}=\frac{21\,600}{13.5}=1\,600$$

（5）计算各种产品的保本销售量。

甲产品的保本销售量=1 600×1=1 600（件）

甲产品的保本销售额=1 600×25=40 000（元）

乙产品的保本销售量＝1 600×2＝3 200（件）

乙产品的保本销售额＝3 200×7.5＝24 000（元）

丙产品的保本销售量＝1 600×2.5＝4 000（件）

丙产品的保本销售额＝4 000×4＝16 000（元）

＊ 学思用贯通，知信行统一

树立底线思维，增强忧患意识

通过学习本量利分析中的保本点计算，可以让企业判断在未来的生产经营活动是否继续进行。可以为企业管理当局提供未来期间，为防止发生亏损应完成的最小极限业务量信息，确定保本点是为管理者建立了企业经营的预警线。因此，底线思维是企业长远发展的安全屏障。坚持底线思维，把企业生存放在第一位。党的二十大报告指出，“我们必须增强忧患意识，坚持底线思维，做到居安思危、未雨绸缪，准备经受风高浪急甚至惊涛骇浪的重大考验。”

本量利分析在企业经营决策中的应用

底线思维是一种富有哲学智慧的思维能力，是对中华优秀传统文化中相关思想观念的继承和发展。“人无远虑，必有近忧”，“生于忧患而死于安乐”，都强调要增强忧患意识、防范化解风险，体现了底线思维。在现实生活中，矛盾无处不在、无时不有，要从矛盾的两个方面一分为二地看待事物，不能只看有利的一面、忽视不利的一面，而是要通盘考虑各种因素，居安思危、未雨绸缪。对于任何事情，如果我们能够按照出现最坏情况来做准备，这样的准备就是最周详、最充分的，有这样的充分准备“打底”，再努力往好的方向争取，往往能得到好的结果。

任务二　保利分析

任务描述

为保证预定目标利润的顺利实现，企业应在保本分析的基础上进一步开展保利分析，即分析为实现目标利润应完成的销售量和销售额。请结合案例企业的经营资料，为了实现目标利润，通过合适的计算方法得出保利量和保利额。

任务目标

（1）单一品种条件下保利点的计算。
（2）多品种条件下保利点的计算。
（3）企业经营安全程度评价指标的计算。

知识链接

一、在单一品种条件下保利点的计算

（一）实现税前目标利润的分析模型

根据本量利分析的基本模型：

税前目标利润=（销售单价-单位变动成本）×销售量-固定成本

则实现目标利润的销售量（保利量）：

$$保利量=\frac{税前目标利润+固定成本}{销售单价-单位变动成本}$$
$$=\frac{税前目标利润+固定成本}{单位边际贡献}$$

则实现目标利润的销售额（保利额）：

$$保利额=销售单价\times保利量=\frac{税前目标利润+固定成本}{边际贡献率}$$

将目标税前利润用 TP 表示，保利量用 $x_{保利}$，保利额用 $y_{保利}$ 表示，以上公式可表示为

$$x_{保利}=\frac{TP+a}{p-b}=\frac{TP+a}{cm}$$

$$y_{保利}=px_p=\frac{TP+a}{cmR}$$

（二）实现税后目标利润的分析模型

由于，税后目标利润=税前目标利润×（1-所得税税率），即

$$税前目标利润=\frac{税后目标利润}{1-所得税税率}$$

所以，实现税后目标利润的销售量（保利量）：

$$保利量=\frac{\frac{税后目标利润}{1-所得税税率}+固定成本}{销售单价-单位变动成本}$$

$$=\frac{\frac{税后目标利润}{1-所得税税率}+固定成本}{单位边际贡献}$$

则实现税后目标利润的销售额（保利额）：

$$保利额=销售单价\times保利量=\frac{\frac{税后目标利润}{1-所得税税率}+固定成本}{边际贡献率}$$

将目标税后利润用 *TTP* 表示，所得税税率用 *TR* 表示，以上公式可表示为

$$x_{保利}=\frac{\frac{TTP}{1-TR}+a}{p-b}=\frac{\frac{TTP}{1-TR}+a}{cm}$$

$$\mathrm{y}_{保利}=px_p=\frac{\frac{TTP}{1-TR}+a}{cmR}$$

二、在多品种条件下保利点的计算

在单一产品的目标利润分析的基础上，依据分析结果进行优化调整，寻找最优的产品组合。计算步骤和多品种产品的下保本点分析基本相同，基本公式如下：

$$实现目标利润的销售额=\frac{综合目标利润+固定成本}{综合边际贡献率}$$

公式中的综合边际贡献率，可采用项目一中介绍的多品种条件下保本点分析中的加权平均法进行计算，进一步计算各自产品的保本额和保本量，也按多品种条件下保本点分析中的计算步骤进行计算。

三、企业经营安全程度评价指标的计算

评价企业经营安全程度指标主要有：安全边际量、安全边际额、安全边际率、保本点作业率等。

安全边际量（额）是指预计或实际销售量（额）超过盈亏临界点销售量（额）的差额，该指标标志着企业从预计或实际销售量（额）到盈亏临界点还有多大的距离，用来反映企业经营的安全程度，计算公式如下：

1. 安全边际量

安全边际量=预计（或实际）销售量-保本销售量

2. 安全边际额

安全边际额=预计（或实际）销售额-保本销售额

=安全边际量×销售单价

3. 安全边际率

安全边际率是指安全边际量（额）占预计（或实际）销售量（额）的百分比。

$$安全边际率=\frac{安全边际量}{预计（或实际）销售量}\times100\%$$

$$=\frac{安全边际额}{预计（或实际）销售额}\times100\%$$

4. 保本作业率

也称保本点开工率，是指保本点销售量（额）占企业预计（或实际）销售量（额）的百分比，表明企业实现盈利所必须达到的最低作业水平。

$$保本作业率=\frac{保本点销售量}{预计（或实际）销售量}\times100\%$$

$$=\frac{保本点销售额}{预计（或实际）销售额}\times100\%$$

安全边际率与保本作业率的关系为

安全边际率+保本作业率=1

可见，安全边际率与保本作业率具有互补关系，因此，安全边际率也可用保本作业率进行推算。

安全边际率=1−保本作业率

以上介绍的安全边际值（率）越大，企业的盈利能力越强，发生亏损的可能性越小，表明经营越安全；反之，安全边际值（率）越小，企业的盈利能力越弱，发生亏损的可能性也越高，表明经营的安全程度越低。我们可以根据安全边际率的不同，将企业的安全程度进行等级划分，如表 3-4 所示。

表 3-4　企业经营安全性的检验标准

安全边际率	40%以上	30%～40%	20%～30%	10%～20%	10%以下
安全等级	很安全	安全	较安全	不安全	危险

5.安全边际与利润的关系

目标利润=（销售单价−单位变动成本）×销售量−固定成本

=单位边际贡献×（保本销售量+安全边际量）−固定成本

=（单位边际贡献×保本销售量−固定成本）+单位边际贡献×安全边际量

=单位边际贡献×安全边际量

=边际贡献率×安全边际额

$$预计销售利润率=\frac{目标利润}{预计销售收入}=\frac{边际贡献率\times安全边际额}{预计销售收入}$$

$$=边际贡献率\times\frac{安全边际额}{预计销售收入}$$

$$=边际贡献率\times安全边际率$$

案例解析

【案例 3-4】

亚飞公司 2021 年仅产销一种产品，单价为 50 元，实际销售量为 1 000 件，单位变动成本为 30 元/件，固定成本总额为 10 000 元，2022 年，计划税前目标利润为 60 000 元。

【业务 1】

计算该公司 2022 年的保利销售量。

【业务 2】

计算该公司 2022 年的保利销售额。

【业务 3】

计算 2021 年的安全边际量、安全边际额、保本作业率、安全边际率。

【业务 4】

计算 2021 年的销售利润和销售利润率。

解　析

【业务 1】

保利销售量：$x_{保利}=\dfrac{TP+a}{p-b}=\dfrac{TP+a}{cm}=\dfrac{60\ 000+10\ 000}{50-30}=3\ 500$（件）

【业务 2】

保利销售额：$y_{保利}=px_p=50\times 3\ 500=175\ 000$（元）

$$cmR=\frac{50-30}{50}\times 100\%=40\%$$

或

$$X_p=\frac{TP+a}{cmR}=\frac{60\ 000+10\ 000}{40\%}=175\ 000\text{（元）}$$

【业务 3】

$$\text{保本销售量}=\frac{10\ 000}{50-30}=500\text{（件）}$$

保本销售额=500×50=25 000（元）

安全边际量=1 000−500=500（件）

安全边际额=1 000×50−500×50=（1 000−500）×50=25 000（元）

$$\text{保本作业率}=\frac{500}{1\ 000}\times 100\%=\frac{25\ 000}{50\ 000}\times 100\%=50\%$$

$$\text{安全边际率}=\frac{500}{1\ 000}\times 100\%=\frac{25\ 000}{50\ 000}\times 100\%=1-50\%=50\%$$

由于安全边际率为 50%，在 40%以上，表明该企业经营很安全。

【业务 4】

单位边际贡献：$cm=p-b=50-30=20$（元）

边际贡献率：$cmR=cm/p=20/50=40\%$

销售利润=500×（50−30）=25 000×40%=10 000（元）

销售利润率=50%×40%=20%

【案例 3-5】承接【案例 3-4】，假如该企业税后目标利润为 50 000 元，企业所得税税率为 25%。

【业务 1】

计算保利销售量。

【业务 2】

计算保利销售额。

解　析

【业务 1】

保利销售量：$$x_{保利}=\frac{\frac{TTP}{1-TR}+a}{p-b}=\frac{\frac{TTP}{1-TR}+a}{cm}=\frac{\frac{50\,000}{1-25\%}+10\,000}{50-30}=3\,833（件）$$

【业务 2】

保利销售额：$y_{保利}=px_{\mathrm{p}}=50\times 3\,833=191\,667$ （元）

或

$$y_{保利}=\frac{\frac{TTP}{1-TR}+a}{cmR}=\frac{\frac{50\,000}{1-25\%}+10\,000}{40\%}=191\,667（元）$$

小试牛刀

【实训资料】

邦远公司生产一种产品，2021 年，销售收入为 900 万元，税前利润为 100 万元，变动成本率为 60%。

【实训要求】

（1）计算该公司 2021 年的固定成本额。

（2）计算该公司 2021 年的保本销售额。

（3）计算 2021 年销售量 20 万件时的安全边际率和保本作业率。

（4）假定 2022 年税前利润提高到 160 万元，其他条件不变，计算该公司 2022 年的保利销售额。

解：

（1）2021 年的固定成本额

（2）2021 年的保本销售额

（3）2021 年的安全边际率

保本作业率

（4）2022 年的保利销售额

扫我看答案

考核评价

* 知识评价

巩固拓展

* 能力巩固

【实训目的】

通过练习，掌握保利销售量和保利销售额的计算。

【实训资料 1】

邦达公司只生产 A 产品，销售单价为 20 元/件，单位变动成本为 12 元/件，固定成本总额为 24 000 元，本年销售 A 产品 5 000 件。

【实训要求】

（1）计算本年实现的利润。

（2）计算安全边际额。

（3）该公司如果税前目标利润为 30 000 元，试计算保利销售量和销售额。

【实训资料 2】

邦达公司计划期固定成本总额预计 9 800 元，税前利润为 12 000 元，生产销售甲、乙、丙三种产品，有关三种产品的产销售量、价格、成本等资料，如表 3-5 所示。

表 3-5 甲、乙和丙三种产品的有关资料

项目	甲产品	乙产品	丙产品
产量（件）	1 100	800	950
销售单价（元）	18	9	11
单位变动成本（元）	15	7	8

【实训要求】

采用加权平均法，计算三种产品的保利销售额和保利销售量。

＊ 知识拓展

各因素对保本点、保利点的影响分析

以上关于保本点、保利点的分析，都是假定在相关范围内。除业务量以外的销售单价、单位变动成本、固定成本、品种结构等诸多因素保持不变的条件下讨论的，业务量的变动是影响销售收入和总成本的唯一因素。然而企业实际生产经营过程难免存在各种不确定的因素，这些不确定的因素会导致某些基本假设条件不再成立，进而影响保本点和目标利润的确定。

一、销售单价的影响

在其他因素不变的情况下，产品销售单价的变动，对利润产生同方向的影响。如图 3-2 所示，销售价格上升（$p_2>p_1$），销售收入线斜率会变大，向纵坐标靠拢，导致保本点下降，盈利区域面积也随之变大，表明盈利可能性会增加；反之，销售价格下降，保本点就会提高，盈利可能性就会减少。

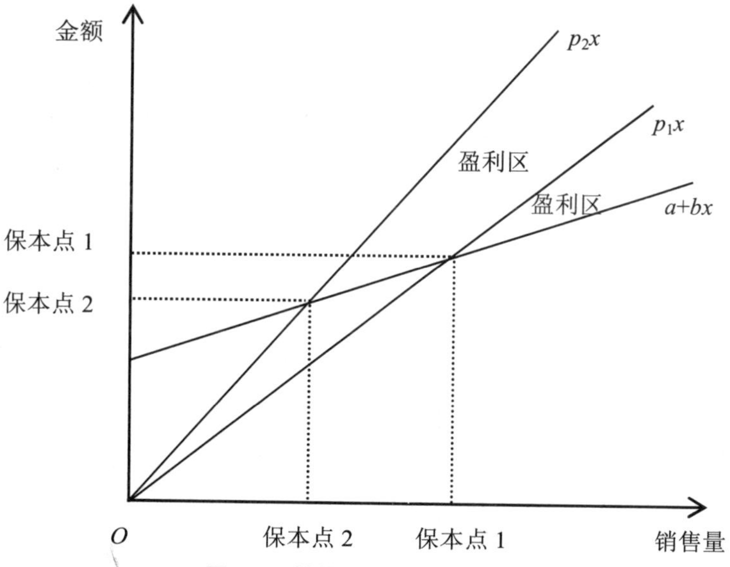

图 3-2　销售价格对保本点和利润的影响

二、单位变动成本的影响

在其他因素不变的情况下，单位变动成本的变化对利润产生反方向的影响。如图 3-3 所示，单位变动成本上升（$b_2>b_1$），总成本线斜率会变大，向纵坐标靠拢，导致保本点上升，盈利区域面积也随之变小，表明盈利可能性会减少；反之，单位变动成本下降，保本点就会下降，盈利可能性会增加。

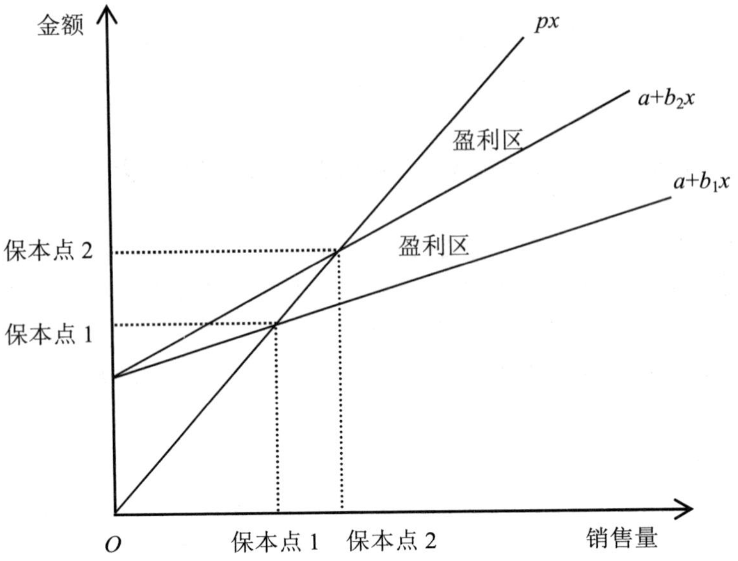

图 3-3 单位变动成本对保本点和利润的影响

三、固定成本的影响

在其他因素不变的情况下，固定成本总额发生变化，不会影响销售收入及边际贡献，但固定成本增加，需要由更多的边际贡献来补偿。如图 3-4 所示，固定成本上升（$a_2>a_1$），总成本线会向上平移，导致保本点上升，盈利区域面积也随之变小，表明盈利可能性会减少；反之，固定成本下降，总成本线向下平移，导致保本点下降，盈利可能性会增加。

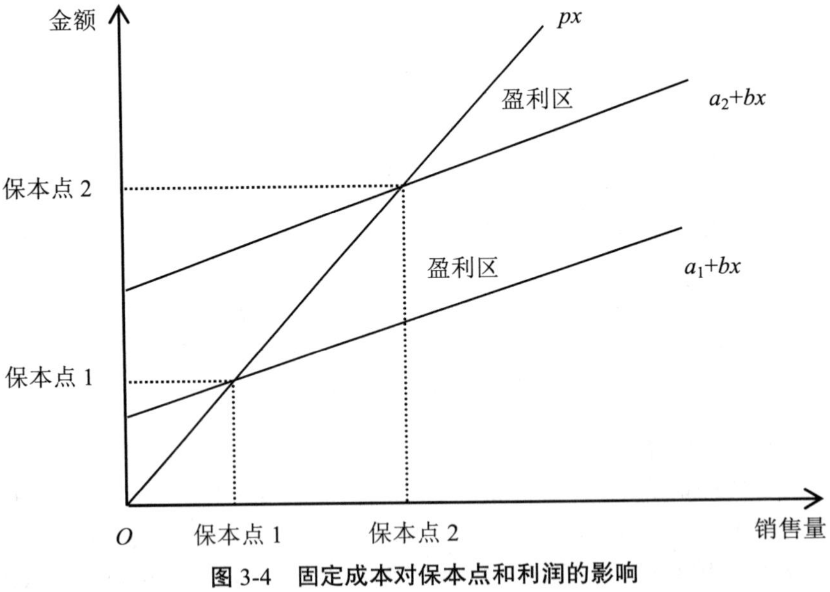

图 3-4 固定成本对保本点和利润的影响

四、产品品种结构变动的影响

企业在生产并销售多种产品的情况下，因为各个产品的边际贡献率不同。因此，产品组合如果发生变化，也会对保本点和保利点产生影响。例如，在采用加权平均法情况下保本点的计算公式为：

$$\text{加权边际贡献率}=\sum（\text{某产品的销售额比重}\times\text{该产品的边际贡献率}）$$

$$\text{综合保本点销售额}=\frac{\text{固定成本总额}}{\text{加权边际贡献率}}$$

当增加边际贡献率高的产品销售额比重时，计算的加权边际贡献率就会增大，保本点就会下降，从而盈利的可能性会增加；反之，当减少边际贡献率高的产品销售额比重时，计算的加权边际贡献率就会减少，保本点就会上升，从而盈利的可能性会减少。

*** 学思用贯通，知信行统一**

让青春在创新创造中闪光

企业最终经营目标是获得更多的利润，而保利分析是研究企业实现目标利润时本量利关系的具体情况，通过对成本、业务量、利润与单价之间关系的分析，建立本量利动态模型，能对企业生产经营情况进行深入剖析，对企业的管理和决策起到较好的指导作用。因此，当代青年是社会上最富活力、最具创造性的群体，理应走在创新前列。“敢于做先锋，而不做过客、当看客”，认真学习专业知识，积极参与科技创新活动，成为具有创新精神和实践能力的时代新人。未来，在工作中为企业降本增效、掌握科学的决策方法，做好本职工作，养成精益求精的职业素养，为社会贡献力量。

VDC 管理会计实验课后实训——盈亏平衡分析

一、实训任务内容

（1）掌握量本利分析工具的使用方法。

（2）通过动态量本利分析，了解产品盈亏平衡销量的影响因素。

（3）掌握单品种本量利分析的方法。

（4）掌握多种产品组合的本量利分析方法。

二、实训数据和实训工具

VDC 管理会计实验平台——盈亏平衡分析

任务三　敏感性分析

任务描述

敏感性分析是研究当一个系统的条件发生变化时，将导致这个系统发生什么样的变化，是变化大（敏感）还是变化小（不敏感）。通过对本量利敏感性分析，主要目的是确定影响项目经济效益的敏感因素，根据影响程度结果，确定出敏感因素，并进行分析和采取措施，以提高技术方案的抗风险能力。

任务目标

（1）相关因素临界值的确定。

（2）有关因素对目标利润的影响分析。

知识链接

一、相关因素临界值的确定

敏感性分析的目的是确定企业由盈利变为亏损的各个有关影响因素变化的临界值。影响利润的因素主要有销售量、销售单价、单位变动成本和固定成本总额，求出销售量和单价的最小允许值，单位变动成本和固定成本总额的最大允许值，就可以得到盈亏临界值，超越临界值就会由盈利变为亏损。其中，单价、销售量的变化会引起利润同方向的变动；单位变动成本、固定成本总额的变化会引起利润反方向的变动。

下面根据本量利基本表达式 $P=(p-b)x-a$，令 $P=0$，可推导出各因素的临界公式。

销售量最小允许值 $x=\dfrac{a}{p-b}$

销售单价最小允许值 $p=b+\dfrac{a}{x}$

单位变动成本最大允许值 $b=p-\dfrac{a}{x}$

固定成本最大允许值 $a=(p-b)x$

二、有关因素对目标利润的影响分析

（一）利润敏感分析的含义

利润敏感分析通常假定在其他参数不变的情况下，分析某一个参数（如单价、销售量、单位变动成本、固定成本）发生特定变化时对利润的影响。

销售量、销售单价、单位变动成本和固定成本总额的变动都会引起利润的变动。有些因素的小幅变动会引起利润的大幅变动，这种因素称为敏感性强的因素；有些因素虽然大幅变动，但对利润的影响甚小，这种因素称为敏感性弱的因素。通过敏感性分析，人们根据因素的敏感程度，对它们的重视程度也应有所区别。对敏感性强的因素，应当给予较多的关注，确保目标利润的完成；对于敏感性弱的因素，则可不必作为分析的重点。

（二）计算方法及步骤

计算方法是将利润作为已知数，而其他因素是待求的未知数，仍然是利用本量利分析的基本公式来计算。具体步骤如下。

（1）根据给定参数的预期值计算基准的目标利润。

（2）假设其他参数不变，计算某个参数变化后的目标利润。

（3）计算该参数的敏感系数，计算公式如下：

$$敏感系数=\frac{目标值变动百分比}{因素值变动百分比}$$

经济意义：当影响变量（因素）变化百分之一时，利润变化百分之几。

敏感系数值可正可负，如果敏感系数值为正，表示它与利润同方向变动；如果敏感系数值为负，表示它与利润反方向变动。

【提示】

（1）当“某因素的利润弹性值＞1”时，称之为富有弹性，说明该影响因素比较重要，弹性值越大，说明敏感性越高。

（2）当“1＞某因素的利润弹性值＞0”时，称之为缺乏弹性，说明这种缺乏弹性的影响因素重要性较小，敏感程度低。

案例解析

【案例 3-6】

亚飞公司生产和销售单一产品，销售单价为 50 元，单位变动成本为 30 元，固定成本为 60 000 元，目标销售量为 5 000 件。

【业务 1】

要求计算各因素的盈亏临界值。

【业务 2】

预计明年销售量、单价、单位变动成本、固定成本分别增长 10%，计算各因素的敏感系数。

解　析

【业务 1】

$$销售量变最小允许值\ x=\frac{a}{p-b}=\frac{60\ 000}{50-30}=3\ 000\ （件）$$

销售单价最小允许值 $p=b+\dfrac{a}{x}=30+\dfrac{60\ 000}{5\ 000}=42$ （元）

单位变动成本最大允许值 $b=p-\dfrac{a}{x}=50-\dfrac{60\ 000}{5\ 000}=38$ （元）

固定成本最大允许值 $a=(p-b)x=50-30\times5\ 000=100\ 000$ （元）

【业务 2】

本年度利润=5 000×（50−30）−60 000=40 000（元）

（1）销售量的敏感系数，销售量增长 10%。

目标销售量=5 000×（1+10%）=5 500（件）

目标利润=5 500×（50−30）−60 000=50 000（元）

$$利润变化百分比=\frac{50\ 000-40\ 000}{40\ 000}\times100\%=25\%$$

$$销售量的敏感系数=\frac{25\%}{10\%}=2.5$$

（2）销售单价的敏感系数，销售单价增长 10%。

目标单价=50×（1+10%）=55（元）

目标利润=5 000×（55−30）−60 000=65 000（元）

$$利润变化百分比=\frac{65\ 000-40\ 000}{40\ 000}\times100\%=62.5\%$$

$$销售单价的敏感系数=\frac{62.5\%}{10\%}=6.25$$

（3）单位变动成本的敏感系数，单位变动成本增长 10%。

目标单位变动成本=30×（1+10%）=33（元）

目标利润=5 000×（50−33）−60 000=25 000（元）

$$利润变化百分比=\frac{25\ 000-40\ 000}{40\ 000}\times100\%=-37.5\%.$$

$$单位变动成本的敏感系数=\frac{-37.5\%}{10\%}=-3.75$$

（4）固定成本的敏感系数，固定成本增长 10%。

目标固定成本=60 000×（1+10%）=66 000（元）

目标利润=5 000×（50−30）−66 000=34 000（元）

$$利润变化百分比=\frac{34\ 000-40\ 000}{40\ 000}\times100\%=-15\%$$

$$固定成本的敏感系数=\frac{-15\%}{10\%}=-1.5$$

从以上计算结果可以看出，在影响利润的四个因素中，销售单价最为敏感（敏感系数为 6.25），其次是单位变动成本（敏感系数为−3.75），最后是销售量（敏感系数为 2.5），固定成本敏感性最低（敏感系数为−1.5）。但这一排序并非是一成不变的，如果条件发生变化，各因素的敏感系数的排序也可能会发生变化。

小试牛刀

【实训资料】

长安公司只经营一种产品，2020 年，该公司计划销量 8 000 件，单价为 240 元/件，单位变动成本为 160 元/件，固定成本为 240 000 元。

【实训要求】

（1）计算该公司 2020 年的目标利润。

（2）计算各因素的盈亏临界值。

（3）如果该企业 2021 年计划各因素均增长 20%，计算各因素的敏感系数。

解：

（1）2020 年的目标利润

（2）各因素的盈亏临界值

（3）各因素的敏感系数

扫我看答案

考核评价

＊ 知识评价

巩固拓展

＊ **能力巩固**

【实训目的】

通过练习，掌握本量利分析中各影响因素对利润的敏感性分析。

【实训资料】

邦达公司对原产销方案进行调查分析后，认为单价从 22 元降为 20 元，销售量可以从 8 000 件增加到 10 000 件，同时采用新技术，单位变动成本也可以从 15 元下降到 14 元，固定成本总额从 20 000 元增加到 24 000 元。

【实训要求】

（1）计算原产销方案的利润。

（2）计算新方案的利润，并做出产销方案的选择。

＊ **知识拓展**

敏感性分析的原理

敏感性分析是指对影响目标实现的因素进行量化分析，以确定各因素变化对实现目标的影响及敏感程度。其实质是通过逐一改变相关变量数值的方法，来解释关键指标受这些因素变动影响大小的规律。下面是敏感性分析的原理步骤。

（一）确定敏感性分析指标

敏感性分析的对象是具体的技术方案及其反映的经济效益。因此，技术方案的某些经济效益评价指标。例如，息税前利润、投资收益率、净现值等，都可以作为敏感性分析指标。

（二）计算该技术方案的目标值

一般将在正常状态下的经济效益评价指标数值，作为目标值。

（三）选取不确定因素

在进行敏感性分析时，并不需要对所有的不确定因素都考虑和计算，而应视方案的具体情况选取几个变化可能性较大，并对经效益目标值影响作用较大的因素。例如，产品售价变动、产量规模变动等，这些都会对方案的经济效益大小产生影响。

（四）计算不确定因素变动时，对分析指标的影响程度

若进行单因素敏感性分析时，则要在固定其它因素的条件下，变动其中一个不确定因素；然后，再变动另一个因素（仍然保持其它因素不变），以此求出某个不确定因素本身对方案效益指标目标值的影响程度。

（五）确定敏感因素。

根据影响程度结果，确定出敏感因素，进行分析和采取措施，以提高技术方案的抗风险能力。

*** 学思用贯通，知信行统一**

精准识别风险，提高化解风险的本领

敏感性分析具有广泛的适用性，有助于识别、控制和防范短期营运决策、长期投资决策等相关风险，也可以用于一般经营分析。防范化解风险，不仅需要勇气决心，更要有高强本领。“思危所以求安，虑退所以能进”。面对风险挑战，关键是突出问题导向，不忽视风险苗头和小概率风险，也不放过风险聚集点和大概率事件。作为新时代青年，奋进新征程、建功新时代，必须正视发展进程中的风险，勇于克服前进道路上的风险挑战。知危图安，要靠主动作为。既要有防范风险的先手，也要有应对和化解风险挑战的高招；既要打好防范和抵御风险的有准备之战，也要打好化险为夷、转危为机的战略主动战。

一大首聚
开天辟地

通过党史故事《一大首聚，开天辟地》的介绍，与运营管理知识相结合，企业在制定营运计划时，应以战略目标为指引，充分分析宏观经济形势、行业发展规律以及竞争对手情况等内外部环境变化，客观评估自身的优势以及面临的风险和机会。

项目四　预测分析

学习目标

【知识目标】

（1）了解预测的含义及内容。
（2）掌握销售预测分析。
（3）掌握成本预测分析。
（4）掌握资金需要量预测分析。
（5）掌握利润预测分析。

【能力目标】

（1）能够熟练运用大数据分析的基本方法及工具。
（2）能够具备销售、成本、资金需要量、利润预测分析的初步能力。
（3）能够运用一定的工具方法或技术配合团队完成问题诊断和预测工作。
（4）能够理解财务部门和业务部门之间的合作伙伴关系；根据团队领导或其他相关部门的要求提供相关信息；分析合作者的需求。

【素养目标】

（1）通过学习预测分析，能够树立“凡事预则立，不预则废”的思想，培养专业分析技能，树立大局意识，有长远眼光。

（2）通过学习预测分析，能够认同数据的重要性，培养专业分析职业素养，贯彻实事求是的精神。

（3）通过学习预测分析方法，能够学会收集数据，增强量化意识，审时度势，爱岗敬业。

项目知识结构

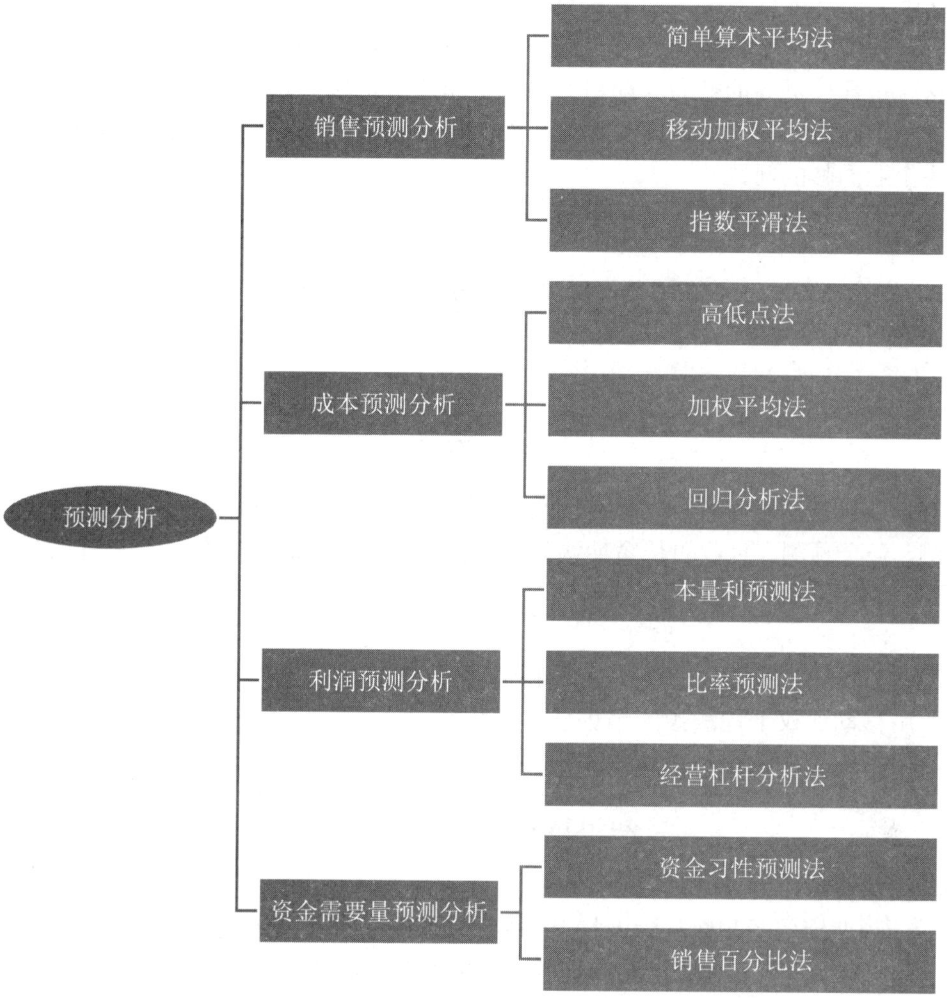

【视野先导】

大数据与新冠疫情全球预测系统

全球新冠疫情暴发以来，由兰州大学成功开发出具有兰州大学全部知识产权的“新冠疫情全球预测系统”。如对 2021 年 7 月 31 日，河南省突发新冠疫情的预测结果表明，在当前二级响应措施下，河南省本轮疫情预计将于 8 月 16 日左右得到控制，累计确诊病例数预计约 150～180 人；若采取三级响应措施，本轮疫情预计在 8 月 18 日左右得到控制，累计确诊病例数或将达到 267 人左右。预报数据与实际数据极为贴近。此前，就已成功预测了北京、河北、黑龙江、广东等地的疫情走向，并在 2020 年 6 月发布了全球第二次疫情暴发的预警，还对美国、印度、马来西亚、日本、韩国等国的疫情进行了较为精确的预测。

【启　示】

生活中的各种现象都可以用数据来解释，它其实就在身边而且也是很有趣的，大到一个国家方针政策的制定、企业的发展趋势，小到一个电影的热度，都可以通过数据分析来解释，这就是理性世界的魅力。随着大数据分析工具的发展，所有企业（无论规模大小）都必须开始走数据分析之路，将数据分析结果传达给管理层，降低运营风险和有效开拓市场，解决企业面临的问题。

任务一　销售预测分析

任务描述

在对企业进行预测过程中，销售预测处于先导的地位，它对于后续的利润预测、成本费用预测、资金预测、企业的长短期决策、企业经营计划、组织生产等都起着重要的作用。

任务目标

（1）用简单算术平均法预测销售量和销售额

（2）用移动加权平均法预测销售量和销售额

（3）用指数平滑法预测销售量和销售额

知识链接

预测分析认知

一、简单算术平均法

计划期销售预测数=已知时间序列各期销售量（或销售金额）之和/时间序列期数=$\sum x/n$

二、移动加权平均法

先根据过去若干时期的销售量（或销售金额），按其距计划期的远近分别进行加权（近期 所加权数大些，远期所加权数小些）；然后计算其加权平均数，并即据以作为计划期的销售预测数。所谓“移动”是对计算平均数的时期不断往后推移，如预测七月份的销售即以4，5，6三个月的历史资料为依据，预测八月份的销售即以5，6，7三个月的历史资料为依据。由于接近计划期的实际销售情况对计划期的影响较大，故对近期销售量（或销售金额）所加的权数要大些，距计划期愈远，所加权数就越小。它的计算公式为

计划期销售预测数＝各期销售量分别乘其权数之和/各期权数之和

$$=\frac{\sum w_x}{\sum w}+b$$

其中，W代表权数；x代表销售量或销售额。

若令 $\sum w=1$（如令 $w_1=0.2$；$w_2=0.3$；$w_3=0.5$）；则上述公式可改写为

$$计划期销售预测数=\sum w_x$$

但统计学家认为这一方法通常只能代表计划期前一期的实际销售水平，为了反映近期的销售发展趋势，应在上述基础上再加平均每月的变动趋势值 b，才能作为计划期的销售预测数，其计算公式如下：

$$计划期销售预测数=\sum w_x+b,$$

或

$$计划期销售预测数=\frac{\sum w_x}{\sum w}+b$$

这里的 b=（本季度每月平均实际销售量−上季度每月平均实际销售量）/3

三、指数平滑法

它的计算公式如下：

计划期销售预测数=（平滑系数×上期实际销售量或销售金额）+（1−平滑系数）×上期预测销售量或销售金额

$=aA+（1-a）F$

上述公式中的 a 代表平滑系数（一般取值在 0.3～0.7），A 代表上期实际销售量（或销售金额），F 代表上期预测销售量（或销售金额）。

案例解析

【案 例 4-1】

万达商场 2021 年上半年销售服装的 6 个月的销量的历史资料如表 4-1 所示。

表 4-1　万达商场 1—6 月份的销售资料　　**单位：件**

月份	1 月	2 月	3 月	4 月	5 月	6 月
销售量	138	136	142	134	146	144

【业务 1】

按简单算术平均法预测 2021 年 7 月份的销售量。

【业务 2】

按移动加权平均法预测 2021 年 7 月份的销售量。

【业务 3】

万达商场 2021 年 6 月份的实际销售量为 144 件，原来预测 6 月份的销售量为 148 件。平滑系数若采用 0.6，按指数平滑法预测 2021 年 7 月份的销售量。

解　析

【业务 1】

把若干历史时期的销售量或者销售额作为观测值，求出其算术平均数，并将该算术平均数作为下期销售的预测值的方法。

7 月份的预计销售量=（138+136+142+134+146+144）/6=140（件）

此法的优点是计算简单，但它使各个月份的销售差异平均化，特别是没有考虑到近期（如 4，5，6 三个月）的变动趋势，因而预测出的预计数量与实际数量相比有较大的误差，故此法适用于销售量比较稳定的产品。例如，没有季节性的食品、日常用品等。

【业务 2】

（1）因为一季度每月平均实际销售量=（138+136+142）/3=138.67（件）

二季度每月平均实际销售量=（134+146+144）/3=141.33（件）

所以 b=（141.33−138.67）/3=0.89 件

（2）若令 $w_1=0.2$， $w_2=0.3$， $w_3=0.5$， $\sum w=1$

则 7 月份的预计销售量$=\sum w_x+b=$（134×0.2）+（146×0.3）+（144×0.5）+0.89 =143.49（件）

一方法考虑到近期的销售发展趋势，同时又根据时期的远近分别加权，从而消除了各个月份销售差异的平均化，故其预测结果比较接近计划期的实际情况。

【业务 3】

在预测计划期销售量（或销售金额）时，导入平滑系数（或称加权因子）进行计算。

7 月份的预计销售量$=a\times A+(1-a)F=$（0.6×144）+（1−0.6）×148=145.6（件）

从以上计算过程看出，指数平滑法与移动加权平均法实质上是近似的，其优点是可以排除在实际销售中所包含的偶然因素的影响。但确定平滑系数的值也还带着一定的主观成分。平滑系数越大，则近期实际数对预测结果的影响越大；反之，平滑系数越小，则近期实际数对预测结果的影响越小。因此，我们可以采用较小的平滑系数，使此法的平均数能反映观察值变动的长期趋势；也可以采用较大的平滑系数，使此法的平均数能反映观察值新近的变动趋势，以便进行近期的销售预测。

小试牛刀

【实训资料】

万达商场 2021 年下半年销售服装的销售额资料如表 4-2 所示。

表 4-2 万达商场 7—12 月销售资料 **单位：万元**

月　份	7	8	9	10	11	12
销售额	14.8	14.6	15.2	14.4	15.6	15.4

【实训要求】

（1）根据 10、11、12 月的观测值，其权数可取 0.2，0.3，0.5。按移动加权平均法预测 2022 年 1 月份服装的销售额。

（2）假设该商场 12 月份服装实际销售额为 15.4 万元，原来预测 12 月份的销售额为 14.8 万元；平滑系数为 0.7。要求按指数平滑法预测 2022 年 1 月份服装类商品的销售额。

解：

（1）移动加权平均法：明年 1 月份的销售额为：

（2）指数平滑法：明年 1 月份服装的销售额为：

扫我看答案

考核评价

＊ 知识评价

巩固拓展

＊ **能力巩固**

【实训目的】

通过练习，掌握销售预测的基本方法。

【实训资料】

锦江公司 2022 年上半年各个月份的实际销售收入如表 4-3 所示。

表 4-3　锦江公司 2022 年上半年实际销售收入

月份	1 月	2 月	3 月	4 月	5 月	6 月
实际销售额（元）	24 000	23 600	28 000	25 400	26 000	27 000

该公司 6 月份的销售金额原预测数为 27 800 元。

【实训要求】

（1）根据最后三个月的实际资料，按移动加权平均法预测 2022 年 7 月份的销售额。

（2）根据 6 月份的实际资料，按指数平滑法预测 2022 年 7 月份的销售额。（平滑系数采用 0.4）。

（3）根据 2022 年 1—6 月的实际资料，按回归分析法预测 2022 年 7 月份的销售额。

* **知识拓展**

销售预测的其他方法

一、直线趋势法

直线趋势法，又称线性趋势预测法，是指通过建立销售量与时间直线趋势方程对销售量进行预测的方法。该方法适用于具有明显直线趋势产品的销售量预测。它是根据统计学中时间序列趋势分析法，建立以时间为自变量，以销售量为因变量的趋势拟合方程，根据历史资料求出方程中的系数，建立预测模型，然后将预测期的数值代入方程求出预测期的销售量。

其预测模型如下。

$$y=a+bt$$

式中，y 为因变量（销售量）；a 为截距；b 为斜率；t 为自变量（时间）。

根据最小二乘法求出模型中参数 a、b 的值，计算公式如下：

$$b=\frac{n\sum ty-\sum t\sum y}{n\sum t^2-\left(\sum t\right)^2}$$

$$a=\frac{\sum y-b\sum t}{n}$$

只要取得销售量的时间数列，就可以通过上述公式计算出参数的值，进而求出趋势线性方程，再将预测期的时间变量 t 的具体值代入，即可获得销售量预测值。

二、因果预测法

是利用事物发展的因果关系来推测事物发展趋势的一种方法。它一般是根据过去掌握的历史资料，找出预测对象的变量与其相关事物的变量之间的依存关系，来建立相应的因果预测的数学模型，然后通过对数学模型的求解来确定预测对象在计划期的销售量或销售额。最常用且最简单的方法——一元线性回归分析法。这种方法假定影响预测对象（销售量或销售额）的因素只有一个且线性相关，则可以根据历史资料建立线性方程模型 $y=a+bx$，然后根据数学上的最小二乘法来确定一条误差最小、最能反映自变量 x 和因变量 y 之间线性关系的直线。其参数计算公式如下：

$$b=\frac{n\sum xy-\sum x\sum y}{n\sum x^2-\left(\sum x\right)^2}$$

$$a=\frac{\sum y-b\sum x}{n}$$

根据上述公式求出 a、b 的值后，结合自变量的预计销售量或销售额代入公式，即可求出预测对象的预计销售量或销售额。

拓展案例：东风汽车轮胎厂专门生产汽车轮胎，而决定汽车轮胎销售量的主要因素是汽车销量。假如中国汽车工业联合会最近五年的实际销售量统计及该企业五年的实际销售量资料，如表 4-4 所示。

表 4-4　东风汽车轮胎厂销售资料

年　度	2017	2018	2019	2020	2021
汽车销售量（万辆）	10	12	15	18	20
轮胎销售量（万只）	64	78	80	106	120

假定计划期 2022 年汽车销售量根据汽车工业联合会的预测为 25 万辆，该轮胎生产企业的市场占有率为 35%，要求采取一元线性回归分析法预测 2022 年轮胎的销售量。

（1）根据表 4-4 编制东风汽车轮胎厂营业额回归预测计算表，如表 4-5 所示。

表 4-5　东风汽车轮胎厂营业额预测计算表

年度	汽车销售量 x（万辆）	轮胎销售量 y（万只）	xy	x_2	y_2
2017	10	64	640	100	4 096
2018	12	78	936	144	6 084
2019	15	80	1 200	225	6 400
2020	18	106	1 908	324	11 236
2021	20	120	2 400	400	14 400
n=5	$\sum x$=75	$\sum y$=448	$\sum xy$=7 084	$\sum x_2$=1 193	$\sum y_2$=42 216

（2）计算 a，b，并计算预测值。

$b=(n\sum xy-\sum x\sum y)\div(n\sum x_2-\sum x\sum x)$

$=(5\times 7\,084-75\times 448)\div(5\times 1\,193-75\times 75)=5.35$

$a=(\sum y/n)-b(\sum x/n)$

$=448/5-5.35\times(75/5)=9.35$

$y=9.35+5.35x$

2022 年轮胎的销售量=9.35＋5.35×25=143.1（万元）

2022 年该企业轮胎的销售量=143.1×35%=50.085（万元）

＊ 学思用贯通，知信行统一

如何用管理会计解锁企业高质量发展

二十大报告指出，高质量发展是全面建设社会主义现代化国家的首要任务，这份回顾过去、规划未来的报告，不仅为我国未来 5 年的发展勾勒了蓝图，也为企业未来的前进方向提供了指引。站在管理会计的视角上，企业就要具备快速看透数据的能力。数字化时代，管理会计的最大价值就是通过对数据的挖掘分析，找到数据背后的逻辑和规律，从而赋能企业业务发展。这包括两层含义：一是感知现在，即通过将历史数据与当前数据融合，挖掘潜在线索与模式，形成对业务发展状态的理解；二是预测未来，即通过对数据关联、数据态势和数据效应的判定和分析，找到未来业务发展的演变规律，进而对未来的业务发展情况进行预测。

数据带来智能

毫无疑问，世界正在变得越来越复杂和不确定。新冠疫情的全球“大流行”，正是不确定性的一个缩影。企业的商业模式和经营状况充满了变数，当今的管理会计应用一个主要目标是要帮助管理者应对众多的不确定性，这就需要管理会计体系具备敏捷响应前端业务变化的能力，能够实时获取第一手的业务端信息并及时捕捉到变化中的管理需求。

VDC 管理会计实验课后实训——销售预测

一、实训任务内容

（1）掌握销售预测工具的使用方法。

（2）掌握销售预测表格的编制格式。

（3）掌握运用算术平均法、移动平均法、平滑指数法和回归直线法。

（4）进行销售预测的方式和技巧。

（5）掌握不同销售预算方法的特点，并能够根据企业的实际情况进行选择。

二、实训数据和实训工具

VDC 管理会计实验平台——销售预测

任务二　成本预测分析

任务描述

成本领先战略是企业重要战略之一，成本优化利于企业合理规划及控制企业生产成本，使企业产品成本达到最优，低于同行业其他产品的成本，从而取得超额利润，使企业在竞争中处于优势地位。成本管理不能只是反映实际耗费和分析成本升降原因，而更应着眼于未来，要求在事前进行成本预测，规划好计划期间应当耗费多少，并据以制定目标成本，然后在日常经济活动中，对各个责任层次的成本指标严格加以控制，引导全体职工去实现这个目标。因此，通过成本预测，可以预知成本完成情况，减少生产经营的盲目性，提高降低成本费用的自觉性，充分挖掘降低成本、费用的潜力。

任务目标

（1）用高低点法预测成本。

（2）用加权平均法预测成本。

（3）用回归分析法预测成本。

知识链接

一、成本预测的方法

成本预测

成本预测的方法有两大类：定性预测法和定量预测法。定性预测法主要适用于缺乏完整的成本资料的企业对成本的预测；定量预测法主要适用于有完备的成本资料的企业对成本的预测。这里主要介绍定量预测法。

成本预测的定量预测法主要包括目标成本预测法、历史资料分析法和新产品成本预测法等。

（一）目标成本预测法

目标成本是为实现目标利润所应达到的成本水平或成本限额。目标成本预测法是在销售预测和利润预测的基础上，结合本量利分析预测目标成本的一种方法。可根据掌握的相关资料采用以下方法计算。

（1）根据目标利润制定目标成本。其计算公式如下：

目标成本=预计销售收入－目标利润

（2）根据资金利润率制定目标成本。其计算公式如下：

目标成本=预计销售收入－预计资金利润率×平均资金占用额

（3）根据销售利润率制定目标成本。其计算公式如下：

目标成本=预计销售收入×（1－销售利润率）

（4）以同行业先进的成本水平作为目标成本。

目标成本的制定还可以采用本企业历史先进的成本水平或本企业上一年度的实际成本水平减去要求达到的成本降低幅度来确定，也可以按照国内外同类产品先进的成本水平来确定。

（二）历史资料分析法

历史资料分析法是根据有关的历史资料，将成本按照成本性态加以划分，运用数理统计的方法来推测、估计成本发展趋势的一种方法。

成本的发展趋势一般可以用直线模型来反映，即

$$y=a+bx$$

只要求出 a 和 b 的值，就可以利用该模型计算在任何产量（x）下的产品总成本（y）。怎样来确定 a 和 b 的值呢？最常用的有高低点法、加权平均法与回归分析法。

1. 高低点法

高低点法是选用一定时期的历史资料中的最高业务量与最低业务量的总成本之差（Δy）与两者业务量之差（Δx）进行对比，先求出单位变动成本 b，然后再求得固定成本总额 a 的方法。高低点的选择以一定时期内业务量的高低来确定，而不是按成本的高低来确定。其计算公式如下：

因为　$y=a+bx$

所以　$\Delta y = b \times \Delta x$

$$b=\frac{\Delta y}{\Delta x}=\frac{\left(y_{高}-y_{低}\right)}{\left(x_{高}-x_{低}\right)}$$

再将 b 的值代入高点或低点业务量的成本方程式，即可求得 a。

$$a=\left(y_{高}-bx_{高}\right)$$

或 $$a=\left(y_{低}-bx_{低}\right)$$

b 与 a 的值求得后，再代入计划期的总成本方程式即可预测出计划期的产品总成本和单位成本。

预测计划期产品总成本 $y=a+bx$

预测计划期产品单位成本 $=y/x$

高低点法是一种最简易的预测分析方法，在产品成本的变动趋势比较稳定的情况下，采用高低点法比较适宜。如果企业的各期成本变动幅度较大，采用高低点法则会造成较大误差。

2. 加权平均法

加权平均法是根据过去一定时期的固定成本总额及单位变动成本的历史资料，按其距计划期的远近分别进行加权。由于距计划期越近，对计划期的影响越大，故所加权数就应大些；反之距离计划期越远，对计划期影响较小，所加权数就应越小。它的计算公式如下：

因为 $y=a+bx$

所以 预测计划期间总成本 $$(y)=\frac{\sum a\times w}{\sum w}+\frac{\sum b\times w}{\sum w}\times x$$

其中，w 代表权数。

加权平均法适用于企业的历史成本资料具有详细的固定成本总额与单位变动成本的数据，否则就只能采用 高低点法，或后面即将介绍的回归分析法。

3. 回归分析法

回归分析法是应用数学上的最小平方法的原理来确定能反映 $y=a+bx$ 直线方程中 x（自变量）与 y（因变量）之间具有误差平方和最小的一条直线。这条直线称为回归线，其 a 与 b 的值可按下列公式计算。

$$a=\frac{\sum y-b\sum x}{n}$$

$$b=\frac{n\sum xy-\sum x\sum y}{n\sum y^{2}-\left(\sum x^{2}\right)}$$

如果企业历年的产品成本忽高忽低，变动幅度较大时，采用此法预测较为精确。

案例解析

【案例 4-2】

假定昌盛公司只生产一种工具，从它最近一年的历史成本数据中获悉该公司产量最高的月份为 12 月，共生产 10 000 件，其总成本为 370 000 元；产量最低的月份为 4 月，共生产 6 000 件，其总成本为 250 000 元，计划年度一月份的产量为 20 000 件。

【业务】

用高低点法预测预测其总成本与单位成本各为多少？

解 析

确定高低点，如表 4-6 所示。

表 4-6 昌盛公司产量成本高低点相关数据汇总表

摘 要	高点（12 月份）	低点（4 月份）	差异
业务量（x）件	10 000 件	6 000 件	Δx= 4 000 件
总成本（y）元	370 000 元	250 000 元	Δy=120 000 元

$$b=\frac{\Delta y}{\Delta x}=\frac{\left(y_{高}-y_{低}\right)}{\left(x_{高}-x_{低}\right)}=\frac{120000}{4000}=30(元)$$

代入高点：

因为$a=y_{高}-b\times x_{高}=370\,000-\left(30\times 10\,000\right)=70\,000(元)$

代入低点：

所以$a=y_{高}-b\times x_{高}=370\,000-\left(30\times 10\,000\right)=70\,000(元)$(同样结果)

预测计划年度一月份产品的总成本=$a+bx$=70 000+（30 × 20 000）=670 000（元）

预测计划年度一月份产品的单位成本=y/x=670 000/20 000=33.50（元）

【案例 4-3】

圆通储运服务有限公司主要从事货物仓储、快件收派、物流运输等服务，为了控制经营过程中的物资消耗，降低营业成本，实现目标利润，财务管理部按成本习性原理建立成本模型（$y=a+bx$）预测目标成本，最近三年的年平均总成本数据如表 4-7 所示。

表 4-7 圆通储运服务有限公司成本资料 单位：元

年份	固定成本总额（a）	单位变动成本（b）
2019 年	60 000	40
2020 年	65 000	36
2021 年	70 000	30

【业务】

用加权平均法预测 2022 年储运服务 20 000 件的成本总额及单位产品成本。

解析：根据上述资料按距计划期远近分别加权，假定 2019 年加权数为 1 2020 年加权数为 2 2021 年加权数为 3。

预计储运服务总成本

$$(y)=\frac{\sum a\times w}{\sum w}+\frac{\sum b\times w}{\sum w}\times x$$

$$=\frac{(60\ 000\times1)+(65\ 000\times2)+(70\ 000\times3)}{1+2+3}+\frac{(40\times1)+(36\times2)+(30\times3)}{1+2+3}\times20\ 000$$

$=740\ 000$（元）

预计单位储运服务成本=y/x=740 000/20 000=37（元）

【案例 4-4】

昌盛公司只生产一种机床，其最近五年的产量和历史成本资料如表 4-8 所示，预计 2022 年的产量为 80 台。

表 4-8　昌盛公司机床的产量及成本资料

年度	产量（台）	单位产品成本（元）
2017 年	10	600
2018 年	40	300
2019 年	30	450
2020 年	20	550
2021 年	50	400

【业务】

用回归分析法预测 2022 年总成本和单位成本。

解析：根据上述资料编制回归分析计算表，如表 4-9 所示。

表 4-9　回归分析计算表

年度	产量（x）（台）	单位产品成本（元）	总成本（y）（元）	xy	x^2
2017 年	10	600	6 000	60 000	100
2018 年	40	300	12 000	480 000	1 600
2019 年	30	450	13 500	405 000	900
2020 年	20	550	11 000	220 000	400
2021 年	50	400	20 000	1 000 000	2 500
n=5	$\sum x$=150	—	$\sum y$=62 500	$\sum xy$=2 165 000	$\sum x^2$=5 500

将上表最后一行合计数字代入下述两公式，并进行计算：

$$b=\frac{n\sum xy-\sum x\sum y}{n\sum x^2-\left(\sum x\right)^2}$$

=[（5×2 165 000）-（150×62 500）]/[(5×5 500)-(150×150)]=290（元）

$$a=\frac{\sum y-b\sum x}{n}$$

=[62 500-（290×150）]/5=3 800（元）

2022 年 80 台的预计总成本 $(y)=a+bx=3\ 800+(290\times80)=27\ 000$（元）

2022 年预计单位成本$=y/x=27\ 000/80=337.50$（元）

小试牛刀

【实训资料】

辉煌公司生产经营 A 产品，该产品过去 5 年成本资料如表 4-10 所示。

表 4-10　A 产品成本资料表　　**单位：元**

年份	固定成本总额 a	单位变动成本 b	权数 w
2017	60 000	40	1
2018	65 000	36	2
2019	70 000	30	3
2020	72 000	28	4
2021	73 000	26	5

【业务】

运用加权平均法预测该公司 2022 生产 20 000 件 A 产品时的成本总额。

解 (1) 对 a 和 b 进行加权平均：

$a=$

$b=$

(2) 建立总成本方程：

$y=$

(3) 该公司 2022 年生产 20 000 件 A 产品时，预测的成本总额为

$y=$

扫我看答案

考核评价

* **知识评价**

巩固拓展

＊ 能力巩固

【实训目的】

通过练习，掌握成本预测的基本方法。

【实训资料】

假定辉煌公司近五年的甲产品的产量与成本数据如表 4-11 所示。

表 4-11 甲产品的产量与成本数据

年份	2017 年	2018 年	2019 年	2020 年	2021 年
产量（台）	250	200	300	360	400
总成本（元）	275 000	240 000	315 000	350 000	388 000
其中，固定成本总额（元）	86 000	88 000	90 000	89 000	92 000
单位变动成本（元）	756	760	750	725	740

若 2022 年的预计产量为 450 台。

【实训要求】

采用不同的专门方法预测 2022 年甲产品的总成本和单位成本：

（1）按高低点法；

（2）按移动加权平均法（根据 2019—2021 年的资料）；

（3）按回归分析法。

＊ 知识拓展

新产品成本预测法

一、技术测定法

技术测定法是指在充分挖掘生产潜力的基础上，根据产品设计结构、生产技术条件和工艺方法，对影响人力、物力、消耗的各项因素进行技术测试和分析计算，从而确定产品成本的一种方法。其基本理论是将材料、工时的投入量与产量进行对比分析，从而确定单位产量的消耗定额，然后将与产量有关的部分归集为单位变动成本，而将与产量无关的部分归集为固定成本。技术测定法比较科学，但工作量较大，适合于品种少、技术资料比较齐全的产品。

二、产值成本法

产值成本法是指按工业总产值的一定比例确定产品成本的一种方法。产品的生产过程同时也是生产成本的消耗过程，在这一过程中，产品成本体现为生产过程中的资金耗费，而产值则以货币的形式反映生产过程中的成果。产品成本与产品产值之间客观地存在着一定的比例关系，企业可以利用这种关系，同时参照同类企业相似产品的实际产值成本率加以分析确定。其计算公式如下：

某种产品的预测总成本=该种产品的总产值×预计产值利润率

某种产品的预测单位成本=该种产品的总产值×预计产值利润率/预计产品产量

产值成本法的优点是工作量小，简单易行；缺点是预测结果不够准确。

* 学思用贯通，知信行统一

在数字中国的图景中，成本控制扮演何种角色

关于成本控制，在《华为基本法》中这样描述：成本是市场竞争的关键制胜因素，成本控制应当从产品价值链的角度，权衡投入产出的综合效益，合理确认控制策略。任正非说："管理中最难的是成本控制；没有科学合理的成本控制方法，企业就处在生死关头。"可以说，成本费用控制是企业财务管理永恒的话题。新时期如何推进成本费用控制呢？首先，设计和创新以管理会计为主导的企业管控系统，中国过去经济增长主要靠配置效率提高，未来中国经济发展要靠生产效率提高。生产效率提高更需要管理会计为主导的企业管控系统助推，实现企业价值最大化。其次，当今世界正处于百年未有之大变局，也是百年未有大机遇的关键时期，要想实现中国梦、强国梦，必须要有世界领先的大科技企业，尤其要摆脱帝国主义"卡脖子"高科技企业为依托。世界一流的强国必须有一流的企业，一流企业经济效益的提升又是以管理会计创新为特征。习近平总书记指出"破除一切制约科技创新的思想障碍和制度藩篱，坚持科技创新和制度创新双轮驱动"。当前，我国经济已由高速增长阶段转向高质量发展阶段，会计工作也由"把关守口"转向"生财、聚财、用财"，转向企业核心能力的诊断、分析、培植和提升，并以提供信息系统和相关信息支持为目标，助力经济高质量发展，从而推动会计工作提质增效。

VDC 管理会计实验课后实训——成本预测

一、实训任务内容

（1）掌握成本预测工具的使用方法。

（2）掌握倒挤法、基数法、因素变动预测法和回归分析法四种成本预测方法的具体运用和特点。

（3）掌握成本预测结果汇总表的编制，能够对四种计算方法进行对比分析。

（4）掌握 Forecast 函数表达式的结构和具体运用。

二、实训数据和实训工具

VDC 管理会计实验平台——成本预测

任务三 利润预测分析

任务描述

利润是综合性很强的指标，企业在一定期间内的全部生产财务活动和经营管理工作的好坏，最终都要在利润上反映出来。首先要对利润进行预测分析，然后把目标利润确定下来。这样，企业在一定时期内就有了奋斗的战略目标，一切经济活动就可据以安排了。预测利润本身是科学根据与主观判断的结合体，它一定要有过去和现在本企业的生产经营情况和国内外市场的经济动态等有关信息为基础（定量分析）；然后再由企业管理当局根据多年来的实践经验，结合未来可能发生的变化做出判断（定性分析）。

任务目标

（1）用本量利法预测利润。

（2）用比率预测法预测利润。

（3）用经营杠杆分析法预测利润。

知识链接

一、影响利润变动的主要因素

（一）产品产销数量

产品产销数量是影响利润的重要因素，且两者变动方向相同。

（二）产品销售价格

在其他有关因素保持不变的况下，单位产品销售价格提高，利润总额随之增多。

（三）单位产品变动成本

单位产品变动成本的增减变动必然引起企业一定时期内的成本总额发生相应变动，单位产品变动成本与利润的变动方向相反。

（四）固定成本总额

固定成本的增减变动必然引起企业一定时期内成本总额发生相应变动。固定成本总额的变动与利润的变动方向相反。

（五）产品的产销结构

在通常情况下，只要其他有关因素保持不变，当边际贡献率较高的产品产销比重上升或边际贡献率较低的产品产销比重下降时，利润总额将随之增加。

（六）产品税率

产品税率影响产品销售税金，从而影响利润变动。一般在销售收入相同时，产品税率的高低直接影响产品销售税金总额的多少，从而影响利润。产品税率的变动与利润变动的方向相反。

二、利润预测的方法

利润预测主要采用定量分析法，包括本量利预测法、比率预测法及经营杠杆分析法等。

利润预测

（一）本量利预测法

本、量、利分析是管理会计规划企业经济活动的有效工具。它不但可以用于预测保本点，还能预测利润，规划最优的目标利润，并为实现目标利润提供各种有关生产、销售和价格的可行性方案服务。

1. 预测利润

根据本量利分析的基本公式进行利润预测。其计算公式如下：

目标利润=预测销售量×单位产品售价－预测销售量×单位变动成本－固定成本总额

=销售收入－变动成本－固定成本总额

=（单价－单位变动成本）×销量－固定成本总额

=贡献毛益总额－固定成本总额

=（销售收入总额×贡献毛益率）－固定成本总额

=（预计销售量－保本销售量）×单位贡献毛益

=（预计销售额－保本销售额）×贡献毛益率

2. 预测目标销售量

根据已确定的目标利润，预测需要多大的经营活动水平（即销售量）（假定单价、固定成本总额、单位变动成本不变）。

由于目标利润与固定成本总额一样，必须由贡献毛益来补偿，因此，只需要将前面采用贡献毛益法预测保本点的公式略加改变即可。

目标销售量=（固定成本总额+目标利润）/单位贡献毛益

目标销售额=（固定成本总额+目标利润）/贡献毛益率

> 提示：
>
> 以上目标利润没有考虑所得税因素的影响，但在现实经济生活中，所得税是企业必须缴纳的，是影响企业现金流量的一个重要因素。因而，企业在制订利润计划时，主要是考虑税后利润的情况。
>
> 因为税后利润=税前利润×（1－所得税税率）
>
> $$\text{所以税前利润}=\frac{\text{税后利润}}{(1-\text{所得税税率})}$$
>
> 则
>
> $$\text{实现目标利润的销售量}=\frac{\dfrac{\text{税后目标利润}}{1-\text{所得税税率}}+\text{固定成本}}{\text{单位贡献毛益}}$$
>
> $$\text{实现目标利润的销售收入}=\frac{\dfrac{\text{税后目标利润}}{1-\text{所得税税率}}+\text{固定成本}}{\text{贡献毛益率}}$$

3. 确定产品售价

根据目标利润，确定产品销售单价应为多少（这里必须假定固定成本、单位变动成本、销售量是常数）。

应用本、量、利分析的基本公式变形可得

目标利润=销售量×销售单价一销售量×单位变动成本一固定成本总额

移项，销售量×销售单价=目标利润+固定成本总额+（销售量×单位变动成本）

$$所以销售单价=\frac{目标利润+固定成本总额+（销售量\times单位变动成本）}{销售量}$$

（二）比率预测法

比率预测法是根据与利润相关的财务比率和计划期相关因素推算目标利润的方法。常用的财务比率有销售利润率、总资产利润率及成本利润率等。

1. 销售利润率

根据销售利润率预测利润，相关计算公式如下：

销售利润率=营业利润/销售收入总额×100%

目标利润=预计销售收入总额×销售利润率

2.总资产利润率

根据总资产利润率预测利润，其计算公式如下：

总资产利润率=利润/平均总资产×100%

目标利润=预计资产总额×总资产利润率

3.成本利润率

根据成本利润率预测目标利润，相关计算公式如下：

$$成本利润率=\frac{净利润}{销售成本}\times100\%$$

目标利润=预计销售成本×成本利润率

（三）经营杠杆分析法

1. 经营杠杆的含义

经营杠杆是指由于固定成本的存在及其影响而导致的某种产品的利润变动率大于其产销量变动率的经济现象。

2. 经营杠杆系数的计算

经营杠杆系数又称经营杠杆率，是指在一定的产销量基础上，某种产品的利润变动率与其产销量变动率的比值。计算经营杠杆系数，可分别采用理论公式和简化公式。其计算公式如下：

经营杠杆系数（*DOL*）＝利润变动率/业务量变动率

$$=\Delta P/P\div\Delta x/x$$

式中，ΔP 为计划期利润与基期利润的差额；P 为基期利润；Δx 为计划期业务量与基期业务量的差额；x 为基期业务量。

为了便于实际工作的计算和预测分析，通常将上述公式进一步推导转化为

经营杠杆系数（*DOL*）＝基期贡献毛益总额/基期利润

＝基期贡献毛益总额÷（基期贡献毛益总额-固定成本）

$$=Tcm/P$$

$$=Tcm/(Tcm-F)$$

式中，Tcm 为贡献毛益总额，F 为固定成本。

3. 经营杠杆分析法下的利润预测

目标利润=基期利润×（1+销量增长率×经营杠杆系数）

案例解析

【案例 4-5】

昌盛公司生产的工具 2022 年销售量的预测值是 5 000 件，该产品的单价为 500 元，单位变动成本为 300 元，全年固定成本总额为 400 000 元。

【业务】

用本量利预测法预测 2022 年度的目标利润。

解　析

2022 年度预测目标利润=5 000×500－5 000×300－400 000=600 000（元）

【案例 4-6】

昌盛公司 2021 年销售设备 900 台，每台售价 120 元，单位变动成本 80 元，固定成本总额为 10 000 元。2022 年预计可销售该设备 1 000 台。

【业务】

根据 2021 年的销售利润率预测 2022 年的利润。

解　析

2021 年的利润=900×（120−80）−10 000=26 000（元）

2021 年的销售利润率=26 000÷（900×120）×100%=24.07%

2022 年预测目标利润=1 000×120×24.07%=28 884（元）

【案例 4-7】

昌盛公司 2021 年销售设备 900 台，每台售价 120 元，单位变动成本为 80 元，固定成本总额为 10 000 元。2021 年，公司总资产为 800 000 元，预计 2022 年总资产增加到 900 000 元。

【业务】

根据 2021 年的总资产利润率，预测 2022 年的利润。

解　析

2021 年的利润=900×（120−80）−10 000=26 000（元）

2021 年的总资产利润率=26 000÷800 000×100%=3.25%

2022 年预测目标利润=900 000×3.25%=29 250（元）

【案例 4-8】

已知迅达公司连续 3 年的有关资料，如表 4-12 所示。

表 4-12　迅达公式相关资料及计算

项　目	时期		
	第 1 年	第 2 年	第 3 年
单位边际贡献（万元）	40	40	40
销售量（件）	10 000	20 000	30 000
边际贡献总额（万元）	400 000	800 000	1 200 000
固定成本（万元）	300 000	300 000	300 000
利润（万元）	100 000	500 000	900 000

【业务 1】

计算第 2 年和第 3 年的经营杠杆系数。

【业务 2】

应用经营杠杆分析法来预测该公司第 2 年和第 3 年的目标利润。

解　析

【业务 1】

直接根据 $DOL=\Delta P/P\div\Delta x/x$ 计算

$$\text{第2年利润变动率}=\frac{200\ 000-100\ 000}{100\ 000}\times 100\%=400\%$$

$$\text{第2年销售变动率}=\frac{20\ 000-10\ 000}{10\ 000}\times 100\%=100\%$$

第 2 年 $DOL=400\%/100\%=4$

同理得

第 3 年 $DOL=80\%/50\%=1.6$

> **提示：**用简化公式 $DOL=Tcm/P$ 计算，结果相同
> 第 2 年 $DOL=400\ 000/100\ 000=4$
> 第 3 年 $DOL=800\ 000/500\ 000=1.6$

【业务 2】

第 2 年目标利润=100 000×（1+100%×4）=500 000（万元）

第 3 年目标利润=500 000×（1+50%×1.6）=900 000（万元）

【案例 4-9】

凤凰自行车厂在计划期间原准备生产和销售车灯 8 000 个，假定销售单价为 5 元，单位变动成本为 3 元，固定成本总额为 10 000 元。

【业务 1】

在这种情况下，可获得多少利润？

【业务 2】

现在为了使目标利润能在原基础上有所增加，各有关因素每变动 1%，对利润的影响程度如何？

解　析

【业务 1】

计划期间原预计利润=预测销售量×单位产品售价-预测销售量×单位变动成本-固定成本总额=(5×8 000)-[10 000+(3×8 000)]=6 000（元）

【业务 2】

计划期间影响利润的各有关因素每变动 1%，对利润的影响程度可通过计算列表，如表 4-13 所示。

表 4-13　有关因素每变动 1%对利润的影响程度

影响利润变动的有关因素	变动程度	影响范围		变动后利润	影响程度	
		计划期间销售收入	计划期间销售成本		利润增加绝对额	利润增加百分率
1. 销售单价	+1%	（5×1%）×8 000=+400（元）	0	6 400 元	400 元	6.67%
2. 销售量	+1%	（8 000×1%）×5=+400（元）	（8 000×1%）×3=+240（元）	6 160 元	160 元	2.67%
3. 单位变动成本	−1%	0	（3×1%）×8 000=−240（元）	6 240 元	240 元	4%
4. 固定成本总额	−1%	0	10 000×1% =−100（元）	6 100 元	100	1.67%

从上表可以看出，在影响利润变动的各有关因素中，以销售单价的敏感性最大，单位变动成本次之，再次为销售量，固定成本总额的敏感性最小。具体掌握各有关因素对利润变动的敏感程度，有助于我们在今后的企业经营管理工作中增强预见性，并采取相应的措施来增加收入，降低成本，以获取最佳的经济效益。

小试牛刀

博雅公司是一家生物制药企业，该公司研发出了一种新产品。新产品将于 2022 年开始生产并销售。目前，该公司正对该项目进行盈亏平衡分析，相关资料如下。

（1）新产品的专利摊销、固定资产折旧、人员工资、广告费等其他固定费用的年固定成本总额是 200 万元。

（2）新产品销售价格每瓶 100 元，销量每年可达 10 万瓶；每瓶材料成本 20 元，变动制造费用 15 元，包装成本 9 元。

（3）公司管理人员实行固定工资制，生产工人和销售人员实行基本工资加提成制。预计新增管理人员 2 人，每人每年固定工资 5 万元；新增生产工人 15 人，人均月基本工资 1 500 元，生产计件工资每瓶 1 元；新增销售人员 5 人，人均月基本工资 1 500 元，销售提成每瓶 5 元。

【业务】

（1）计算新产品的单位变动成本。

（2）计算新产品的盈亏平衡点年销售量、安全边际率和目标利润。

（3）计算该项目的经营杠杆系数。

（4）分析各参数变动 10%对目标利润变化的影响程度。

解：（1）新产品的单位变动成本＝材料费用＋变动制造费用＋包装费用＋计件工资＋销售提成=

（2）盈亏平衡点年销售量=

安全边际率=

目标利润=

（3）经营杠杆系数=

（4）分析各参数变动对目标利润变化的影响程度基于新产品当前的单位售价、单位变动成本、固定成本和销量，计算的目标利润为：

目标利润=

①单价提高 10%：

利润增加=

利润变动百分比=

利润对单价的敏感系数=

②单位变动成本提高 10%：

利润减少=

利润变动百分比=

利润对单位变动成本的敏感系数=

③销售量提高 10%

利润增加=

利润变动百分比=

利润对销售量的敏感系数=

（4）固定成本提高 10%：

利润减少=

利润变动百分比=

利润对固定成本的敏感系数=

扫我看答案

考核评价

＊ 知识评价

巩固拓展

＊ 能力巩固

【实训目的】

通过练习，掌握利润预测的基本方法。

【实训资料】

凤凰自行车厂管理人员根据市场情况分析，认为计划期间可销售车灯 8 000 个。假定该厂计划期间的车灯销售单价为 5 元，单位变动成本为 3 元，固定成本总额为 10 000 元。

【实训要求】

（1）根据以上资料，计算凤凰自行车厂在计划期间预计可实现多少利润？

（2）凤凰自行车厂管理当局确定在计划期间的目标利润为 9 000 元，则需要售出多少数量的车灯，或售出多少金额的车灯才能实现目标利润？（假定单价、固定成本、单位变动成本仍不变）

（3）若凤凰自行车厂根据市场预测资料，认为计划期间可销售车灯 10 000 个，车灯的固定成本总额为 10 000 元，单位变动成本为 3 元，目标利润仍为 9 000 元，则每个车灯的售价应为多少？

＊ 知识拓展

经营杠杆效应产生的原因

在一定的相关范围内，业务量的增加一般不会影响固定成本总额，但会使单位产品固定成本降低，从而提高单位产品利润，并使利润增长率大于产销量增长率；反之，业务量减少，会使单位产品固定成本升高，从而降低单位产品利润，并使利润下降率大于产销量的下降率。

产品只有在没有固定成本的条件下，才能使贡献毛益等于经营利润，使利润变动率与业务量变动率同步增减。但这种情况在现实中是不存在的。这样，由于存在固定成本而使利润变动率大于产销量变动率的规律，在管理会计中就会根据计划期产销量变动率来预测计划期的经营利润。

杠杆是什么？也许人们脑海中首先浮现的是借钱，借钱就是加杠杆，其实借钱带来的杠杆只是杠杆的一种——财务杠杆。从企业经营的角度来说，杠杆分为两类，一类是经营杠杆，一类是财务杠杆。

如果说物理学上的杠杆是由于支点的存在导致动力成倍数增加，那么企业的经营及财务杠杆的“支点”又是什么？在杠杆的计算中，分母都是在分子的基础上减去固定成本，计算 *DOL* 时，分子是基期贡献毛益总额，分母是基期贡献毛益总额-固定成本。因此，固定成本越大，分母越小，杠杆也就越大。通过以上分析，我们发现企业经营及财务杠杆的“支点”便是固定成本。企业家通过支付固定成本获得了最重要资源（生产资料、劳动力和资金）的使用权，从而以定期支付的较小的成本撬动了更多的资源。

例如，街头卖花的小孩，卖出一枝花就是一枝花的成本，十枝花就是十枝花的成本，销售额减去变动成本剩下的就是利润。由于没有固定成本支出，街头卖花并没有产生杠杆；而花店的老板则不一样了，为了获取更稳定的客流和更好的客户体验，增加销售额，花店老板需要租一个门面，有时还需要雇佣一个帮手，无论是卖一枝花出去还是十枝花出去，都要扣除房租、设备折旧费、人工成本等固定的费用，从而产生了经营杠杆。经营杠杆的采用带来的是规模效应，规模达到一个突破点，覆盖掉固定费用后，利润会成倍数增长。因此，支付固定成本来加大杠杆的优势在于以较小的成本撬动了更多的资源，劣势在于无论经营情况如何，企业都需要定期支付固定成本。如果经营不好，杠杆变为负数，企业就会产生经营风险或者财务风险，现金流出现问题，增大破产的风险，所以杠杆是一把双刃剑。

＊ 学思用贯通，知信行统一

如何用管理会计赋能“双碳”目标

发展绿色低碳产业，倡导绿色消费，推动形成绿色低碳的生产方式和生活方式。“双碳”目标的提出是我国履行大国责任、体现大国担当和坚定走可持续发展道路的具体表现。很多碳排放是在营运日常过程中产生的，“双碳”的目标对于全社会到企业到会计到管理会计的影响是巨大的。低碳发展需要管理会计量化手段作为支撑，管理会计在低碳发展中应用空间很大。未来，在整个管理会计体系里，需要将碳排放维度深深植入到管理会计体系中，可以说，在很大程度上，碳排放将引起管理会计视角的重要转变。相应的，新的管理会计体系将对会计人员提出更大的挑战和机遇，会计人员需要拓展原有管理会计知识，在深入了解人工智能、大数据等信息技术的基础上，还要掌握碳排放相关知识，成为新一代管理会计人才。

VDC 管理会计实验课后实训——利润预测

一、实训任务内容

（1）掌握利润预测模型的使用方法。

（2）掌握运用直接预测法、销售利润率比例法和经营杠杆进行利润预测的方法和技巧。

（3）掌握利润结果汇总表的编制，能够对三种方法进行对比分析。

（4）掌握利润预测不同方法的特点，能够在不同环境下选取恰当的方法。

（5）掌握目标利润基数的确定和目标利润修正值的确定。

（6）理解利润敏感性分析的意义。

二、实训数据和实训工具

利润预测　　目标利润分析

VDC 管理会计实验平台——利润预测

任务四 资金需要量预测分析

任务描述

保证资金供应，合理组织资金运用，提高资金利用效果，既是企业正常运营的前提，又是企业的查斗目标之一。进行资金需要量预测，可以有意识地把生产经营活动引导到以最少的资金占用取得最佳经济效益的轨道上来。至于究竟增加多少资金比较合适，这就需要摸清影响资金需要量的主要因素是什么，应当科学合理地进行预测。

任务目标

（1）用因素分析法预测资金需要量。

（2）用销售百分比法预测资金需要量。

知识链接

一、资金需要量预测的方法

（一）资金习性预测法

资金习性预测法是根据资金习性预测未来资金需要量的一种方法。资金习性是指资金总额的变动与产销量变动之间的依存关系。按照资金总额与产销量之间的依存关系，可以把资金区分为不变资金、变动资金和半变动资金。不变资金是指在一定的产销量范围内，不受产销量变动的影响而保持固定不变的那部分资金；变动资金是指随产销量的变动而同比例变动的那部分资金；半变动资金是指虽然受产销量变化的影响，但不成同比例变动的资金。半变动资金可采用一定的方法划分为变动资金和不变资金两部分。因此，按照资金习性分析的原理，任何企业的资金总额最终均可以划分为不变资金和变动资金两部分，即

$$y=a+bx$$

式中，x 为销售收入；y 为资金占用量；a 为不变资金；b 为单位产销量所需的变动资金（单位变动资金）；bx 为变动资金总额。其中，a 和 b 的数值可采用高低点法或回归分析法求得。高低点法或回归分析法在前述任务中已经详细讲述过，故在此不再赘述。

（二）销售百分比法

销售百分比法是根据销售增长与资产、负债和留存收益增长之间的关系，预测未来资金需要量的方法。

基本原理是假设企业资产负债表某些项目与销售收入之间存在稳定的百分比关系，利用会计恒等式资产=负债+所有者权益，按照计划期销售额的增长情况来对企业计划期的外部筹资额进行预测。在销售百分比法下，要将报表项目划分为敏感项目（数额与销售收入之间成同比例变化的项目）和非敏感项目（数额与销售收入不存在相关性）。

一般按以下几个步骤进行预测。

（1）首先分析研究资产负债表各个项目与销售收入总额之间的依存关系。

①敏感资产（经营性资产）：现金、应收账款、应收票据、存货。

②敏感负债（经营性负债或自发性负债）：应付票据、应付账款、应付职工薪酬。

③固定资产：而固定资产是不是敏感资产则视基期生产能力是否还有潜力可利用而定。如尚未被充分利用，则可进一步挖掘其利用潜力，从而生产更多的产品，此时不需要追加固定资产的购置。如基期对固定资产的利用已达到饱和状态，则增加销售，就需要扩充固定设备，此时的固定资产属于敏感资产。

短期借款等筹资性负债需要专门融资，不随销售的增长而增加；长期负债及股东权益等项目属于非敏感项目。长期投资、无形资产等非流动资产项目，一般不随销售额的增加而增加，属于非敏感资产。

（2）计算基期各敏感项目销售的百分比，具体如下：

敏感项目销售百分比=基期敏感资产（负债）/基期销售额×100%

（3）确定需要增加的筹资数量。

预计由于销售增长而需要的资金需求增长额，扣除利润留存后，即为所需要的外部筹资额。其计算公式一如下：

外部融资需求量=增加的资产－增加的经营负债－增加的留存收益

增加的资产=增量收入×基期敏感资产占基期销售额的百分比

=基期敏感资产×预计销售收入增长率

增加的经营负债=增量收入×基期敏感负债占基期销售额的百分比

=基期敏感负债×预计销售收入增长率

增加的留存收益=预计销售收入×销售净利率×利润留存率

=预计销售收入×销售净利率×（1－股利支付率）

计算公式二：

外部融资需求量=（基期敏感资产－基期敏感负债）×销售增长率-增加的留存收益

上述 2 个公式中若有可动用的金融资产，还应该扣除可动用的金融资产，若有非敏感资产的调整，直接加上调整额。

【提示】

（1）资金需求增长额=增加的敏感性资产-增加的敏感性负债

其中：增加的敏感性资产=$\frac{\text{基期敏感性资产}}{\text{基期销售额}}$×（预测期销售额-基期销售额）

增加的敏感性负债=$\frac{\text{基期敏感性负债}}{\text{基期销售额}}$×（预测期销售额-基期销售额）

如果非敏感性资产增加（如添置生产设备），导致资金需求增长额增加。

则，资金需求增长额=增加的敏感性资产-增加的敏感性负债+增加的非敏感性资产

（2）外部融资需求量、如果非敏感性资产增加（如添置生产设备），外部筹资需要量也会增加，则外部融资需求量=资金需求增长额-增加的留存收益=（增加的敏感性资产-增加的敏感性负债+增加的非敏感性资产）-增加的留存收益。

案例解析

【案例 4-10】

万达商场上年度资金平均占用额为 3 400 万元，经分析，其中不合理部分 400 万元，预计本年度销售增长率为 6%，资金周转速度变动率为 2%。

【业务】

确定预测年度资金需要量。

解　析

预测年度资金需要量=（3 400−400）×（1+6%）×（1−2%）=3 116.4（万元）

【案 例 4−11】

博雅公司是一家生物制药企业，该企业 2021 年 12 月 31 日的简要资产负债，如表 4-14 所示。假定博雅公司 2021 年销售额 20 000 万元，销售净利率为 10%，利润留存率为 50%。2022 年销售额预计增长 20%，销售净利率、利润留存率保持不变，公司有足够的生产能力，无须追加固定资产投资。

表 4-14　博雅公司资产负债表（2021 年 12 月 31 日）　　单位：万元

资产	金额	与销售关系%	负债与权益	金额	与销售关系%
			短期借款	5 000	N
现金	1 000	5	应付账款	2 000	10
应收账款存货	3 000	15	预提费用	1 000	5
固定资产	6 000	30	公司债券	2 000	N
	6 000	N	实收资本	4 000	N
			留存收益	2 000	N
合计	16 000	50	合计	16 000	15

【业务 1】

预测该企业 2022 年增加的资金需要量。

【业务 2】

预测该企业 2022 年外部融资需求量。

解　析

【业务 1】

增加的资金需要量=增加的资产−增加的经营负债

=50%×20 000×20%−15%×20 000×20%=1 400（万元）

【业务 2】

外部融资需求量=增加的资金需要量−增加的留存收益

=1 400−20 000×（1+20%）×10%×50%=200（万元）。

小试牛刀

万达公司 2021 年销售收入总额为 850 000 元，获得税后净利润 42 500 元，发放股利 17 000 元，生产能力利用率为 70%，该公司 2021 年 12 月 31 日资产负债表（简表），如表

4-15 所示。若该公司计划 2022 年度销售收入总额将达到 1 000 000 元，并仍按 2021 年股利发放率支付股利，预计折旧额为 60 000 元。其中，80%预计用于更新改造原有的设备，又假定零星资金追加量为 20 000 元。

4-15 **资产负债表（简表）** 2021 年 12 月 31 日 **单位：元**

资产	金额	负债及所有者权益	金额
库存现金	20 000	应付账款	100 000
应收账款	150 000	应付票据	80 000
存货	200 000	长期负债	200 000
固定资产（净值）	300 000	普通股股本	350 000
长期股权投资	40 000	留存收益	40 000
无形资产	60 000		
资产合计	770 000	负债及所有者权益合计	770 000

【业务】

（1）根据 2021 年期末的资产负债表各项目的性质，分析研究它们与当年销售收入总额的依存关系，并将编制的该年度用销售百分比形式反映的资产负债表填入表 4-16 中。

（2）计算敏感性资产和敏感性负债各为多少？

（3）运用销售百分比法预测 2022 年需追加的资金数量和资金需要总量

表 4-16 万达公司资产负债表 （按销售百分比形式反映）2021 年 12 月 31 日 **单位：元**

资产	金额	与销售关系%	负债及所有者权益	金额	与销售关系%
库存现金	20 000		应付账款	100 000	
应收账款	150 000		应付票据	80 000	
存货	200 000		长期负债	200 000	
固定资产(净值)	300 000		普通股股本	350 000	
长期股权投资	40 000		留存收益	40 000	
无形资产	60 000				
资产合计	770 000		负债及所有者权益合计	770 000	

（2）敏感性资产=

敏感性负债=

（3）销售收入增长率=

分析计算企业内部可利用资金的数额

可利用的折旧=

留存收益=

估计企业零星资金的需要量为

计算 2022 年需要追加的资金=

计算 2022 年资金需要总量=

扫我看答案

考核评价

＊ 知识评价

巩固拓展

＊ **能力巩固**

【实训目的】

通过练习，掌握资金需要量的预测方法。

【实训资料】

万达集团2022年销售收入为1 000万元，销售净利率为10%，净利润的60%分配给投资者，2023年销售收入拟增加20%。2022年12月31日的资产负债表（简表），如表4-17所示。

【实训要求】

预测企业2023年外部融资需求量。

表 4-17 资产负债表（简表）2022 年 12 月 31 日 **单位：万元**

资产	期末余额	负债及所有者权益	期末余额
货币资金	100	应付账款	150
应收账款	150	长期借款	450
存货	250	实收资本	300
固定资产净值	500	留存收益	100
资产总计	1 000	负债与所有者权益总计	1 000

＊ 知识拓展

因素分析法

因素分析法，又称分析调整法，是以有关项目基期年度的平均资金需要量为基础，根据预测年度的生产经营任务和资金周转加速的要求，进行分析调整，来预测资金需要量的一种方法。其计算公式如下：

资金需要量=（基期资金平均占用额-不合理资金占用额）×（1+预测期销售变动率）×（1-预测期资金周转速度变动率）

因素分析法是假设销售增长与资金需用量同向变动；资金周转速度与资金需用量反向变动。计算简便，容易掌握，但预测结果不太精确。

＊ 学思用贯通，知信行统一

西安事变 石破天惊

中国共产党在应对复杂的西安事变中，从全民族利益出发，审时度势，正确判断复杂形势，确定了和平解决西安事变的方针。由于政策得当、措施得力、行动果断、方法适当，不仅成功化解了一触即发的内战危机，而且基本结束长达十年之久的内战，为全民族的团结抗战打开了通道，实现了“多赢”的结局。

西安事变
石破天惊

在项目预测分析中，结合党史故事《西安事变 石破天惊》，学习遇到困难要正确地分析形势，审时度势，不能为了一己之私而损害中华民族的利益和尊严。既要避免盲目自大，又要避免妄自菲薄，应根据自身实际情况树立爱岗敬业的职业精神、实事求是的科学精神、协作共进的团队精神，以热忱、强烈的奋进力量，始终铭记历史使命与责任担当，勇于创新，注重实效，为委托人提供科学评价结论，为决策提供详实依据，助力经济高质量发展。

VDC 管理会计实验课后实训——资金需求量预测

一、实训任务内容

（1）掌握资金需求测算工具的使用方法。

（2）采用销售百分比法，预测未来的额销售收入。

（3）根据经营情况确定利润表项目中的敏感项目及其占比，对利润表项目进行预测。

（4）根据经营情况确定资产负债表项目中的敏感项目及其占比，对资产负债表项目进行预测。

（5）根据销售百分比法，利用报表平衡公式计算外部融资需求金额。

二、实训数据和实训工具

VDC 管理会计实验平台——资金需求量预测

项目五　经营决策

学习目标

【知识目标】

（1）理解决策分析和经营决策分析的概念，了解决策分析的类型。

（2）理解并掌握经营决策分析的程序和所考虑的相关因素。

（3）熟练掌握经营决策分析的基本方法。

（4）掌握生产经营决策、定价决策和存货决策分析的方法。

【能力目标】

（1）具备能够运用经营决策分析常用的基本方法，对企业生产决策过程中所涉及的问题进行决策分析的能力。

（2）能够熟练运用产品定价和存货决策分析的基本原理，解决企业中怎样科学定价和最佳存货等方面的实际问题的能力。

（3）具备熟练信息处理技术（包括数据库与电子表格等）和统计技术的基础应用方法的能力；

（4）培养学生具备良好沟通能力和团队协作能力；

（5）能根据团队领导或其他相关部门的要求提供相关信息，分析合作者的需求。

【素养目标】

（1）培养学生要树立“爱岗、敬业”的社会主义核心价值观，树立“干一行，爱一行”的观念。

（2）战略性决策关系到人的一生，通过学习党史故事《血战湘江，遵义转折》，让学生们意识到正确战略决策的重要性。

项目知识结构

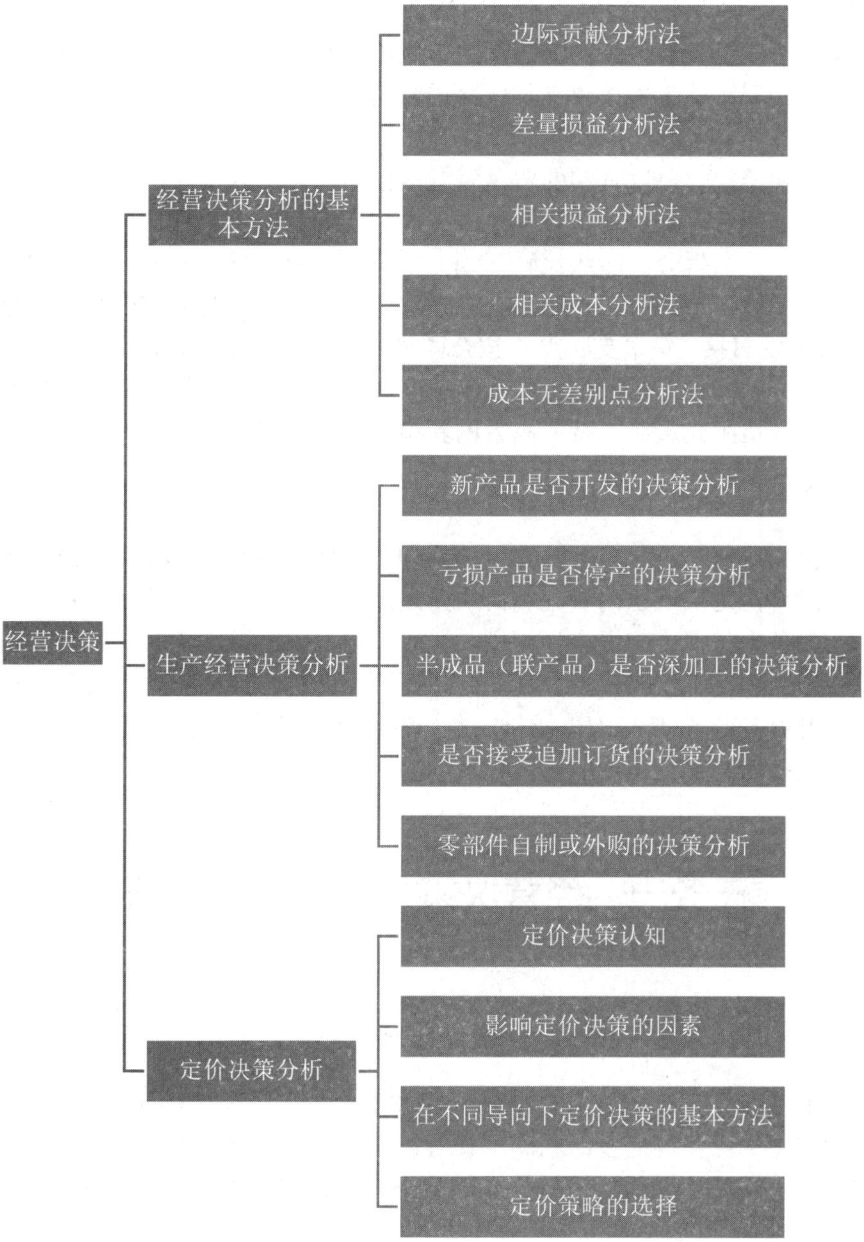

【视野先导】

新技术全面带动管理价值的有效提升

徐工集团工程机械股份有限公司，将打造全球数字化供应链信息系统项目作为重点工作，推动供应链体系标准化、规范化、流程化、制度化、数字化“五化”能力提升，为全球供应伙伴构建一条阳光透明、高效协同、极具效率的“数字化链路”，以此打造徐工供应链同盟军。

支付结算环节，作为全球数字化供应链信息系统的重要一环，需要构建支付结算平台，强力支撑数字化供应链项目付款结算流程的策划细化和工作执行到位。在此背景下，徐工融票应运而生，实现了徐工“按单支付、穿透管理”的供应链采购支付需求，打造了徐工支付信用体系。

融票基于区块链技术，以真实的贸易背景为依据，为加入平台的核心企业及其成员企业、*n* 级供应商、银行等资金提供方提供开放性、专业化的全流程服务，可实现徐工融票的在线自动开立、灵活拆分、多级流转、线上融资信息审核推送、持有到期收款等功能。

融票平台立足徐工全产业链，通过全流程线上操作，实现智能支付功能。融票平台与徐工 SAP 系统无缝对接，集采支付严格按合同付款条件及预算执行，实现徐工融票智能支付、到期自动清分。同时，融票平台实行高效穿透运营管理，严格预算额度控制，降低产业链资金成本，塑造阳光透明、智能高效的新型供应链生态圈。

【启　示】

中国企业与世界一流企业管理的差距，在于正向管理，而组织体系、信息技术和专业支持三要素牵制融合，是实现正向管理和高质量发展的关键。在数字化、绿色化、国际化转型的背景下，财务人员要成为懂会计规则、懂管理方法、懂技术工具、懂数据科学、懂商业战略的综合型人才，不仅要掌握会计规则，还要提升管理会计水平，更要懂得应用合适的技术工具提升财务业务处理效率。同时，能利用数据技术挖掘蕴藏于海量数据中的价值，积极参与企业战略的制定与规划，保障企业战略落地。

任务一　经营决策分析的基本方法

任务描述

经营决策的重点在于选择适当的方法。判定某项决策方案优劣的主要标志，是看该方案能否使企业在短期内获得更多的利润。其决策分析常用的方法有边际贡献分析法、差量损益分析法、相关损益分析法、相关成本分析法和成本无差别点分析法等。

任务目标

（1）能够区分决策相关成本和决策无关成本之间的差别。

（2）能够理解边际贡献分析法、差量损益分析法、相关损益分析法、相关成本分析法和成本无差别点分析法的定义与运用原理

知识链接

一、经营决策分析的概念和内容

（一）经营决策分析的概念

经营决策分析是指决策结果仅影响或决定企业近期（一年或一个营业周期）的经营活动分析，侧重于资金、成本、利润等方面，确定如何充分利用企业现有的资源和经营环境，以取得尽可能大的经济效益而实施的决策。

（二）经营决策分析的内容

1. 生产决策

生产决策是指在短期内（通常为一个经营年度或一个经营周期内），在生产领域中，决策者围绕生产什么、怎样生产和生产多少等问题所进行的决策。如零件的取得方式决策、亏损产品是否停产决策等。

2. 存货决策

存货是企业在生产经营过程中持有储备的物资，包括材料、低值易耗品、在制品、半成品、产成品等。为了保证企业不间断的对原材料的需要，企业应有一定的存货。但是，储存存货必然会发生储存成本。因此，存货决策的目的在于既要满足生产需要，又能在不同情况下．通过合理的进货批量和进货时间，使存货的总成本降到最低。

3. 定价决策

定价决策是指在销售领域中，决策者围绕如何确定销售产品的价格问题所进行的决策。

二、经营决策分析应考虑的因素

（一）相关收入

相关收入是指与特定决策方案相联系的、能对决策产生重大影响的、在经营决策中必须予以充分考虑的收入。如果某项收入只属于某个经营决策方案，若这个方案存在，就会发生这项收入；若这个方案不存在，就不会发生这项收入，否则这项收入就是相关收入。

相关收入的计算，是以特定决策方案的单价和相关销售量为依据。

（二）相关成本

相关成本是指与特定决策方案相联系、对决策产生重大影响的、在短期经营决策中必须予以充分考虑的成本。如果某项成本只属于某个经营决策方案，即如果某个方案存在，就会发生这项成本。若某个方案不存在，就不会发生这项成本，否则这项成本就是相关成本。

1. 差量成本与边际成本

差量成本通常有广义和狭义之分。广义的差量成本是指一个备选方案的预期成本与另一个备选方案的预期成本之间的差异数。不同方案的经济效益，一般可通过差量成本的计算明显地反映出来。因此，计算不同方案的差量成本有助于进行决策分析，确定最优方案。如甲零件若自制其预期的单位成本为 12 元，如向市场采购其预期的单位购价为 10 元，则外购方案较自制方案优越，因为它们有差量成本 2 元。至于狭义的差量成本则是指由于生产能量利用程度的不同（增加产量或减少产量）而形成的成本差别，也叫作增量成本。

边际成本是指当业务量发生极小变化时所引起的成本变动额。在现实的经济活动中，业务量无限小变化，最小只能小到一个单位（可以是一件产品、一批产品或一份订单，也可以是一个生产过程、一个工作班或一个部门的产量），因为如果低于一个单位就没有什么实际意义。因此，边际成本的经济含义是指每增加或减少一个单位产品所引起的成本变动数额。当其他因素不变时，每增加一个单位产品的生产，成本总额就会相应增加；反之，每减少一个单位产品的生产，成本总额就会减少。在决策分析中，边际成本与单位变动成本一样，可以用来判断增减产量在经济上是否合算。当生产能量有富裕时（即生产能力未得到充分利用以前），任何增加产量的销售单价只要略高于单位边际成本（或单位变动成本），即使低于总的平均单位成本，也会增加利润或减少亏损。

2. 机会成本与估算成本

机会成本是指由于执行最优方案而损失的次优方案的潜在收益。我们知道每项资源通常有多种用途，但是有限的资源用于某一方面就不能同时用于另一方面，有所得，也一定有所失。在决策过程中，在若干的备选方案中，选择最优方案而放弃另一个次优方案丧失的潜在收益，就构成实施最优方案的机会成本。只有把已失去的“机会”可能产生的效果也考虑进去，才能对最“优”方案的最终效果进行全面的评价。

估算成本是机会成本的特种形态。一般的机会成本比较容易计量，但有时尽管没有实际发生，但还是与某项经济活动有关联，需要估计推算才能确定，故称为估算成本，也称视同成本或假计成本。例如企业用货币资金购进商品或材料物资，它的成本通常只应包括购价、运费、仓储费等，但由于货币资金如投放到其它场合,就可能会产生利息收入,为了正确地对各种备选方案进行分析对比，尽管没有实际发生利息，也不论其资金是自有的或是外借的，都必须把利息视同机会成本进行估算。

3. 历史成本与重置成本

历史成本是根据过去实际已发生的支出而计算的成本，又称实际成本。在传统的财务会计中，实际成本是一切资产项目入账的基础，但它对于当前的各种决策分析大多无关。

重置成本是指假设以现在的价格重新购置或重新建造所持有的资产需支付的成本，又称现时成本或现时重置成本。在商品定价决策中，往往要把重置成本作为重点考虑的对象。例如某公司库存商品的单位历史成本为 150 元，重置成本为 200 元；现在制订商品售价，如按历史成本考虑，每件售价 180 元即可获得利润 30 元；但该商品售出后再按其重置成本补进时，就不仅不能获利，反而每件商品要亏损 20 元。由此可见，重置成本在定价决策中是不可忽视的重要因素。

4. 付现成本与沉没成本

付现成本又称现金支付成本，是指某个项目计划实施时需要立即支付现金或需要在短期内支付现金的成本。在企业现金短缺、筹资又十分困难的情况下，对于那些急需实施的方案进行决策时，必须以付现成本而不是以总成本作为方案取舍的标准。

沉没成本是指过去已经发生且无法由现在或将来的任何决策所改变的成本。例如某公司过去购置一台机床原价 24 000 元，历年的累计折旧为 8 000 元，现在由于科学技术的进步，这台机床已经完全过时，亟待处理，在这样情况下，该机床的账面价值 16 000 元（即原始成本无法收回的部分)就属于沉没成本。正由于这类成本一经支付就一去不复返，因而在分析未来经济活动并作出决策时就无须加以考虑，但其残值或变现价值则与决策分析有关。

5. 专属成本与共同成本

专属成本是指能够明确归属于某种、某批或某个部门的固定成本，也称特定成本。例如专门生产某种零件或某批产品而专用的机床的折旧费、保险费，或是为了弥补生产能力不足的缺陷而增加的有关设备、装置、工具等长期资产。

共同成本是指那些需由几种、几批或有关部门共同分担的固定成本,，例如企业的管理人员工资、车间中的照明费、应由各联产品共同负担的联合成本等。

变动成本绝大多数是专属的，没有必要按这种分类划分。

6. 可避免成本与不可避免成本

可避免成本是指可通过管理者的某项决策改变其发生时间及数额的成本，如培训费、广告费等。另外，凡与某一备选方案有直接联系的变动成本，例如自制某种零件需要支付的直接材料、直接人工的成本，当该方案决定舍弃不用，改为向市场购买时，那么上述的直接材料和直接人工的成本就不会发生，因而也属于可避免成本。

不可避免成本是指管理者的任何决策都不能改变其发生时间及其数额的成本，如原有的固定资产折旧费、管理人员工资，以及原来制造产品的各项变动成本等。不可避免成本是目前已经客观存在的成本，它们与新的备选方案的取舍没有直接联系。

7. 可延缓成本与不可延缓成本

可延缓成本是指在企业财力负担有限的情况下，如果某方案的推迟实施不会影响企业正常的生产经营活动，则该方案的成本为可延缓成本，也称为可延迟成本。例如某公司原来的办公房屋比较简陋，原定在计划年度新盖办公大楼一幢，需花费 30 万元；现在由于计划期间资金比较紧张，决定推迟执行办公大楼的新建方案，那么与建房有关的建材、人工等等，都属于可延缓成本。

不可延缓成本是指某一方案的实施刻不容缓，否则将对企业的生产经营造成不利影响，那么该方案的成本是不可延缓成本，也称为不可延迟成本。例如某公司过去一直采用烧重柴油的锅炉，能源浪费很大，而且污染四周环境；现决定在计划年度改用烧煤的锅炉，并装上防止污染的装置，这个方案即使计划期间财力紧张，也必须执行，否则政府即将勒令停业，那么与此方案有关的成本都属于不可延缓成本。

8. 相关成本与无关成本

相关成本是指与决策有关联的成本，也就是进行决策分析时必须认真加以考虑的各种形式的未来成本。付现成本、重置成本、边际成本、差量成本、机会成本、估算成本、可避免成本、可延缓成本、专属成本等都属于这一类。

无关成本是指过去已经发生，或虽未发生但对未来决策没有影响的成本，也就是在决策分析时，可予舍弃、无需加以考虑的成本。沉没成本、历史成本、不可避免成本、不可延缓成本与共同成本等都属于这一类。另外，在各个备选方案中项目相同、金额相等的未来成本也属于无关成本。

三、经营决策分析的基本方法

经营决策分析的基本依据是经济效益的高低，反映经济效益的指标有边际贡献、利润和成本。如用边际贡献、利润指标评价各个方案，则应选择利润、边际贡献高的方案；如用成本指标评价各个方案，在各个方案收入相同的条件下，应选择成本低的方案。

经营决策分析常用的方法有边际贡献分析法、差量损益分析法、相关损益分析法、相关成本分析法和成本无差别点分析法。

（一）边际贡献分析法

边际贡献分析法是在成本性态分析的基础上，通过比较各备选方案边际贡献额的大小来确定最优方案的分析方法。

边际贡献分析法在具体应用时，根据采用具体指标的不同，又可以进一步细分为单位资源边际贡献分析法和边际贡献总额分析法。

1. 单位资源边际贡献分析法

单位资源边际贡献分析法，是指以有关方案的单位资源边际贡献指标作为决策评价指标的一种方法。

在企业生产受到仅采用某一项资源（如某种原材料、人工工时或机器台时）的约束，可考虑采用该方法进行经营决策。其计算公式如下：

$$单位资源边际贡献=\frac{单位边际贡献}{单位产品资源消耗定额}$$

单位资源边际贡献为正指标，哪个方案的该项指标越大，哪个方案相对最优。这种方法较为简单，经常被应用于生产经营决策中的互斥方案中。比如，新产品开发的品种决策。

2. 边际贡献总额分析法

边际贡献总额分析法，是指以有关方案的边际贡献总额指标作为决策评价指标的一种方法。短期经营决策一般在原有的生产能力范围内进行，固定成本通常是无关成本。在不存在专属成本的情况下，应比较不同备选方案的边际贡献总额。但必须注意，尽管单位贡献毛益是反映产品盈利能力的重要指标，但在决策分析时，绝不能以产品的单位贡献毛益的大小作为选优的标准，而应以各种产品能创造的贡献毛益总额或每个人工小时（或机器小时）能创造的贡献毛益的大小作为选优的主要依据。

（二）差量损益分析法

差量损益分析法是在计算两个备选方案之间产生的差别收入与差别成本的基础上，计算差量损益，并根据差量损益来选择决策方案的分析方法。该方法涉及差量收入、差量成本、差量损益三项指标。

差量收入是指两个备选方案之间的收入差异额；差量成本是指两个备选方案之间的成本差异额；差量损益是差量收入扣除差量成本后的余额。它仅适用于两个备选方案的比较，如果有多个备选方案可供选择，采用差量损益分析法时，只能分别两两进行比较、分析逐步筛选，选出最优方案。

（三）相关损益分析法

相关损益分析法是指在经营决策时，以相关损益指标作为决策评价指标的一种决策分析方法。某方案的相关损益是指方案的相关收入与相关成本之差，该评价指标是一个正指标，在对多个备选方案的评价中，哪个方案的相关损益大，则哪个方案为相对最优。

（四）相关成本分析法

相关成本分析法是在各备选方案收入相同前提下，只分析每个备选方案新增加的变动成本和固定成本，也就是计算每个方案的增量成本和专属成本，两项之和，即为相关成本。在收入相同的前提下，相关成本最低的方案必然是利润最高的方案。因此，应选择相关成本最低的方案。

采用相关成本分析法，必须在各备选方案业务量确定的前提下进行。如果各备选方案的业务量不确定，则不适合采用相关成本分析法。

（五）成本无差别点分析法

两个不同方案的成本相等的业务量就称为成本无差别点。

通常在高于或低于该业务量时，分别适用于两个方案中的不同方案，这种通过计算成本无差别点进行决策的方法就称为成本无差别点分析法。该方法一般适用于相关收入为零，有关业务量未知，且两个方案的固定成本分别为 a_1 和 a_2，单位变动成本为 b_1 和 b_1 的方案决策。即

$$y_1 = a_1 + b_1x \qquad y_2 = a_2 + b_2x$$

令 $y_1 = y_2$，即 $a_1 + b_1x = a_2 + b_2x$，则成本无差别点业务量

$$x_0 = \frac{a_2 - a_1}{b_1 - b_2}$$

如果预计未来的业务量在成本无差别点之下，应选择固定成本较低的方案，因为相比之下，此方案总成本较低；如果预计未来的业务量在成本无差别点之上，则应选择固定成本较高的方案，因为相比之下，此方案总成本较低。

案例解析

【案例 5-1】

（1）维达公司因生产线调整，有一个仓库闲置，仓库每年发生维修费 65 000 元，现在 B 公司愿意租用仓库，每年会支付租金 150 000 元，还负担其维护费 65 000 元。

（2）为生产甲产品需要购进电解铜 20 吨，但最近公司的货币资金十分缺乏，并预计在短期内亦无应收账款可以收回，而市场上银根非常紧张，贷款利率高达 15%以上。在这种情况下有下述两个方案可供选择。

第一方案：A 公司可提供全部 20 吨电解铜，开价每吨 32 000 元，共计 640 000 元，但货款必须立即付现。

第二方案：B 公司亦可提供全部 20 吨电解铜，开价每吨 35 000 元，共计 700 000 元，但货款只需先付现 40 000 元，其余分 12 个月偿清，每月归还 55 000 元。

【业务 1】

请对仓库出租或闲置做出决策。

【业务 2】

请对购进电解铜两个方案做出决策。

解　析

【业务 1】

如果仓库不出租，那么机会成本是 215 000 元，把放弃的租金收入 150 000 元和 B 公司负担的维护费 65 000 看作是仓库闲置的机会成本。因此，考虑机会成本后出租仓库划算。机会成本虽非实际支出，也不记入账册，仍应把它作为一个现实的因素在决策时进行认真考虑。否则，就可能做出错误的选择，不能取得应有的效果。

【业务 2】

根据上述情况，公司选择第二方案是比较合理的。因为该方案所需支付的总成本，虽较第一方案多付 60 000 元（700 000−640 000），但近期的付现成本则远较第一方案为低。这样一来，第二方案多支付的总成本可从及早投入生产所取得的销售收入中得到补偿。

【案例 5-2】

维达公司全年需要 1 200 件甲零部件，如果外购，单价为 5 元；如果自制，单位变动成

本为 3 元，追加专用设备的年固定成本为 500 元，请协助财务经理与生产经理做出生产安排。

【业务 1】

若采用外购方式，计算外购成本。

【业务 2】

若采用自制方式，计算自制成本。

【业务 3】

应选择外购方式还是自制方式。

解　析

【业务 1】

外购成本=1 200×5=6 000（元）

【业务 2】

自制成本=变动成本 1200×3+固定成本 500=4 100（元）

差别成本=6 000−4 100=1 900（元）

【业务 3】

由于外购总成本比自制总成本高 1 900 元（即差别成本为 1 900 元），应选择自制方案。

小试牛刀

【实训资料】

百丽公司现有皮靴的售价为 120 元，销量为 22 000 双。制造皮靴的单位成本，如表 5-1 所示。

表 5-1　百丽公司皮靴单位成本项目　　单位：元

项目	单价
材料	42
人工	20
变动制造费用	8
固定制造费用	4

如果将现在的皮靴加个包头，材料将增加 4 元，人工增加 3 元，售价变为 135 元，销量不变，但会增加 120 000 元的安装成本。

【实训要求】

请分析是销售原来的皮靴还是销售增加包头的皮靴？

解：

销售原来皮靴的营业利润=

销售增加包头皮靴的营业利润=

营业利润增加=

结论：

扫我看答案

考核评价

＊ 知识评价

巩固拓展

＊ **能力巩固**

【实训目的】

通过练习，掌握机会成本的决策方法。

【实训资料】

某公司接受了一份订单，可额外获得 80 000 元的净利润，如果不接受订单可以出租仓库空间以获得 30 000 元的租金。在这一决策中，当我们把空置设备备用来生产订单时，就必须放弃出租。

【实训要求】

请分析该订单的机会成本是多少并做出决策。

＊ **知识拓展**

决策分析认知

一、决策分析的概念

决策指为实现预定的目标，根据所获得的信息做出科学判断，在若干备选方案中选出可以达到目标的较优方案的过程。

管理会计中的决策分析是指企业针对未来经营活动可能面对的问题，结合企业的内部条件和外部环境，由各级管理人员采用科学的方法进行测算和比较分析而做出的有关经营战略、方针、目标、原则和方法的决策过程。

决策分析在现代企业管理中是非常重要的，是企业整个经营管理工作的重心。比如，产品是否进一步加工、亏损产品是否停产或转产、投资项目的选择等。如何对这些问题进行正确的决策，关系到企业的生存和发展。

二、决策的类型

为了掌握各类决策的不同特点，以便正确进行决策分析，有必要从不同的角度，对企业经营决策进行分类。

（一）按决策的重要程度分类，决策分为战略决策和战术决策

（1）战略决策是指关系到企业的未来发展方向、大政方针的全局性重大决策。具体地讲，就是对企业总目标及为实现总目标而获得、使用和配置各种资源的抉择过程。如新产品研究和开发的决策、生产规模扩大或缩小的决策等。

（2）战术决策是指与达到预期的战略决策目标，对日常经营活动所采用方法与手段的局部性决策。如降低产品成本的决策、调整采购地点的决策。这类决策主要考虑怎样使用现有的人力、物力、财力资源得到最合理、最充分的利用。

（二）按决策的规划时间长短分类，决策分为长期决策和短期决策

（1）长期决策是指对企业经济效益的影响时间在一年以上的决策。一般都涉及企业的发展方向及规模等重大问题。如厂房、设备的新建与更新、设计方案选择与工艺改革等。这类决策一般需要投入大量资金，而且见效慢，因此，长期决策又称为长期投资决策。

（2）短期决策是指对企业经济效益的影响在一年以内的决策。决策的主要目的是使企业的现有资源得到最充分的利用。短期决策的内容与企业日常生产经营活动密切相关，包括企业的销售决策、生产决策、成本决策、定价决策等内容。这类决策一般不涉及大量资金的投入，且见效快，因此，短期决策又称为日常经营决策。

（三）按决策条件的确定程度分类，决策分为确定型决策、风险型决策和不确定型决策。

（1）确定型决策是指影响决策的相关因素的未来状况是确定的，且一个方案只有一个确定的结果，这类决策较为简单，只要进行比较分析即可。

（2）风险型决策是指影响决策的相关因素的未来状况不能确切肯定，但该因素可能存在几种结果，每一种结果出现的概率是已知的一种决策。比如，决策者在做销售决策时，可能对预测期的销售量不能完全确定，但知道预测期的销量可能为 200 件、300 件、400 件、500 件，其概率分别是 0.4、0.3、0.2、0.1。在这种情况下，决策者可通过计算销售量期望值大小来进行决策。

（3）不确定型决策是指影响决策的相关因素的未来状况完全不能确定，或者虽然知道它们存在几种可能的结果，但不知道各种结果出现概率是多少的一种决策类型。如管理者在进行销售决策时，预测期的销售量可能为 200 件、300 件、400 件、500 件，但不知道每种销售量的概率是多少，这种决策就完全取决于决策者的经验和判断能力。

（四）按决策所涉及的备选方案数量特征分类，决策分为单一方案决策和多方案决策。

（1）单一方案决策是指只需要对一个备选方案做出选择的决策，也称接受与否决策。例如，亏损产品是否停产的决策，是否接受追加订货的决策等。

（2）多方案决策，即如果在决策过程中，决策者可以在两个或两个以上的备选方案中做出选择，那么这些相关方案则称为多方案，对这些方案所作的决策称为多方案决策。

①互斥选择决策是指在一定的决策条件下，存在着几个相互排斥的备选方案，通过对比分析，最终选择最优方案而排斥其他方案的决策。例如，零部件是自制还是外购的决策，联产品是否进一步加工的决策等。

②最优组合决策是指在资源总量受到一定限制的情况下，如何将这些方案进行不同的搭配组合，使其综合经济效益达到最优的决策。例如，在几种约束条件下生产不同产品的最优组合决策。

除上述分类方法外，还有一些其他分类方法。如按决策问题是否重复出现，可分为重

复性决策和一次性决策；按决策者所处管理层次不同，可分为高层决策、中层决策、基层决策；按决策的内容不同，可分为生产决策、定价决策、存货决策和设备更新决策等。

＊ 学思用贯通，知信行统一

构建以管理会计为核心的精细化管理体系，是中国企业实现高质量发展的必要条件

高质量发展是宏观经济稳定性增强的发展，富有竞争力的企业是高质量发展的微观基础。管理会计的本质是建立在数据收集、分析基础之上的量化管理，管理会计与之俱来的管理属性能够帮助企业兼顾发展与风险平衡、质量与效益平衡、创新与韧性平衡。因此，构建以管理会计为核心的精细化管理体系是中国企业实现高质量发展的必要条件。将管理会计高效运用到企业发展全过程，必须实现业务、财务和技术的融合和统一，做到以管理会计创新管理协同赋能企业具体业务场景，以业务发展丰富管理会计应用场景。同时，管理会计的发展离不开信息技术的应用。在这一过程中，业务场景、业务模式、业务创新以及业务与技术关系的内容远远大于技术本身。

VDC 管理会计实验课后实训——最优生产批量决策

一、实训任务内容

（1）掌握最有生产批量决策工具的使用方法。

（2）理解最大工时需求量的含义及计算。

（3）理解单位限制资源边际贡献的含义及计算。

（4）掌握产品生产先后顺序的确定方法；

（5）掌握通过比较总边际贡献和剩余资源，做出最优生产组合决策的能力。

二、实训数据和实训工具

VDC 管理会计实验平台——经营决策

任务二　生产经营决策分析

任务描述

产品生产决策旨在解决企业是否生产某种产品、生产什么产品及怎么安排产品的生产等问题。本任务主要介绍“是否生产”和“生产什么”的问题，对生产何种新产品、亏损产品是否继续生产及是否增产、是否接受低价追加订货、半成品或联产品是否深加工、零部件是自制还是外购等进行决策分析。

任务目标

（1）能够对新产品生产决策分析。

（2）能够对亏损产品是否停产决策分析。

（3）能够对零部件自制或外购决策分析。

（4）能够对半成品（联产品）是否深加工决策分析。

（5）能够对是否接受追加订货决策分析。

知识链接

生产经营决策一般只涉及一年以内的有关经济活动，其内容主要有新产品是否开发的决策、亏损产品是否停产的决策、零部件自制还是外购的决策、是否接受或拒绝某一特殊订单的决策、半成品立即出售或继续加工的决策、联产品是否进一步继续加工的决策等。

一、新产品是否开发的决策分析

这里介绍的新产品开发的决策分析，是指利用企业现有剩余生产能力来开发某种在市场上有销路的新产品，而且企业已经掌握可供选择的多个新品种方案的有关资料，按照是否涉及专属成本，分两种情况进行分析。

（一）不涉及追加专属成本的决策分析

在新产品开发的品种决策中，如果所有方案均不涉及追加专属成本，就可以用单位资源边际贡献分析法或者边际贡献总额分析法直接进行决策。

如果企业生产只受到一种资源（如人工工时、某种材料、机器台时等）的约束，并且已知备选方案中各种产品的单位边际贡献和单位产品资源消耗额，然后两者进行相除，得到单位资源边际贡献值，哪个方案的值大，就选择哪个方案。

（二）涉及追加专属成本的决策分析

如果开发新产品需要增加专属成本，在决策时应该以各产品的剩余边际贡献总额作为判断方案优劣的标准。

二、亏损产品是否停产的决策分析

如果按照财务会计核算的结果，亏损产品继续生产只能产生负效益，但按照管理会计成本性态分析的理论，对于亏损产品，不能简单地予以停产，而必须综合考虑企业各种产品的经营状况以及生产能力的利用情况等相关因素，做出亏损产品停产还是继续生产的选择。

（一）当剩余生产能力无法转移时，亏损产品是否停产的决策

剩余生产能力无法转移，是指当亏损产品停产以后，闲置下来的生产能力无法被用于其他方面，既不能转产，也不能将有关设备对外出租，在这种情况下，只要亏损产品的边际贡献大于零，就不能停产。这是因为停产，亏损产品只能减少其变动成本，并不能减少其承担的固定成本。如果继续生产亏损产品，其提供的边际贡献就可以补偿一部分固定成本，而停产亏，损产品不但不会减少亏损，还会让亏损加大。

（二）当剩余生产能力可以转移时，亏损产品是否停产的决策

如果亏损产品停产以后，闲置下来的生产能力可以转移，如转产其他产品，或将设备对外出租，就需要考虑继续生产亏损产品的机会成本。如果亏损产品创造的边际贡献大于与生产能力转移有关的机会成本，就不能停产。反之，如果亏损产品创造的边际贡献小于与生产能力转移有关的机会成本，就应当停产。

三、半成品（联产品）是否深加工的决策分析

在工业企业中，有些产品经过若干加工程序成为半成品后，既可直接出售，又可进一步加工成最终产成品后出售。最终产品的售价要高于半成品，但继续加工，则要追加一定的变动成本和固定成本。对这类问题，一般可采用差量损益分析法或相关损益分析法进行决策分析。但应注意：一是半成品在进一步加工前所发生的全部成本，无论是变动成本还是固定成本，在决策分析时，都属非相关成本，无须加以考虑；二是决策的关键是看半成品进一步加工增加的收入是否超过进一步加工中追加的成本。若增加收入大于追加成本，则以进一步加工为优；若增加收入小于追加成本，则应当立即出售，不应再加工。

四、是否接受追加订货的决策分析

在经营过程中，企业接到客户提出的价格较低的临时性订货，称为追加订货。当企业存在暂时闲置的生产能力时，是否要接受客户提出的以低于售价甚至低于该产品平均单位成本的价格的订货呢？需要分情况进行决策。

（一）简单条件决策

假设接受订货不影响企业正常的生产任务，也不需要增加专属固定成本，而且剩余生产能力无法转移，在这种情况下，只要追加订货的价格大于该产品的单位变动成本，企业就可以接受订货。

（二）复杂条件决策

当剩余生产能力不足完成追加的订货量，需要考虑不同情况，可采用差量损益分析法或者相关损益分析法进行决策。

1. 如果接受追加订货，需要将正常订货的一部分挪作追加订货，且剩余生产能力无法转移，这样会影响正常任务，就会产生影响正常任务而减少的正常收入所带来的机会成本。因此，如果追加订货的相关收入大于追加订货的变动成本和机会成本之和的时候，可以接受追加订单。

2. 如果接受追加订货，需要增加专属成本，且剩余生产能力无法转移，那么只要追加订货的边际贡献总额能够弥补增加的专属固定成本，企业就可以考虑接受。

3. 如果接受追加订货，既需要增加专属成本，但剩余生产能力可以转移。比如，对外

出租等。这就表明如果接受追加订货，既需要增加专属成本，又会产生剩余生产能力用转移获取收益的机会成本，这时如果企业就要考虑接受追加订货带来的相关收入是否大于追加订货的变动成本、专属成本和机会成本之和时，就可以接受追加订货。

五、零部件自制或外购的决策分析

企业生产所需要的零部件，既可用本企业的设备进行加工制造，也可以从市场上购进。有时，企业的生产能力有剩余，为充分利用生产能力，可以将自制零部件，或者将剩余设备出租，所需零件可以外购等。

零部件自制与外购均未涉及相关收入发生，因此，根据零部件需要量是否确定，分别采用相关成本分析法或成本无差别点分析法进行决策，现分别就不同情况进行介绍。

（一）在零部件需要量确定情况下的决策

如果企业对零部件的需要量是确定的，我们可以采用相关成本分析法进行决策。

（二）在零部件需要量不确定情况下的决策

在有些情况下，企业对未来决策时不能确定零部件的需要量，在这种情况下，我们就无法确定自制和外购的相关成本，从而无法采用相关成本分析法进行决策。这时，我们应该考虑采用成本无差别分析点法进行决策。

案例解析

【案例 5-3】不涉及追加专属成本的决策分析

当天兴公司现有剩余生产能力 2 000 台时，具备开发一种新产品的生产经营能力，有关的经营能力成本（约束性固定成本）为 50 000 元，可以生产 A、B、C 三种新产品中的某一种类。已知 A、B、C 三种新产品的相关资料如表 5-2 所示，不需要追加专属成本。根据已知条件，利用单位资源边际贡献分析法进行决策分析。

【业务】

对不涉及追加专属成本的 A、B、C 三种新产品进行品种决策。

表 5-2　A、B、C 三种新产品的相关资料

项目	A 产品	B 产品	C 产品
单价（元）	100	60	35
单位变动成本（元）	65	45	25
单位产品定额台时（小时）	20	10	5
固定成本（元）	2 200		

解　析

计算结果，如表 5-3 所示。

表 5-3　A、B、C 三种新产品的单位资源边际贡献

项目	A 产品	B 产品	C 产品
单价贡献边际（元）	35	15	10
单位产品定额台时（小时）	20	10	5
单位资源贡献边际（元）	1.75	1.5	2

由表 5-3 的计算结果可以看出，C 产品的单位资源边际贡献最大，所以应选择生产 C 产品。

由此可见，在开发新产品的决策中，不能单纯地以单位边际贡献大小作为取舍优劣的标准。

【案例 5-4】涉及追加专属成本的决策分析

天兴公司有一条闲置的生产线，按最初的投资额计算，每年应发生的折旧额为 28 000 元，现可用于生产甲、乙两种产品中的某一种，有关预测资料如表 5-4 所示。

表 5-4　甲、乙两个产品的相关资料

项目	甲产品	乙产品
可生产量/件	8 000	7 000
单价（元）	18	32
单位变动成本（元）	12	24
追加专属成本（元）	10 000	20 000

【业务】

确定应该生产何种产品？

解　析

具体计算结果，如表 5-5 所示。

表 5-5　甲、乙两个产品的剩余边际贡献总额

项目	甲产品	乙产品
可生产量/件	8 000	7 000
边际单位贡献（元）	6	8
边际贡献总额（元）	48 000	56 000
剩余边际贡献总额（元）	38 000	36 000

从表 5-5 的计算结果可知，生产乙产品的边际贡献总额虽然大于生产甲产品的边际贡献总额，但需要扣除专属成本，而生产甲产品的剩余边际贡献总额大于生产乙产品，所以应选择生产甲产品。

【案例 5-5】当剩余生产能力无法转移时，亏损产品是否停产的决策

天兴公司组织多品种产品的生产。2021 年，A 产品发生亏损 20 000 元，已知该产品的完全成本为 50 000 元，其变动成本率为 80%。假定 2022 年其他条件不变，剩余生产能力无法转移。

【业务】

作出 2022 年是否继续生产 A 产品的决策，并说明若停止生产 A 产品会造成什么后果。

解　析

A 产品的收入=50 000+（−20 000）=30 000（元）

A 产品的变动成本=30 000×80%=24 000（元）

A 产品的边际贡献=30 000−24 000=6 000（元）

因为A产品的收入大于其变动成本，即边际贡献大于零，所以不能停止生产A产品。如果停止生产A产品，会使企业多损失6 000元。

【案例5-6】剩余生产能力可以转移，亏损产品是否停产的决策

接【案例5-5】所列的资料，假定2022年其他条件均不变，但剩余生产能力可以转移，若将闲置设备对外出租，1年可获得租金收入8 000元。

如果亏损产品的生产能力可以转移，则转移生产能力形成的收益作为生产亏损产品的机会成本，只要亏损产品边际贡献大于该机会成本，就不应该停产。

【业务】

做出2022年是否继续生产A产品的决策，并说明理由。

解 析

由于继续生产A产品的边际贡献总额为6 000元，小于其机会成本8 000元。因此，应停止生产A产品，这样可以使企业多获得2 000元利润。

【案例5-7】半成品（联产品）是否深加工的决策分析

天兴公司每年生产甲半成品6 000件，甲半成品单位变动成本6元，固定成本15 000元，销售单价11元。如果把甲半成品进一步深加工为产成品，销售单价可提高到18元，但需追加单位变动成本3元，追加固定成本15 000元。若不进一步加工，可将追加固定成本的资金进行债券投资，每年可获投资收益3 000元。

【业务】

做出甲半成品直接出售或深加工的决策分析。

解 析

采用差量损益分析法进行决策，具体计算结果如表5-6所示。

表5-6 差量损益分析表 **单位：元**

项目	深加工为产成品	直接出售半成品	差异额
相关收入	6 000×18=108 000	6 000×11=66 000	42 000
相关成本	36 000	0	36 000
其中：增量成本	6 000×3=18 000	0	
专属成本	15 000	0	
机会成本	3 000	0	
差量损益			6 000

通过计算分析可知，深加工甲产成品与直接出售甲半成品的差量损益为6 000元，即深加工比直接出售获得利润多6 000元，所以选择深加工后出售。

【案例5-8】是否接受追加订货的决策分析

维达公司生产A产品，最大年产量为10 000件。2021年，年产量为8 000件，产品售价为100元/件，单位变动成本为70元。现有一客户打算以每件85元的价格追加订货。请协助财务经理和生产经理就以下不相关情况是否应该接受该项订货做出决策。

【业务1】

剩余生产能力无法转移，追加订货3 000件产品。

【业务 2】

同【业务 1】但因特殊要求，企业需要追加 6 000 元专属成本。

【业务 3】

追加订货 3 000 件产品，因特殊要求，企业需要追加 6 000 元专属成本，但剩余生产能力可用于对外出租，可获租金收入 10 000 元

解　析

【业务 1】

在追加订货 3 000 件中，可以利用企业的剩余生产能力生产 2 000 件，再挪用正常订货 1 000 件，用差量损益分析法进行决策，如表 5-7 所示。

表 5-7　差量损益分析表　　**单位：元**

项目	接受追加订货	拒绝追加订货	差异额
相关收入	3 000×85=255 000	0	255 000
相关成本	240 000	0	240 000
其中：增量成本	2 000×70=140 000	0	
机会成本	1 000×100=100 000	0	
差量损益			15 000

计算结果表明，接受追加订货比拒绝追加订货可多获利 15 000 元，因此应接受追加订货。

【业务 2】

用差量损益分析法进行决策，如表 5-8 所示。

5-8　差量损益分析表　　**单位：元**

项目	接受追加订货	拒绝追加订货	差异额
相关收入	3 000×85=255 000	0	255 000
相关成本	246 000	0	246 000
其中：增量成本	2 000×70=140 000	0	
专属成本	6 000	0	
机会成本	1 000×100=100 000	0	
差量损益			9 000

计算结果表明，接受追加订货比拒绝追加订货可多获利 9 000 元，因此应接受追加订货。

【业务 3】

用差量损益分析法进行决策，如表 5-9 所示。

表 5-9　差量损益分析表　　**单位：元**

项目	接受追加订货	拒绝追加订货	差异额
相关收入	3 000×85=255 000	0	255 000
相关成本	256 000	0	256 000
其中：增量成本	2 000×70=140 000	0	
专属成本	6 000	0	
机会成本 1	1 000×100=100 000	0	
机会成本 2	10 000	0	
差量损益			−1 000

计算结果表明，拒绝追加订货比接受追加订货多获利 1 000 元。因此，应该拒绝追加订货。

【案例 5-9】在零部件需要量确定情况下的决策

假如华飞冰箱公司每年需要零部件 15 000 件，如果向外购买，市场批发价每件为 80 元。该厂现有剩余生产能力，可以自制同等质量的零部件，经部门核算，每件零部件的自制成本为 100 元，其中，直接材料为 60 元，直接人工为 15 元，变动制造费用为 10 元，固定制造费用为 15 元。

【业务】

进行该企业零部件应自制还是外购的决策分析。

解　析

由于该厂有剩余的生产能力可以利用，它原来的固定成本不会因自制而增加，也不会因外购而减少，所以，零部件的自制成本内不应包括固定制造费用，可用相关成本分析法进行计算，如表 5-10 所示。

表 5-10　相关成本分析表　　单位：元

项目	自　制	外　购
相关成本	1 275 000	1 200 000
其中：增量成本	（60+15+10）×15 000=1 275 000	80×15 000=1 200 000

通过计算分析可知，外购方案的成本与自制方案的成本相比较，外购方案的成本比自制方案的成本节约 75 000 元，所以应选择外购方案。

【案例 5-10】在零部件需要量不确定情况下的决策

假如华飞冰箱公司近期要生产新产品需要某零件，如果自制该零件需要追加固定成本 200 000 元，单位变动成本为 16 元每件，如果从市场上购买，单价为 20 元/件。

解　析

设自制成本为 Y_1，外购成本为 Y_2，零件的需求数量为 X 件，则

$$Y_1 = 200\,000 + 16x$$

$$Y_2 = 20x$$

当 $Y_1 = Y_2$ 时，则 $200\,000 + 16x = 20x$。

计算可得 $x = 50\,000$（件）。

结果表示零件需要量为 50 000 件，自制成本和外购成本相等，即为成本无差别点。

决策结论：当该零件的需要量为 0～50 000 件时，应选择外购，当等于 50 000 件，自制或外购均可以，当超过 50 000 件时，则选择自制。

小试牛刀

【实训资料】

辉煌公司只生产一种产品，全年最大生产能力为 1 500 件，年初已按每件 100 元价格

接受正常任务 1 200 件，该产品的直接材料为 25 元，直接人工为 15 元，变动制造费用为 5 元，固定制造费用为 25 元，现有一客户要求 70 元/件的价格追加订货 300 件。

【实训要求】

（1）剩余生产能力无法转移时，为辉煌公司做出是否接受追加订货的决策。

（2）剩余生产能力可对外出租，可获租金收入为 6 000 元，为辉煌公司做出是否接受追加订货的决策，并将分析数据填入表 5-11 中。

表 5-11　差量损益分析表

项目	接受追加订货	拒绝	差异额
相关收入			
相关成本			
其中：增量成本			
机会成本			
差量损益			
是否接受追加订货			

扫我看答案

考核评价

＊ 知识评价

巩固拓展

＊ 能力巩固

【实训目的 1】

通过练习，掌握零部件自制与外购的决策分析。

【实训资料 1】

华宇公司是一家汽车零部件生产企业，每年需要 A 型变速齿轮 10000 件，可以外购，也可以自制，外购成本每件 58 元，自制的单位相关成本资料如表 5-12 所示。

表 5-12 自制 A 型变速齿轮的单位成本 单位：元

项 目	金额
直接材料	32
直接人工	12
变动制造费用	7
固定制造费用	10
变动成本	51
单位成本	61

【实训要求】

（1）公司具备足够的剩余生产能力，且无法转移，做出 A 型齿轮是自制还是外购的决策。

（2）公司具备足够的剩余生产能力，可转移生产 B 型齿轮，节约 B 型齿轮外购成本 20 000 元，做出 A 型齿轮是自制还是外购的决策。

（3）公司自有生产 A 型齿轮 5 000 件的能力，且无法转移，若自制 10 000 件，需要租入设备一台，月租金 4 000 元，生产能力达到 13 000 件，做出 A 型齿轮是自制还是外购的决策。

【实训目的 2】

通过练习，掌握新产品是否开发的决策。

【实训资料 2】

天兴公司尚有 20%的剩余生产能力可开发一种新产品，且不需要追加专属成本。现在有 A、B 两个品种可供选择，且需要消耗甲材料。其中，A 品种的单价为 110 元/件，单位变动成本为 70 元/件，其消耗定额为 5 千克/件；B 品种的单价为 160 元/件，单位变动成本为 100 元/件，其消耗定额为 6 千克/件。

【实训要求】

做出开发哪个新品种的决策。

【实训目的 3】

通过练习，掌握亏损产品是否停产的决策

【实训资料 3】

天兴公司生产甲和乙两种产品，有一种产品为亏损产品。其中，甲产品的销售收入为 25 000 元，变动成本为 15 000 元；乙产品的销售收入为 15 000 元，变动成本为 12 000 元，固定成本总额为 10 000 元，（按销售收入百分比分配）。

【实训要求】

做出是否停止生产亏损产品的决策。

【实训目的 4】

通过练习，掌握半成品（联产品）是否深加工的决策

【实训资料 4】

天兴公司每年生产甲半成品 6 000 件，甲半成品单位变动成本 6 元，固定成本 15 000

元，销售单价 11 元。如果把甲半成品进一步深加工为产成品，销售单价可提高到 18 元，但需追加单位变动成本 3 元，追加固定成本 15 000 元，若不进一步加工，可将追加固定成本的资金进行债券投资，每年可获投资收益 3 000 元。

【实训要求】

做出甲半成品直接出售或深加工的决策分析并请将分析数据填入表 5-13 中。

表 5-13　差量损益分析表　　**单位：元**

项目	深加工丙产成品	直接出售半成品	差异额
相关收入			
相关成本			
其中：增量成本			
差量损益			

***知识拓展**

不同工艺方案的决策分析

企业生产的产品或零件如果可以采用几种不同的工艺方案进行生产或加工时，就存在着方案的比选问题。一般采用较为先进的生产方案时，由于设备先进，其单位变动成本可能较低，但固定成本会很高；而选择比较落后的生产工艺方案时，虽然固定成本较低，但单位变动成本却较高。不同工艺方案的选择与一定的产销量范围相联系。对于这类问题的决策，可以采用成本无差别点分析法进行评价并决策。

【案例 5-11】

某企业生产的新产品 A，既可以用普通机床加工，也可以用数控机床加工。如果采用普通机床加工，其单位加工费为 12 元，固定成本为 16 000 元；如果采用数控机床加工，其单位加工费为 8 元，固定成本为 24 000 元。

要求：做出选择何种加工方式的决策。

分析：无论采用普通机床还是数控机床，所发生的固定成本应该是不同机床计提的折旧费，应该属于相关固定成本，决策时必须考虑。由于 A 产品的产销量未知，因此采用成本无差别点分析法进行决策。

令普通机床生产的成本模型为 y_1=16 000+12x，数控机床生产的成本模型为 y_2=24 000+8x

计算成本无差别点业务量 x_o：

$$x_o=(24\,000-16\,000)\div(12-8)=2\,000\text{（件）}$$

依据成本无差别点业务量进行决策：

（1）当预计产销量＜2 000 件时，选择固定成本较低的普通机床加工；

（2）当预计产销量＞2 000 件时，选择固定成本较高的数控机床加工；

（3）当预计产销量=2 000 件时，普通机床与数控机床的成本相同，两者任选其一即可。

*** 学思用贯通，知信行统一**

如何用管理会计助力实体经济发展和实现智能制造

二十大报告中再次强调建设现代化产业体系“坚持把发展经济的着力点放在实体经济上”和“加快建设制造强国”。

“制造强国”的实现依赖于智能制造的推进。智能制造是一种由智能机器和人类专家共同组成的人机一体化智能系统。在制造过程中能进行智能活动，将制造自动化的概念扩展到柔性化、智能化和高度集成化。智能制造使企业生产组织和分工方式更倾向于网络化、扁平化，个性化客户需求逐渐成为企业设计和生产产品或服务的起点，个性化定制模式的兴起改变了生产方式，对生产控制、产品定价和供应链管理都提出了更高的要求；同时，出于对绿色、创新、自动化技术的追求，企业在生产设备、技术研发、控制系统上需进行更大的投入，无疑将使企业的成本结构、成本管理对象、成本环境发生变化。以供应链管理为例，要求企业实现高耦合度的供应链管理，以要货预测、产能限制、库存安排等为依据定期协同销售、生产、采购、计划等部门的一系列管理活动，持续满足市场需求的总体销售和生产等计划。

VDC 管理会计实验课后实训——经营决策

一、实训任务内容

（一）新产品生产决策

（1）掌握新产品生产决策模型的使用方法。

（2）掌握不涉及追加专属成本的新产品生产决策方法。

（3）掌握涉及追加专属成本的新产品生产决策方法。

（4）掌握根据评价指标判断优先生产哪种产品的能力。

（二）亏损产品决策

（1）掌握亏损产品决策模型的应用方法。

（2）掌握 IF 函数表达式的功能和具体应用。

（3）掌握不增产情况下继续生产、停止生产以及增产决策下营业利润的计算。

（4）掌握停产与否以及增产与否的决策方法。

（三）生产任务分配决策

（1）掌握生产任务分配决策的使用方法。

（2）掌握决策目标的编制格式。

（3）掌握零部件自制或外购的决策方法。

（4）掌握根据 IF 函数选出总成本最少的决策方案。

（四）深加工决策

（1）掌握深加工模型的使用方法。

（2）理解半成品、联产品、主产品和副产品的定义。

（3）理解半成品是否深加工决策的定义及方法。

（4）能够区分决策相关成本和决策无关成本。

（5）差别损益分析法的定义与运用。

（6）掌握半成品深加工和直接出售决策的方法。

（7）掌握其他深加工决策如联产品、副产品等是否深加工的决策方法。

二、实训数据和实训工具

新产品生产决策　亏损产品决策　生产任务分配决策　半成品深加工决策

任务三　定价决策分析

任务描述

定价决策解决的是企业如何制定产品价格以及是否需要调价等问题。对其进行分析，旨在使企业在投标中占有价格优势，并获得订单。

任务目标

（1）能够以成本为导向确定定价决策。

（2）能够以特殊需求为导向确定定价决策。

知识链接

一、在不同导向下定价决策的基本方法

（一）以成本为导向的定价决策方法

这种方法是以成本为出发点，再附加一定比例的预期利润，预定该种产品的销售价格。定价所依据的成本既可以在完全成本法下所提供，也可以是在变动成本法下所提供，既可以是总成本，也可以是单位成本，或者是边际成本，具体包括以下几种定价方法。

1. 完全成本定价法

在完全成本法下，单位产品成本是指单位生产成本，包括直接材料、直接人工和制造费用。在此成本基础上，加上一定比例的成本毛利率作为产品销售价格的一种定价方法。其单位价格计算公式如下：

$$销售价格=单位生产成本\times(1+成本毛利率)$$

$$成本毛利率=\frac{利润+非生产成本}{生产成本}$$

2. 变动成本加成定价法

在变动成本法下，单位产品成本是指单位变动生产成本，包括直接材料、直接人工和变动制造费用。在此成本基础上，加上一定比例的成本贡献率作为产品销售价格的一种定价方法。其单位价格计算公式为如下：

$$销售价格=单位变动生产成本\times(1+成本贡献率)$$

$$成本贡献率=\frac{利润+固定成本}{变动成本}$$

3. 总成本定价法

当企业只生产一种产品，就可以采用以总成本为基的定价方法，计算公式如下：

$$销售价格=\frac{目标利润+总成本}{预计销售量}$$

不论采用完全成本法，还是变动成本法，公式中的总成本都可以按相应产品生产成本与期间成本之和来确定，目标利润可以事先确定下来，只要根据销售量的历史资料进行预测，就可以计算出销售价格。此，该方法较为简单。

4. 边际成本定价法

边际成本定价法是根据产品的边际收入和边际成本之间的特定数量关系来确定产品销售价格的一种方法。边际收入与边际成本之间存在着重要关系。根据微分极值原理，当边际收入等于边际成本时，即边际利润为零，此时的利润达到最大值，此时，产品销售价格就是最优售价。

（二）以特殊需求为导向的定价决策方法

1. 保本定价法

保本定价法又称盈亏平衡定价法。这种方法是根据盈亏平衡点原理进行定价，以保本为目的，在已知的成本指标和预计销售量的基础上，根据本量利基本表达式计算所得的保本价格，计算公式如下：

$$保本价格=单位变动成本+\frac{固定成本}{预计销售量}$$

2. 保利定价法

保利定价法是指在已知的目标利润、预计销售量和相关成本指标的基础上，根据本量利基本表达式计算所得的保利价格的一种方法，计算公式如下：

$$保利价格=单位变动成本+\frac{固定成本+目标利润}{预计销售量}$$

3. 合同定价法

合同定价法适用于没有市场价格可参考的非标准产品，只能以成本为基础，经过买卖双方协商后，双方通过签订合同的形式确定商品的价格。

案例解析

【案例 5-12】

美的公司计划生产新型 A 产品，经估算，生产 A 产品 2 000 件的成本资料如表 5-14 所示，该企业要求在 A 产品单位生产成本的基础加成 50%。

【业务】

采用完全成本加成定价法确定 A 产品销售价格。

表 5-14　A 产品成本构成表　　单位：元

项目	金额（2 000 件）
直接材料	800 000
直接人工	200 000
变动制造费用	100 000
固定制造费用	360 000
变动销售及管理费用	100 000
固定销售及管理费用	160 000
合计	1 720 000

解　析

【业务】

$$\text{A产品的单位生产成本}=\frac{800\,000+200\,000+100\,000+360\,000}{2000}=730(\text{元}/\text{件})$$

$$\text{A产品目标销售价格}=730\times(1+50\%)=1\,095(\text{元}/\text{件})$$

【案例 5-13】

接【案例 5-12】资料，若 A 产品在单位变动生产成本的基础上加成 80%。

【业务】

采用变动成本加成定价法确定 A 产品销售价格

解　析

【业务】

$$\text{A产品的单位变动生产成本}=\frac{800\,000+200\,000+100\,000}{2\,000}=550(\text{元}/\text{件})$$

$$\text{A产品目标销售价格}=550\times(1+80\%)=990(\text{元}/\text{件})$$

【案例 5-14】

美的公司投资 1 200 万元生产甲产品，根据市场调查，甲产品预计每年销售 50 万件，甲产品单位成本有关资料表 5-15 所示。该企业期望的投资报酬率为 25%。

表 5-15　甲产品单位成本资料　　单位：元

项目	金额
直接材料	18
直接人工	12
变动制造费用	9
固定制造费用	21
变动销售及管理费用	6
固定销售及管理费用	3
单位成本合计	69

【业务1】
利用完全成本加成定价法确定甲产品的售价。
【业务2】
利用变动成本加成定价法确定甲产品的售价。
解 析
【业务1】
采用完全成本法计算：
单位生产成本=18+12+9+21=60（元）
非生产成本=50×（6+3）=450（元）

$$成本毛利率=\frac{450+1\ 200\times 25\%}{50\times 60\times 100\%}=25\%$$

产品售价=60×（1+25%）=75（元）
【业务2】
采用变动成本法计算：
单位变动生产成本=18+12+9=39（元）
单位变动非生产成本=6（元）
固定成本=50×（21+3）=1 200（万元）

$$成本营业贡献毛益率=\frac{6\times 50+1\ 200+1\ 200\times 25\%}{50\times 36\times 100\%}\approx 92.31\%$$

产品售价=39×（1+92.31%）≈75（元）

小试牛刀

【实训资料】
辉煌公司是一家机器生产及组装公司，在机器生产过程中需要一个新的组件，预计该组件的成本资料如表5-16所示，该公司一直采用完全成本法核算成本，确定的成本加成率是40%。

表5-16 新组件单位成本资料 单位：元

项目	金额
直接材料	22
直接人工	10
变动制造费用	8
固定制造费用	12

【实训要求】
（1）计算组件的售价。
（2）如果该公司采用变动成本法核算成本，确定的加成成本加成率为82%。计算组件的售价。

解：

（1）完全成本法下的组件售价：

（2）变动成本法下的组件售价：

扫我看答案

考核评价

＊ 知识评价

巩固拓展

＊ 能力巩固

【实训目的】

通过练习，掌握完全成本加成定价方法。

【实训资料】

安泰公司计划制定甲产品的销售价格，经估算，生产甲产品 1 000 件的估计成本资料如表 5-17 所示，公司拟采用完全成本加成定价法，该公司要求在甲产品单位生产成本的基础上加成 50%。

表 5-17　甲产品成本资料　　单位：元

项目	金额（产量 1 000 件）
直接材料	600 000
直接人工	200 000
变动制造费用	120 000
固定制造费用	340 000
变动销售及管理用	130 000
固定销售及管理费用	130 000
合计	1 520 000

【实训要求】

（1）计算甲产品的销售价格。

（2）如果安泰公司采用变动成本加成定价法，要求在甲产品单位变动成本的基础上加成率为80%，计算产品的销售价格。

＊ 知识拓展

一、影响定价决策的因素

（一）产品成本

成本是定价的主要依据之一。企业生产并销售产品，确定产品价格的目标是必须弥补产品的生产成本和销售成本，并为投资者提供足够的利润．因此，企业产品的价格要高于产品成本。

（二）产品的质量

市场经济实行“优质优价，低质低价”，因此，企业在定价时需要考虑产品的质量因素，针对不同的质量确定不同的价格。

（三）供求关系市场

产品价格的波动受市场上该产品的供求关系影响。一般来说，当产品供不应求时，产品的价格提高；当产品供大于求，产品的价格回落，这是价值规律的客观反映。因此，确定产品价格时，需要考虑并尽量反映当时的供求关系。

（四）竞争对手的情况

在产品的定价决策中，企业需要把产品价格确定到什么水平，需要充分了解竞争对手的定价策略，针对不同的策略，采用不同的定价方法。

（五）产品寿命周期

产品的寿命周期一般包括投入期、成长期、成熟期和衰退期四个阶段，产品处于生命周期的不同阶段，定价组合策略也有所不同。企业了解产品寿命周期，并可以根据产品在不同阶段的需求变化规律，采取与之相适应的定价组合策略，从而确定合适的产品价格。

二、定价策略的选择

（一）新产品定价策略

新产品定价策略通常有“撇油法”定价策略和“渗透法”定价策略。

1. “撇油法”定价策略

“撇油法”定价策略，又称先高后低策略。撇油法是指在新产品试销初期，尚未形成竞争，先定出较高的价格，以后随着销售量的不断提高、竞争者不断加入，再把产品价格逐渐降低。这种策略能保证试销初期获得大量的利润，并使新产品的生产成本得到较快补偿。但是，试销初期的大量利润会吸引更多的竞争对手，高价难以持久。因此，这是一种短期的定价策略，比较适合于初期没有竞争对手、能较大地满足市场需求、需求弹性小且不易模仿的新产品。

2.“渗透法”定价策略

“渗透法”定价策略，又称先低后高策略。“渗透法”是指在新产品试销初期先定出较低价格，为新产品争取顾客，赢得竞争优势后再逐步提高价格。运用这种策略在新产品试销初期获利不多，但它能有效地排除其他竞争对手，有利于企业建立长期领先地位，因此，这是一种着眼于获得长期利益的定价策略。比较适合于初期竞争对手较多，需求弹性大且较易模仿的新产品。

（二）需求心理定价策略

需求心理定价策略是根据消费者的需求心理制定产品价格的定价方法。常见的需求心理定价策略有以下几种。

（1）尾数定价法，指在产品价格的末位数为非整数，大部分采用 9 或者 8 等数字，这种方法多用于中低档商品的定价。

（2）促销定价法，指根据消费者喜欢价格便宜的心理，将某一种或几种商品以等于甚至低于成本的价格出售，目的是以这种价格在吸引消费者购买降价商品的同时，购买其他正常的商品。

（3）对比定价法，指对于等待出售需降价处理的商品时，将降价前后的价格同时列出，以便消费者通过对比积极购买。

（4）成套产品定价，指企业以低于单个产品出售的价格，将互相关联产品配套出售，以吸引顾客购买成套商品，从而扩大销售，增加利润的定价策略。

＊ 学思用贯通，知信行统一

算盘账簿　胜利保障

中国共产党领导的中国革命，是改天换地、破旧立新的伟大创举。中国革命的胜利是许多先烈“一手拿枪、一手拿算盘”，精打细算、运筹帷幄，在经济战线用算盘打出来的。1927 年 12 月，毛泽东同志在总结中国工农红军攻打茶陵县城的战斗经验时，为红军规定了打仗、筹款、做群众工作三项任务。中国革命的胜利，也是全面执行这三大任务的结果。在细致的谋划中，我们完成了减租减息、土地改革，以及根据地和解放区政权机构的建设。

血战湘江
遵义转折

在大张旗鼓开展土改运动的过程中，贯彻紧紧依靠贫雇农、团结中农的阶级路线，没收地主土地平均分配给农民，实现耕者有其田。分到土地的农民把自卫战争与自己的切身利益联系起来，许多地方提出“一手拿枪、一手拿算盘”，“一面支前、一面分田”，“白天支前，晚上算账分田”的口号。当前方将士以摧枯拉朽之势，赢得三大战役的胜利，百万雄师下江南，横扫大西南、大西北，在其后面的是庞大的群众支前队伍，是科学准确的计算和规划，是严格的账簿记录、精细的资源分配。

项目六　投融资管理

学习目标

【知识目标】

（1）了解项目投资决策的概念和特征。

（2）掌握项目投资决策相关的重要因素（货币时间价值、现金流量等）。

（3）掌握长期投资决策的基本方法，并能够熟练运用这些方法分析项目投资方案的可行性。

【能力目标】

（1）能够运用货币时间价值对项目方案的现金流量进行计算的能力。

（2）能够运用静态和动态评价指标分析各种项目投资方案的可行性的能力。

（3）熟练运用大数据信息处理技术（包括数据库与电子表格等）和统计技术的基础应用方法的能力。

（4）能根据团队领导或其他相关部门的要求提供相关信息，分析投资者的需求。

【素养目标】

（1）通过对项目投资的学习，树立货币的时间价值观念，在长期投资决策过程中，培养学生团队协作能力和分析能力，引导培养学生养成理性投资的意识。

（2）通过项目投资决策方法的学习，培养学生数据处理能力和沟通协调能力，树立责任心、自律、诚实可信、开拓创新精神。

项目知识结构

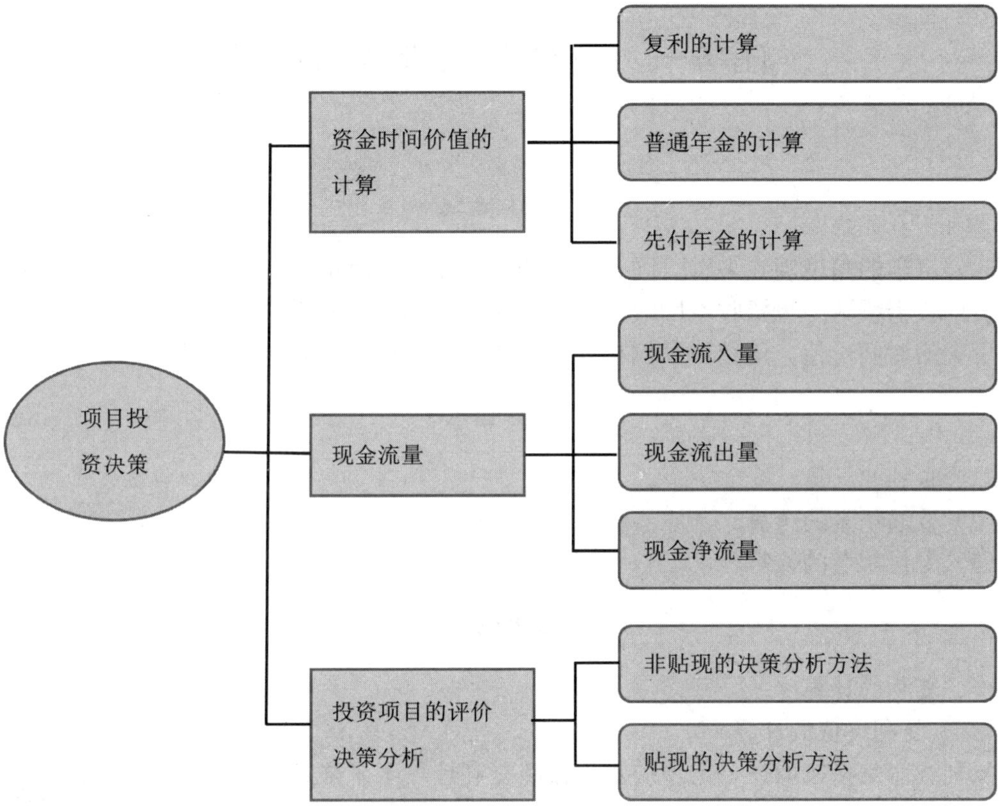

【视野先导】

“蛇吞象”般的成功收购

吉利集团是我国一家自主品牌的轿车生产企业，发展初期不仅要面对合资品牌和进口轿车的挤压，而且还要面对国产品牌的竞争。在这种形势下，该企业采用了多品牌战略投入。吉利先后推出豪情、美日、自由舰、熊猫等品牌。在 2010 年 3 月，吉利集团以 18 亿美元的价格，收购了沃尔沃公司 100%股权及相关资产，这项重大投资大大提升了吉利的整体形象，最终形成能够参与国内外竞争的高端民族品牌。吉利集团“蛇吞象”般成功收购沃尔沃的巨大的“广告效应”，是任何一种其他形式的广告“所无法比拟的”一次收购，让全世界对吉利刮目相看。

【启　示】

长期投资决策是涉及企业生产经营全面性和战略性问题的决策，其最终目的是提高企业总体经营能力和获利能力。因此，长期投资决策的正确进行，有助于企业生产经营长远规划的实现。

任务一 资金时间价值的计算

任务描述

从经济学的角度观点来看，同一数量的货币在不同时期，其价值也是不同的。由于长期投资的投资额大，投资收益回收时间长。因此，为了正确评价长期投资的各备选，需要考虑资金的时间价值。请结合案例企业的投资案例，计算资金的时间价值。

任务目标

（1）复利的计算。
（2）普通年金的计算。
（3）先付年金的计算。

知识链接

一、复利的计算

（一）复利终值的计算

复利终值是指按现在一定量的货币按照复利计算至未来某一时点的本利和。其计算公式如下：

$$F = P\times(1+i)^n$$

式中，F 为复利终值，P 为本金，i 为利率，n 为计算期数（n=1，2，3，…）；$(1+i)^n$ 是复利终值系数，简称终值系数，记作，可通过查复利终值系数表求得数值。因此，上述公式也可写成：

资金时间价值

$$F = P\times(F/P,i,n)$$

（二）复利现值的计算

复利现值是指未来一定量的货币按照复利折算的现在价值。复利现值的计算实质上就是已知本利和求本金的过程，也称折现，是复利终值的逆运算，此时利率也可称为折现率。其计算公式如下：

$$P = F(1+i)^{-n}$$

式中，$(1+i)^{-n}$ 是复利现值系数，简称现值系数，记作 $\left(P/F,i,n\right)$，可通过查复利现值系数表求得数值。因此，上述公式也可写成如下这种。

$$P = F\times(P/F,i,n)$$

二、普通年金的计算

年金是指在一定时期内，间隔相同时间连续发生相同数等额的系列收付款项，也称等额系列款项。如工资、折旧、保险费、租金、利息等表现为年金的形式。

年金，一般同时具备三个条件。一是等时性，即每次收支的时间间隔相等；二是等额性，即每次收付的数额必须相等；三是连续性，即在一定时期内每隔一段时间必须发生一次收或支业务，形成系列，不能中断。

普通年金又称后付年金，在每期期末发生的年金，用 A 表示。

（一）普通年金终值的计算

普通年金终值是指普通年金最后一次收付时的本利和，记作 F。

根据复利终值的计算方法，普通年金终值的计算如下：

$$F = A + A(1+i) + A(1+i)^2 + \cdots + A(1+i)^{n-2} + A(1+i)^{n-1}$$

可以看出，上述公式是以 $1+i$ 为公比的等比数列之和，则

$$F = A \times \frac{(1+i)^n - 1}{i}$$

式中，$\frac{(1+i)^n - 1}{i}$ 叫作“年金终值系数”，记作 $\left(F/A, i, n\right)$。可通过查年金终值系数表求得数值。因此，上述公式也可写成：

$$F = A \times (F/A, i, n)$$

（二）普通年金现值的计算

普通年金现值是指为在每期期末取得相等金额的款项，现在需要投入的金额。它是等额系列收付款项现值的简化形式，记作 P。

根据复利现值的计算方法，普通年金现值的计算如下：

$$P = \frac{A}{(1+i)} + \frac{A}{(1+i)^2} + \cdots + \frac{A}{(1+i)^{n-2}} + \frac{A}{(1+i)^{n-1}} + \frac{A}{(1+i)^n}$$

可以看出，上述公式是以 $\frac{1}{(1+i)}$ 为公比的等比数列之和，则

$$P = A \times \frac{1-(1+i)^{-n}}{i}$$

式中，$\frac{1-(1+i)^{-n}}{i}$ 叫作“年金现值系数”，记作 $\left(P/A, i, n\right)$，可通过查年金现值系数表求得数值。因此，上述公式也可写成：

$$P = A \times (P/A, i, n)$$

三、先付年金的计算

先付年金，在每期期初发生的年金，用 A 表示。

（一）先付年金终值的计算

先付年金终值是指先付年金最后一次收付时的本利和，记作 F。计算公式为如下：

$$F = A\times(F/A,i,n)(1+\mathrm{i})$$

式中，$\left(F/A,i,n\right)$为“年金终值系数”，可通过查年金终值系数表求得数值。

（二）先付年金现值的计算

先付年金现值是指为在每期期初取得相等金额的款项，现在需要投入的金额，记作 P，计算公式如下：

$$P = A\times(P/A,i,n)\ (1+i)$$

式中，$\left(P/A,i,n\right)$为“年金现值系数”，可通过查年金现值系数表求得数值。

案例解析

【案例 6-1】

华康公司现在将 10 000 元现金存入银行，银行存款年利率为 6%，按复利计算。

【业务】

按复利计算，则该公司这笔存款 5 年后的终值为多少？

解　析

由题意可知，现值 P=10 000，年利率 i=6%，计息期 n=5，则 5 年后终值为

$$F = P(1+i)^n = 10\,000(1+6\%)^5 = 13\,382(\text{元})$$

或通过查复利终值系数表，可知$\left(F/P,i,n\right)=1.338\ 2$，则

$$F = P\left(\frac{F}{P},i,n\right) = 10\,000\left(\frac{F}{P},6\%,5\right), = 10\,000\times 1.338\ 2 = 13\,882\ （\text{元}）$$

【案例 6-2】

若华康公司这笔存款 5 年后可获得 500 万元投资回报，预期投资报酬率为 8%。

【业务】

则这项投资回报现在的价值为多少？

解　析

由题意可知，终值 F=500，年利息率（或折现率）i=8%，计息期 n=5，则复利现值为

$$P = F\left(1+i\right)^{-n} = 500(1+8\%)^{-5} = 340.3\ （\text{万元}）$$

或通过查复利现值系数表，可知$\left(P/F,i,n\right)=0.6806$，则

$$P=F(P/F,i,n)=500(F/P,8\%,5)=500\times0.680\ 6=340.3(\text{万元})$$

【案例 6-3】

假设华康公司决定从今年开始，每年年末都存入银行 500 万元，用于 5 年后的基建项目投资。此外，该公司打算在未来 5 年内，每年年末从银行取出 20 万元作为有突出贡献员工的奖励，假设银行存款年利率为 8%。

【业务 1】

按复利计算，则该公司 5 年后可用于基建项目投资的资金有多少？

【业务 2】

按复利计算，公司为了实现每年对员工奖励，则应现在存入银行多少资金？

解　析

【业务 1】

由题意可知，A=500，i=8%，n=5，由年金终值系数表可知 $\left(F/A,8\%,5\right)$=5.8666，则

$$F=A\times\left(F/A,i,n\right)=500\times5.866\ 6=2\ 933.3(\text{万元})$$

【业务 2】

根据题意可知，A=20，i=8%，n=5，由年金现值系数表可知 $\left(P/A,8\%,5\right)=3.992\ 7$ 则

$$P=A\times\left(P/A,i,n\right)=203.992\ 7=79.854(\text{万元})$$

如果是年金，则首先需要判断该年金是普通年金还是先付年金，然后再采用相应公式计算。

小试牛刀

【实训资料 1】

小美现在存入银行 20 000 元，若年利率为 8%。

【实训要求】

按复利计算，8 年后的复利终值应为多少？

解：

（1）8 年后的复利终值：

扫我看答案

【实训资料 2】

小美第 6 年年末将收到 80 000 元，若贴现率为 8%。

【实训要求】

按复利计算，其现值应为多少？

解：

（1）复利现值

扫我看答案

【实训资料 3】

小李购房，向银行贷款，贷款合同规定每年年初还款 30 000 元，期限 20 年，已知贷款利率为 8%。

【实训要求】

小李还款总金额是多少？

解：

（1）先付年金终值

扫我看答案

考核评价

＊ 知识评价

巩固拓展

＊ 能力巩固

【实训目的】

通过练习，掌握资金时间价值的计算。

【实训资料 1】

华康公司向银行借款 50 000 元投资于 6 年的某个项目，银行借款利率为 6%，按复利计算。

【实训要求】

每年至少要收回多少资金才值得投资？

【实训资料 2】

华康公司为了改善产品质量，决定向新宇公司购买专利技术。双方在合同上说明，华康公司分十年支付技术转让费给新宇公司，前五年每年年末支付 25 000 元，后五年每年年末支付 20 000 元，假定银行利率为 6%，按复利计算。

【实训要求】

计算该专利技术的现值是多少？

＊ 知识拓展

递延年金和永续年金的时间价值计算

一、递延年金的计算

递延年金是指在第一次收付款发生时间不在第一期期末或期初，而是间隔若干期以后才开始发生的等额系列收付款项。与普通年金相比，尽管期限一样，都是 $m+n$ 期，但普通年金在 $m+n$ 期内，每个期末均发生等额收付款。而递延年金在 $m+n$ 期内，只在 m 期以后发生 n 期的等额收付款。

（一）递延年金终值的计算

与普通年金终值计算相同，计算公式为

$$F = A\times(F/A, i, n)$$

（二）递延年金现值的计算

方法一：把递延年金视为 n 期的普通年金，先求出在递延期期末的现值，再将此现值折现到第一期期初。计算公式为

$$P = A\times(P/A, i, n)\times(P/F, i, m)$$

方法二：先计算 $m+n$ 期的普通年金现值，再减去实际并未发生的递延 m 期普通年金现值，即可得到递延年金的现值。计算公式为

$$P = A\times\left[\left(P/A, i, \mathrm{m}+n\right)-\left(P/A, i, \mathrm{m}\right)\right]$$

方法三：先计算递延年金的终值，再将其折现到第一年年初，即可求得递延年金的现值。计算公式为

$$P = A \times (F/A, i, n) \times (P/F, i, m+n)$$

二、永续年金

永续年金是指无限期等额收付的年金。由于永续年金的期限趋于无限，没有终止的时间，因此不存在终值，只存在现值。永续年金的现值计算公式为

$$P = A \cdot \frac{1-(1+i)^{-n}}{i}$$

当$n \to \infty$，$(1+i)^{-n} \to 0$，因此，永续年金的现值计算公式为

$$P = A/i$$

*** 学思用贯通，知信行统一**

树立正确的时间价值观念

通过学习资金时间价值，让投资者首先要树立时间价值观念，是投资者在长期投资分析决策分析过程中需要考虑的重要因素。长期投资涉及资金或资本的大量投入，投资回收期长，在执行过程中发生变化的可能性较大，使这类决策具有较强的复杂性和风险性。通过学习资金时间价值，引导学生从专业的角度分析其高速增长的利息，以实际金额去感受自己是否具有偿还能力，认清校园贷危害，远离校园贷，树立正确财富观。

任务二　现金流量

任务描述

现金流量是评价投资项目可行性时需要参考的指标，包括实施投资项目所引起的各项现金流入量、现金流出量和现金净流量。请结合案例企业投资项目的资料，计算出投资项目的现金流入量、现金流出量和现金净流量。

任务目标

（1）现金流入量的计算。
（2）现金流出量的计算。
（3）现金净流量的计算。

知识链接

一、现金流入量

现金流入量是指实施投资项目在一定期间内收到的现金，通常用正(+)表示，包括营业收入、流动资金的回收额、固定资产残值收入和其他现金收入。

现金流量

二、现金流出量

现金流出量是指称实施投资项目在一定期间内支出的现金，通常用负（-）号表示，包括以下几项。

（一）建设投资

建设投资是指在建设期内按一定生产经营规模和建设需要进行的固定资产、无形资产和开办费等各项投资的总和，包括基建投资和更改投资，这是建设期内发生的主要流出量。

固定资产原值＝固定资产投资＋建设期资本化借款利息

（二）垫支的流动资金

垫支的流动资金是指项目投产前后分次或一次投放于流动资产项目的投资增加额。

流动资金的垫支额与建设投资统称原始总投资，再加上资本化利息便构成项目投资总额，但资本化利息并不属于现金流出的范畴。

（三）经营成本

经营成本又称付现的营运成本。它是生产阶段中最主要的现金流出项目。某年经营成本等于当年的总成本费用（含期间费用）扣除该年折旧额、无形资产摊销额等项目后的差额。

此外，在全投资假设下，经营成本中还应扣除财务费用中的利息支出。

（四）支付的各项税款

支付的各项税款是指项目投产后依法缴纳的、单独列示的各项税款，包括增值税、消费税、所得税等。如果一般纳税人企业已将增值税的销项税额列入其他现金流入项目，那么，可将进项税额和应交增值税税额合并列入本项。

三、现金净流量

现金净流量又称净现金流量，是指在项目计算期内由每年现金流入量与同年现金流出量之间的差额所开成的序列指标，是项目投资决策评价指标计算的重要依据，记作 NCF_t，其计算公式如下：

某年净现金流量 NCF_t ＝第 t 年现金流入量-第 t 年现金流出量

一般来说，一个项目可以分为三个阶段，即建设期、经营期和终结点，每个阶段的现金净流量计算如下。

（一）建设期的现金净流量

如果原始投资均在建设期内投入，则建设期净现金流量可按以下简化公式计算：

建设期内某年净现金流量（NCF_t）＝-第 t 年发生的投资额

（二）经营期的现金净流量

经营期内现金净流量，可按以下简化公式计算：

经营期内某年现金净流量（NCF_t）＝第 t 年净利润+第 t 年折旧额+第 t 年摊销额+第 t 年未支付的利息费用

（三）终结点的现金净流量

终结点的现金净流量是指经营期内回收额不为零时的现金净流量。其计算公式如下：

终结点现金净流量（NCF_t）＝第 t 年营业现金净流量+固定资产残值净收入+第 t 年回收额

案例解析

【案例 6-4】

大禹公司要投资一个污水处理厂项目需要原始投资 140 万元，其中固定资产投资 110 万元，开办费投资 10 万元，流动资金投资 20 万元。建设期为 1 年，固定资产投资和开办费投资于建设起点投入，流动资金于完工时（第 1 年年末）投入。该项目寿命周期为 10 年，固定资产按直线法折旧，期满净残值为 10 万元，开办费自投产年份起分 5 年摊销完毕。预计投产后第 1 年获 5 万元利润，以后每年递增 3 万元利润；从经营期第 1 年起连续 4 年每年归还借款利息 11 万元；流动资金于终结点一次回收。

【业务】

计算该投资项目各年净现金流量。

解　析

（1）建设期净现金流量：

NCF_0=–（110+10）=–120（万元）

NCF_1=–20（万元）

（2）经营期净现金流量：

NCF_2 =5+10+2+11=28（万元）

NCF_3 =8+10+2+11=31（万元）

NCF_4 =11+10+2+11=34（万元）

NCF_5 =14+10+2+11=37（万元）

NCF_6 =17+10+2=29（万元）

NCF_7 =20+10=30（万元）

NCF_8 =23+10=33（万元）

NCF_9 =26+10=36（万元）

NCF_{10} =29+10=39（万元）

NCF_{11} =32+10+10+20=72（万元）

小试牛刀

【实训资料】

长城公司准备投资一个光伏发电项目，需要购置一个 580 万元的厂房和 280 万元的设备。为了使该项目正常运行，初期投入原材料等流动资金 400 万元，原设备清理所得 50 万元，该项目经营期为 5 年，预计各年的销售额均为 650 万元，付现成本为 350 万元，厂房和设备的折旧年限分别为 20 年和 5 年，两者残值率均为 5%。在投资项目结束时，预计厂房可按 300 万元出售，设备变现价值为 50 万元，支付清理费用 12 万元。同时，一次收回流动资金 220 万元，所得税税率为 25%。

【实训要求】

（1）计算建设期净现金流量。

（2）计算经营期各年净现金流量。

（3）计算终结期净现金流量。

解：

（1）建设期净现金流量

（2）经营期各年净现金流量

（3）终结期净现金流量

扫我看答案

考核评价

＊ 知识评价

巩固拓展

＊ 能力巩固

【实训目的】

通过练习，掌握现金净流量的计算。

【实训资料】

三花电气配电工程项目建设期为 3 年，原始投资总额为 1 800 万元，固定资产建设期第一年、第二年初各投入 700 万元，无形资产投资 100 万元，开办费投资 100 万元，均于建设起点投入，流动资金投入200万元，于第四年年初开始投产时投入，该项目经营期为10年，固定资产按直线法提取折旧，期满有90万元残值；无形投资投入后分5年平均摊销，开办费于投产当年一次摊销，流动资金在项目终结时可一次全部收回。此外，预计项目投产后，前4年每年可获得税前利润250万元，后6年每年可获得税前利润300万元。

【实训要求】

计算该项目投资在项目计算期内各年的净现金流量。

＊ 知识拓展

投融资管理应用的管理会计工具方法

一、贴现现金流法

贴现现金流法是以明确的假设为基础，选择恰当的贴现率对预期的各期现金流入、流出进行贴现，通过贴现值的计算和比较，为财务合理性提供判断依据的价值评估方法。

该方法一般适用于在企业日常经营过程中，与投融资管理相关的资产价值评估、企业价值评估和项目投资决策等，也适用于其他价值评估方法不适用的企业，包括正在经历重大变化的企业。如债务重组、重大转型、战略性重新定位、亏损或者处于开办期的企业等。

二、项目管理

项目管理是通过项目各参与方的合作，运用专门的知识、工具和方法，对各项资源进行计划、组织、协调、控制，使项目能够在规定的时间、预算和质量范围内，实现或超过既定目标的管理活动。

该方法适用于一次性活动为主要特征的项目活动。如一项工程、服务、研究课题、研发项目、赛事、会展或活动演出等；也可以适用于以项目为主要经营单元的各类经济活动。

三、情景分析

情景分析是指在对企业经营管理中未来可能出现的相关情景进行假设的基础上，结合企业管理要求，通过模拟等技术、分析相关方案发生的可能性、相应后果和影响，以做出最佳决策的方法。

该方法一般适用于企业的投融资决策，也可用于战略目标的制定、风险评估。

四、约束资源优化

约束资源优化是指企业通过识别制约期实现生产经营目标的瓶颈资源，并对相关资源进行改善和调整，以优化企业资源配置、提高企业资源使用效率的方法。

该方法一般适用于企业的投融资管理和营运管理等领域。

＊ 学思用贯通，知信行统一

树立长远眼光，提高投资效率

对企业而言，树立长远的眼光可以帮助企业制定可持续发展的战略，预见市场趋势和竞争环境的变化，并做出相应的调整。与此同时，企业还需要注重提高投资效率，既要有利于当前的稳增长，更要惠及长远，防止无效和低效投资。为了提高投资效率，通过现金流量的学习，企业投资要树立长远眼光，学会采用现金流量指标评价投资项目可行性，而不是采用会计利润指标。

任务三　投资项目的评价决策分析

任务描述

项目投资决策是一个采用科学的方法对各种项目投资方案进行分析、评价，最终选择最佳投资方案的过程。其内容复杂，涉及企业内外部的许多因素。从财务角度进行可行性分析时，主要是利用一些指标进行投资方案是否可行的判断评价。对投资项目评价时，按使用指标是否考虑货币的时间价值可分为非贴现的决策分析方法和贴现的决策分析方法两类。请结合案例企业的投资项目案例，采用合适方法进行投资项目的评价决策，从而选出最佳方案。

任务目标

（1）采用非贴现的决策分析方法进行评价决策。

（2）采用贴现的决策分析方法进行评价决策。

知识链接

一、非贴现的决策分析方法

非贴现的决策分析方法，是指不考虑货币的时间价值，直接对投资项目形成的现金流量进行计算的方法，包括静态投资回收期法、平均投资报酬率法等。

（一）静态投资回收期法

投资回收期是指投资项目收回原始总投资所需要的时间，该指标一般以年作为计量单位。投资回收决策的规则规定：可接受项目的投资回收期必须小于管理层规定的最大投资回收期限。

静态投资回收期的计算，根据每年的现金净流量是否相等，有以下两种具体计算方法。

（1）如果某一项目每年的经营现金流量相等，则投资回收期可用以下公式计算：

$$静态投资回收期（PP）=\frac{初始投资}{每年经营现金流量}$$

（2）如果某一项目每年的经营现金流量不等，其静态投资回收期要根据每年年末累计净现金流量来计算投资回收期，即逐年对现金净流量进行累计，直到达到原始总投资那一年为止。

（二）投资利润率法

投资利润率又称投资报酬率，是指生产经营期内正常年度利润或年均利润占投资总额的百分比。其计算公式如下：

$$投资利润率=\frac{年利润（或年平均利润）}{投资总额}100\%$$

二、贴现的决策分析方法

贴现的决策分析方法是对投资项目形成的现金流量考虑货币时间价值因素而进行计算的方法，包括净现值法、净现值率法、获利能力指数法和内含报酬率法等。

（一）净现值法

净现值法是指在项目投资决策中，以投资项目的净现值（记作 *NPV*）大小作为评价投资方案是否可行的一种方法，即以投资方案里未来现金净流量现值与原始投资额现值相减是否大于零断定方案是否可行。如果某投资方案的净现值大于或等于零，就可以断定该方案可行；反之，如果某投资方案的净现值小于零，就不可行。

（二）净现值率法

净现值率法是指在项目投资决策中，以项目的净现值率指标作为评价投资方案是否可行的一种决策方法。其中净现值率的计算公式如下：

$$净现值率(NPVR)=\frac{净现值}{原始投资的现值合计}$$

在这种方法下，如果某投资方案的净现值率大于或等于零，就可以断定该方案可行；反之，如果某投资方案的净现值率小于零，就可以断定该方案不可行。

（三）现值指数法

现值指数又称获利指数，是指项目投产后按一定贴现率计算的经营期内各年现金净流量的现值合计与原始投资现值合计的比率，记作 *PI*。其计算公式如下：

$$现值指数(PI)=\frac{经营期内各年现金净流量现值合计}{原始投资的现值合计}=1+净现值率$$

若现值指数大于 1，说明该投资项目的未来报酬总现值大于初始投资额，该投资方案可行；若现值指数小于 1，则该投资方案不可行；若现值指数等于 1，说明该投资项目不盈不亏。对于多个互斥方案，应选择现值指数最大的投资方案。

（四）内含报酬率法

内含报酬率是指对于某一项目投资方案，能够使未来现金流入量等于未来现金流出量现值的贴现率，即使投资方案净现值为零的贴现率，记作 IRR。其计算公式如下：

$$\sum_{i=0}^{n}\frac{NCF_t}{(1+IRR)^t}=0$$

式中，NCF_t为第 t 年的现金净流量。

内含报酬率法是指在项目投资决策过程中，以项目的内含报酬率作为评价指标来评价投资方案是否可行的一种决策方法。计算方法有两种，一种是根据年金现值公式求得内含报酬率；另一种是采用逐次测试方法计算内含报酬率，具体计算过程如下。

（1）利用公式计算有关年金现值系数的数值，计算公式为

$$\left(\frac{P}{A},IRR,n\right)=\frac{I}{NCF}$$

式中，I 为原始投资；NCF 为各期净现金流量的平均数。

（2）根据计算出来的年金现值系数，查 n 年的年金现值系数表。

（3）若在 n 年的年金现值系数表中恰好能够找到一个等于上式计算出来的年金现值系数，则该系数所对应的折现率，即为所求的内含报酬率 *IRR*。

（4）若在 n 年的年金现值系数表上找不到上式计算出来的年金现值系数，则可利用年金现值系数表上介于该数值的两个临界值，找出与之相对应的两个折现率，用内插法计算近似的内含报酬率。

采用这种方法，如果某投资方案的内含报酬率大于或等于行业基准收益率或设定贴现率，则说明该方案可行；如果某投资方案的内含报酬率小于行业基准收益率或设定贴现率，则说明该方案不可行。

案例解析

【案例 6-5】

华康公司有甲和乙两个投资方案可供选择，相关资料如表 6-1 所示。试采用静态投资回收期法对这两个方案做出评价。

表 6-1 甲、乙两个投资方案相关资料 **单位：元**

年份	甲方案		乙方案	
	净收益	净现金流量	净收益	净现金流量
0		−15 000		−12 000
1	1 800	6 800	−1 800	2 200
2	1 800	6 800	4 000	8 000
3	1 800	6 800	2 000	6 000
合计	5 400	5 400	4 200	4 200

【业务 1】

采用静态投资回收期法对甲和乙方案做出评价。

【业务 2】

用投资利润率法对甲和乙两个方案做出评价量。

【业务 3】

假设行业基准收益率为 10%，试采用净现值法对甲和乙两个方案做出评价。

【业务 4】

试采用净现值率法对甲和乙两个方案做出评价。

【业务 5】

试采用现值指数法对甲和乙两个方案做出评价

【业务 6】

假设行业基准收益率为 12%，试采用内含报酬率法对甲和乙两个方案做出评价。

解 析

【业务 1】

甲方案：静态投资回收期=15 000÷6 800=2.21（年）。

乙方案：静态投资回收期=2+（12 000−2 200−8 000）÷6 000=2.3（年）。

通过计算可知，甲方案静态投资回收期较短，所以应该选择甲方案进行投资。

静态投资回收期能够直观地反映原始投资的返本期限，优点是便于理解，计算较为简便也比较容易，应用比较广泛；缺点是该方法没有考虑资金的时间价值，也没有考虑投资收回后的收益情况，不能反映项目投资方案的盈利程度。

【业务 2】

甲方案：投资平均利润率 $=\dfrac{1\,800}{15\,000}100\%=12\%$。

乙方案：投资平均利润率 $=\dfrac{-1\,800+4\,000+2\,000/3}{15\,000}100\%=9.33\%$。

通过计算结果可知，甲方案的投资利润率最大，所以应选择甲方案。

采用投资利润率法，可以直接利用净现金流量信息。优点是公式计算简单，便于理解；缺点是没有考虑货币时间价值因素，不能正确反映建设期长期投资方式不同对项目的影响。

【业务 3】

甲方案：$NPV_{甲}$=6 800×（P/A, 10%, 3）−15 000=6 800×2.486 9−15 000=1 910.92（元）。

乙方案：$NPV_{乙}$=2 200×（P/F, 10%, 1）+8 000×（P/F, 10%, 2）+6 000×（P/F, 10%, 3）−12 000=2 200×0.909 1+8 000×0.826 4+6 000×0.751 3−12 000=1 119.02（元）。

思考：甲方案的净现值较大，能否据此确定甲方案为最优方案？

净现值是一个动态的绝对值指标，其优点在于既考虑了资金的时间价值，又运用了项目计算期的全部净现金流量；缺点就是净现值是一个绝对值指标，无法从动态的角度直接反映投资项目的实际收益率水平，对于投资额或项目计算期不相等的多方案比较决策，不能用此方法进行评价。

> 提示：由于甲和乙两个方案的投资额不同，故不能确定哪个方案可以进行投资。

【业务 4】

甲方案：净现值率 $NPVR_{甲}=\dfrac{190.92}{15\,000}=0.13$。

乙方案：净现值率 $NPVR_{乙}=\dfrac{1\,119.02}{12\,000}=0.09$。

在两个方案中，甲方案的净现值率较大，公司可以选择甲方案进行投资。

净现值率可用于投资额不同的多个方案之间的比较，净现值率最高的投资方案应优先考虑。

【业务 5】

甲方案：现值指数 $PI_{甲}$=1+0.13=1.13。

乙方案：现值指数 $PI_{乙}$=1+0.09=1.09。

在两个方案中，甲方案的现值指数较大，公司可以选择甲方案进行投资。

【业务 6】

甲方案：

第一步，计算年金现值系数 $\left(\frac{P}{A},IRR,3\right)=\frac{15\,000}{6\,800}=2.205\ 9$。

第二步，根据 n=3，年金现值系数=2.205 9，通过查年金现值系数表，可知与 2.205 9 相邻的两个系数为 2.209 6、2.174 3，与之相对应两个折现率为 17%、18%。

第三步，采用内插法，计算 IRR，即

$$IRR=17\%+\frac{2.209\ 6-2.205\ 9}{2.209\ 6-2.174\ 3}(18\%-17\%)=17.10\%$$

乙方案：

第一步，计算年金现值系数

$$\left(\frac{P}{A},IRR,3\right)=\frac{12\,000}{(2\,200+8\,000+6\,000)3}=2.222\ 2$$

第二步，根据 n=3，年金现值系数 2.222 2，通过查年金现值系数表，可知与 2.222 2 相邻的两个系数为 2.245 9、2.209 6，与之相对应两个折现率为 16%、17%。

第三步，采用内插法，计算 IRR，即

$$IRR=16\%+\frac{2.245\ 9-2.222\ 2}{2.245\ 9-2.209\ 6}(17\%-16\%)=16.65\%$$

通过以上计算可知，甲和乙两个方案的内含报酬率都大于行业基准收益率，所以 A、B 两个方案都可行。

内含报酬率是一个动态相对量正指标，优点是能够从动态的角度直接反映投资项目的实际收益水平，不受行业基准收益率高低的影响；缺点是该指标的计算过程比较麻烦，当经营期大量追加投资时，又可能导致多个 *IRR* 出现，缺乏实际意义。在投资额不等的多个方案比较决策中，该指标只能作辅助指标。

小试牛刀

【实训资料 1】

华康公司预购入一台设备，价值为 30 000 元，可用 5 年，第 1 年到第 5 年现金净流量分别为 8 000 元、9 000 元、12000 元、14 000 元、16 000 元，贴现率为 10%。

【实训要求】

（1）计算该投资项目的净现值。

（2）计算该投资项目的净现值率。

（3）计算该投资项目的现值指数。

解：

（1）净现值

（2）净现值率

（3）现值指数

扫我看答案

【实训资料 2】

华康公司有一个投资方案，需要原始投资 120 000 元，使用年限为 4 年，每年的现金净流量分别为：30 000 元、35 000 元、55 000 元、35 000 元，该方案的最低投资报酬率为 10%。

【实训要求】

计算该方案的内含报酬率。

解：

内含报酬率

扫我看答案

考核评价

＊ 知识评价

巩固拓展

* 能力巩固

【实训目的】

通过练习，掌握长期投资决策分析方法。

【实训资料】

华康公司购买机器设备价款 12 万元，可为公司每年增加净利 3 万元，该设备可使用 6 年，无残值，采用直线法计提折旧。该公司的折现率为 8%。

【实训要求】

（1）用非折现法计算该投资方案静态投资回收期和投资利润率，并对此做出评价。

（2）用折现法计算该投资方案的净现值、现值指数、内含报酬率，并对此做出评价。

* 知识拓展

长期投资决策的应用

一、独立投资方案的决策

在项目投资决策中．独立方案是指一组互相分离、各不相关、互不排斥的方案或单一方案。在独立方案中，选择某一方案并不排斥选择另一方案。

独立投资方案的决策属于筛分决策，评价各方案本身是否可行，即方案本身是否达到某种要求的可行性标准。

（一）独立方案财务可行性评价指标

（1）主要评价指标：主要包括净现值、净现值率、现值指数、内含报酬率。

（2）次要评价指标：主要包括静态投资回收期。

（3）辅助评价指标：主要包括投资收益率。

（二）对独立方案进行财务可行性评价时，需要注意的问题

(1)当次要评价指标或辅助评价指标的评价结论与主要评价指标评价结论发生矛盾时，应当以主要评价指标的结论为准。

（2）利用贴现的决策分析方法（净现值法、净现值率法、现值指数法和内含报酬率法）对同一个投资项目进行评价和决策，会得出完全相同的结论。

（3）独立投资方案之间比较时，决策要解决的问题是如何确定各种可行方案的投资顺序，即各独立方案之间的优先次序，效率高的项目，原则上应尽量往前排。

二、互斥投资方案的决策

（一）互斥投资方案的决策概念

多个互斥方案的比较决策，是指在每一个入选方案中具备财务可行性的前提下，利用长期投资方案评价指标，从各个备选方案中最终选出一个最优方案。因此，决策的实质在于选择最优方案，属于选择决策，从选定经济效益最大的要求出发。互斥决策以方案的获利数额作为评价标准。

（二）互斥投资方案的决策方法

年金净流量法是互斥方案最恰当的决策方法。需要分以下两种情况进行决策。

（1）当项目寿命期相等时，不论方案的原始投资额现值大小如何，能够获得更大的获利数额即净现值为最优方案。

（2）当项目寿命期不相等时，将两个项目转化成本同样的投资期限才具有可比性。可以找出各项目寿命期的最小公倍数，作为共同的有效寿命期，但最终结果与年金净流量法的决策结果是一致的。

【案例 6-6】现有 A、B 两台设备购置方案，所要求的最低的投资报酬率为 10%，A 设备投资额为 10 000 元，可用 2 年，无残值，每年产生 8 000 元现金净流量。B 设备投资额为 20 000 元，可用 3 年，无残值，每年产生 10 000 元现金净流量。试对 A 和 B 两台设备的购置方案做出评价，哪个为优？

由于 A 和 B 设备的项目寿命期不等，需要求出它们的最小公倍数是 6 年。A 设备购置方案需要在第 2 年年末和第 4 年年末分别需要重置 10 000 元，第 1 年到第 6 年每年产生 8 000 元现金净流量；B 设备购置方案需要在第 3 年年末重置 20 000 元，第 1 年到第 6 年每年产生 10 000 元现金净流量。

A 设备购置方案：

$$\begin{aligned}\text{净现值}NPV_A &= 8\,000\times\left(P/A,10\%,6\right)-10\,000\left(P/F,10\%,4\right)-10\,000\left(P/F,10\%,2\right)\\&\quad-10\,000 = 8\,000\times 4.3553-10\,000\times 0.6830-10\,000\times 0.8264-10\,000\\&= 9\,748.40\text{（元）}\end{aligned}$$

此时，$\text{年金净流量}=\dfrac{9\,748.40}{4.355\,3}=2\,238.28$（元）。

B 设备购置方案：

$$\begin{aligned}\text{净现值}NPV_B &= 10\,000\times\left(P/A,10\%,6\right)-20\,000\left(P/F,10\%,3\right)-20\,000\\&= 10\,000\times 4.355\,3-20\,000\times 0.751\,3-20\,000 = 8\,527.00\text{（元）}\end{aligned}$$

此时，$\text{年金净流量}=\dfrac{8\,527.00}{4.355\,3}=1\,957.84$（元）。

由于 A 设备购置方案的净现值和年金净流量均大于 B 设备购置方案，因此，A 设备购置方案优于 B 设备购置方案。

＊ 学思用贯通，知信行统一

运筹帷幄 战略决战

运筹帷幄
战略决战

解放战争被称为第三次国内革命战争，是中国共产党领导中国人民解放军推翻国民党统治、解放全中国而进行的战争。解放战争期间，中国共产党与国民党进行了众多决战，其中最著名、最重要的战略决战是辽沈战役、淮海战役和平津战役。三大战役波澜壮阔，惊天动地，为世人所瞩目。

三大战役完成了解放军对国民党军的战略决战，人民解放战争取得了决定性的胜利。在项目决策分析中，结合学习《运筹帷幄 战略决战》的故事，企业需要树立长远眼光，正确运用投资决策评价方法，在投资项目方案中进行对比和选优，保证企业长期可持续发展。

VDC 管理会计实验课后实训——设备更新改造决策

一、实训任务内容

（1） 掌握设备更新改造决策工具的使用方法。

（2）掌握 PMT、IRR 函数表达式的结构、基本功能和具体运用。

（3）掌握旧设备现金流测算的流程及数据填列技巧。

（4）掌握新设备现金流测算的流程及数据填列技巧。

（5）掌握运用相应指标对比分析两种方案的现金流，并确定是否执行设备更新。

二、实训数据和实训工具

VDC 管理会计实验平台——设备更新改造决策

项目七　预算管理

学习目标

【知识目标】

（1）了解预算管理的含义和内容。
（2）掌握弹性预算的编制方法。
（3）掌握零基预算的编制方法。
（4）理解全面预算管理的流程，掌握全面预算编制的具体方法。

【能力目标】

（1）具备预算管理的基本知识和专业技能。
（2）具备熟练编制业务预算的能力。
（3）具备能够编制企业财务预算的能力。

【素养目标】

（1）通过对全面预算体系的构成和编制程序的学习，培养全面的大局观念，能够统筹协调和沟通处理企业部门之间的问题。

（2）通过对全面预算编制具体方法的学习，培养学生树立精细化管理理念，具备精益求精、一丝不苟的工匠精神。

项目知识结构

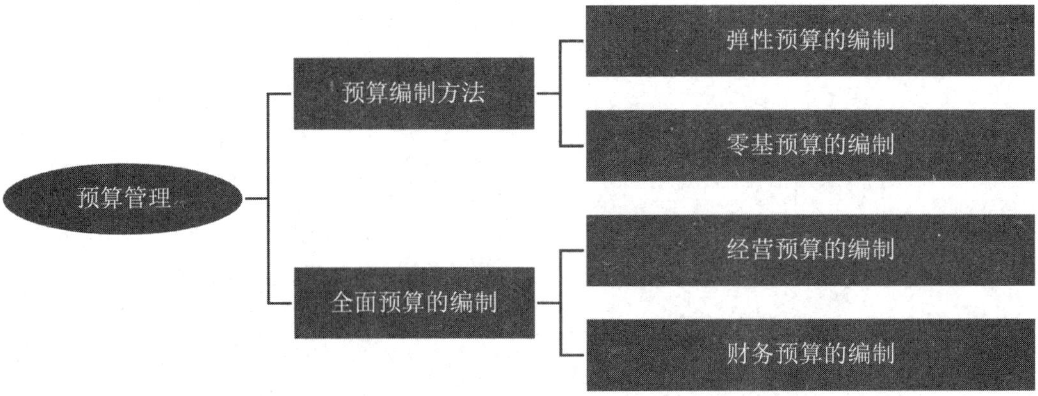

【视野先导】

2022 年 3 月 2 日，国务院国资委出台的《关于中央企业加快建设世界一流财务管理体系的指导意见》中明确指出，“完善纵横贯通的全面预算管理体系”是建设世界一流财务管理体系中五大体系的首要重点。

徐工集团特色的“315”预算管理模式是中国高端制造业积极建设世界一流财务体系下的典型代表。“315”的内涵分为宏观和微观两个层面。宏观层面“315”中的“3”是指三个支撑目标：服务国家战略，建设世界一流企业，增强国有经济五力（竞争力、创新力、控制力、影响力、抗风险能力）。三个更：更好统筹发展和安全，更加注重质量和效率，更加突出五大功能作用。“1”是指一个体系建设（固根基、强职能、优保障）和一个重要抓手（数字技术与财务管理深度融合）。“5”是指五大职能体系，包括五大体系（预算管理体系、合规风控体系、财务数智体系、财务管理能力评价体系、财务人才队伍建设体系）和五大职能（核算报告、资金管理、成本控制、税务管理、资本运作）。微观层面“315”预算管理中的“3”是指徐工集团价值树中的三项平衡，包含定性分类、定量分级和定级分责。“1”是指战略时钟闭环，体现为基于规划目标、预算编制、执行监控、分析调整、预算考核的闭环管理。“5”是指全面预算管理模式有效运行的五项基础，即组织责任、制度流程、统一标准、人员能力、系统集成。在“315”预算管理模式指导下，通过实施目标成本价值工程，包括降本增效、费用管控、质量成本管理、现金流管理、业财融合、考核评价等方式，实现全价值链流程的管控。

【启　示】

“315”预算管理模式是基于徐工集团自身特点摸索出来的个性化管理模式，希望能给更多企业提供方法论等方面的有益启示，基于行业和企业特点，共同探索建设世界一流财务体系的方法路径，也是积极推动企业科学和可持续性发展的有效途径。

任务一　预算的编制方法

任务描述

预算管理是数量化的可执行的详细计划，能够对未来活动做出细致、周密的安排，是未来经营活动的依据。企业可根据其战略目标、业务特点和管理需要，结合不同预算管理工具方法的特征和适用范围，选择恰当的工具方法综合运用。

任务目标

（1）采用弹性预算法进行预算编制。

（2）采用零基预算法进行预算编制。

知识链接

一、弹性预算的编制

固定预算是最传统最基本的预算编制方法，又称静态预算，是指以预算期内正常的、最可能实现的某一业务量（企业产量、销售量、作业量）水平为固定基础，不考虑可能发生的变动的预算编制方法。固定预算法的优点是简便易行，直观明了，最大缺点是当实际业务量偏离预算编制所依据的业务量时，采用固定预算法编制的预算就失去了其编制的基础，有关预算指标的实际数与预算数失去可比性。

为了弥补这一缺点，增强预算的适应性，可根据估计的不同业务量水平，分别确定其相应预算指标值-弹性预算。在弹性预算中，预算项目可以随着业务量的变化而变化，具有一定的伸缩性。

企业通常采用列表法构建具体的弹性预算模型，弹性预算的具体编制步骤如下。

（1）确定业务量的变化范围。在编制弹性预算之前，首选要估计计划期内业务量可能存在的不同水平。一般来说，把业务量的变动范围确定在正常水平的70%～110%，或以历史上最高业务量和最低业务量为其上下限。

（2）分析并确定预算项目与业务量之间的数量依存关系，确定弹性定额。预算项目与业务量之间的依存关系可分为两类。一类是对业务量的变动反应不变，即预算项目在不同业务量水平下基本保持不变；另一类是与对业务量变动较为敏感，预算项目与业务量的变化基本上保持正比例变动。

（3）采用公式法或者列表法确定不同业务量水平下的预定指标值。其中，公式法是采用基本公式：预算总额＝固定基数＋Σ（与业务量相关的弹性定额×预计业务量）；列表法是在预计的业务量范围内将业务量分为若干个水平，然后按不同的业务量水平编制预算。

二、零基预算的编制

增量预算，是指以历史期实际经济活动及其预算为基础，结合预算期经济活动及相关影响因素的变动情况，通过调整历史期经济活动项目及金额形成预算的编制方法。增量预算的最大的缺点而受基期实际值的约束，预算人员的思维很难摆脱过去的框架，从而影响预算编制的创造性和开拓性，往往造成极大的浪费。为了解决这一缺点，在20世纪60年代，美国德州仪器公司首次创造并运用零基预算。

零基预算以零为基础和起点，不需要考虑过去的内容，根据实际情况，逐项分析和计量年度内各项费用的内容及其开支标准，进而确定每项预算是否支出的必要性和支出数额；并结合财力状况，在成本效益分析的基础上重新排出各项管理活动的优先次序，并据此决定各项支出分配的先后顺序。零基预算适用于企业各项预算的编制，特别是不经常发生的预算项目或预算编制基础变化较大的预算项目，其具体的编制步骤如下。

（1）企业明确经营总目标，再把总目标分解到各个部门，各部门根据企业的总目标和责任目标，对每一项业务进行具体分析，编写一套方案，提出预算期内需要发生的各种业务及费用开支的性质、目的和数额。

（2）对预算期内的各项费用进行“成本—效益分析”，即按照成本—效益对比原则进行评价，按照轻重缓急和效益大小，分成若干层次，排出开支的先后顺序。

（3）按照前面所确定开支的层次和顺序，结合预算期内可动用的资金，分配资金，落实预算。

案例解析

【案例 7-1】

长城公司计划 2022 年只产销 A 产品，其销售单价预计为 300 元/件，单位变动成本为 100 元/件，固定成本总额为 135 000 元，销售量范围为 1 000～1 300 件。

【业务】

以每 100 件销售量用为间隔进行弹性利润预算，如表 7-1 所示。

解　析

表 7-1　长城公司 2022 年弹性利润预算　　**单位：元**

项目	业务量			
	1 000	1 100	1 200	1 300
销售收入	300 000	330 000	360 000	390 000
减：变动成本	100 000	110 000	120 000	130 000
边际贡献总额	200 000	220 000	240 000	260 000
减：固定成本	135 000	135 000	135 000	135 000
息税前利润	65 000	85 000	105 000	125 000

弹性预算适用于企业各项预算的编制，特别是市场、产能等存在较大不确定性，且其预算项目与业务量之间存在明显的数量依存关系的预算项目。弹性预算的优势是按预算期内，某一相关范围内的可预见的多种业务量水平确定不同的预算额，从而扩大了预算的适用范围，便于全面预算指标的调整。

【案例 7-2】

长城公司可用于销售及管理方面的资金为 250 000 元，该公司销售及管理部门根据 2022 年的目标利润及本部门的具体工作任务，经全体职工充分讨论，认为将发生以下各项费用：①房屋租金 30 000 元；②保险费 2 5000 元；③办公费 25 000 元；④差旅费 20 000 元；⑤广告费 100 000 元；⑥研究开发费 125 000 元。

【业务】

采用零基预算法编制 2022 年度的销售及管理费用预算。

解　析

（1）将属于酌量性固定成本的广告费、研究开发费，根据相关资料进行成本—效益分析，其分析结果是广告费和研究开发费的成本收益率分别为 20%和 30%。

（2）将上述六项费用项目按照它们的轻重缓急和效益大小，对其排出开支层次和顺序。

第一层次：①②③④项费用属于约束性固定成本，是下年度必不可少的开支，必须全数保证资金供应。

第二层次：研究开发费，属于酌量性固定成本，可根据预算期内企业财力情况酌情支出。由于研究开发费的成本收益率大于广告费，所以列为第二层次。

第三层次：广告费，也属于酌量性固定成本，由于其成本收益率小于研究开发费的成本收益率，所以列为第三层次。

（3）分配资金，落实预算。该公司可用于销售及管理方面的资金为250 000万元，这250 000元应根据以下排列的层次和顺序进行分配，具体分配如下。

①房屋租金30 000元；

②保险费25 000元；

③办公费25 000元；

④差旅费20 000元。

以上四项合计100 000元。可动用资金250 000元在保证第一层次费用开支后，剩余150 000元，这150 000元按成本效益率的比例，在第二层次的研究开发费和第三层次的广告费之间进行分配。

⑤研究开发费可分配资金=150 000×30%/（20%+30%）=90 000元。

⑥广告费可分配资金=150 000×20%/（20%+30%）=60 000元。

相对于传统的预算编制方法来说，零基预算的优点是不受现有费用项目的限制，不受现行预算的束缚，能够调动各方面节约费用的积极情，有利于促使各基层单位精打细算，合理使用资金；其缺点是工作量较大。

小试牛刀

【实训资料1】

在长城公司的制造费用中，变动制造费用包括间接材料、间接人工两部分，每机器小时费用率分别为0.5元和1元；混合成本包括设备维修费、电力费和燃料费，经分解它们与业务量X有如下函数关系。

维修费=5 000+0.1X；电力费=10 000+0.2X；燃料费=2 000+0.6X。

固定制造费用主要包括车间管理费用、折旧费用、保险费用等项目，总额为20 000元。

假定该工厂的相关业务量范围为50 000~70 000机器小时。

【实训要求】

（1）用列表法编制该公司的制造费用弹性预算，将结果填入表7-2中（业务量间隔5 000机器小时）。

（2）用公式法计算该公司的制造费用弹性预算，将结果填入表7-3中。

解：

（1）列表法：该公司的制造费用弹性预算，如表 7-2 所示。

表 7-2　制造费用弹性预算　　单位：元

业务量（机器小时）					
变动制造费用					
间接材料（0.5 元/小时）					
间接人工（1 元/小时）					
小计					
混合性制造费用					
维修费（6 000+0.1X）					
电力费（8 000+0.2X）					
燃料费（1 500+0.6X）					
小计					
固定制造费用					
合计					

（2）公式法：

表 7-3　制造费用弹性预算　　单位：元

成本项目	固定成本（元）	单位变动成本（元/机器小时）
间接材料		0.5
间接人工		1
维修费	6 000	0.1
电力费	8 000	0.2
燃料费	1 500	0.6
固定制造费用	20 000	
合计	35 500	2.4

该公司的制造费用预算公式为

扫我看答案

【实训资料 2】

月星公司预算编制人员提出的预算年度开支水平，如表 7-4 所示。

表 7-4　月星公司预算年度开支水平

费用项目	开支金额（万元）
广告费	200
保险费	60
劳动保护费	30
业务招待费	180
办公费	80
职工福利费	40
合计	590

假定公司预算年度对上述费用可动用的财力资金有 500 万元，经过充分论证，认为上述费用中的广告费、保险费和劳动保护费必须得到全额保证，业务招待费、办公费和职工福利费可以适当压缩，对其根据有关资料进行成本—效益分析，其分析结果如下（表 7-5 所示）。

表 7-5　成本效益分析

费用项目	成本金额（万元）	收益金额（万元）
业务招待费	1	6
办公费	1	3
职工福利费	1	1

【实训要求】

对该公司的销售费管理费用采用零基预算的编制方法，并将预算结果填入表 7-6 中。

表 7-6　月星公司预算 2022 年度开支水平

费用项目	开支金额（万元）
广告费	
保险费	
劳动保护费	
业务招待费	
办公费	
职工福利费	
合计	

扫我看答案

考核评价

＊ 知识评价

巩固拓展

＊ 能力巩固

【实训目的】

通过练习，掌握弹性预算和零基预算的基本方法。

【实训资料 1】

长城公司计划 2022 年度产销 A 产品，其销售单价预计为 380 元/件，单位变动成本为 200 元/件，固定成本总额为 138 000，销售量范围为 1 100～1 500 件。

【实训要求】

根据以上资料，按每 100 件销售量作为间隔，为该公司编制 2022 年的弹性利润预算表。

【实训资料 2】

长城公司计划年度采用零基预算法编制销售及管理费用预算，企业销售及管理部门根据计划年度的目标利润及本部门的具体工作任务，经职工充分讨论，认为将发生各项费用合计 129 000 元，具体为：①保险费 15 000 元；②房屋租金 55 000 元；③办公费 6 000 元；④差旅费 3 000 元；⑤广告费 30 000 元；⑥职工培训费 12 000 元。

此外，该公司计划年度可用于销售及管理费用的资金预计 100 000 元。

上述①②③④项费用是下年度必不可少的开支，广告费和职工培训费可以根据计划年度企业资金供应情况酌情增减，预计广告费和职工培训费的成本收益之比 2∶3

【实训要求】

为该公司编制计划年度销售及管理费用的零基预算。

＊ **知识拓展**

编制预算的其他方法——滚动预算法

企业根据上一期预算执行情况和新的预测结果，按既定的预算编制周期和滚动频率，对原有的预算方案逐期滚动，持续推进，使预算总是保持一定的时间幅度预算。其中，预算编制周期是指每次预算编制所涵盖的时间跨度，有中期滚动预算和短期滚动预算组成；滚动频率是指调整和补充预算的时间间隔。中期滚动预算的预算编制周期通常为 3 年或 5 年，以 1 年作为预算滚动频率。短期滚动预算通常以 1 年为预算编制周期，以月度、季度作为预算滚动频率。滚动预算示意图如图 7-1 所示。

2021 年预算					
第一季度			第二季度	第三季度	第四季度
1 月份明细数	2 月份明细数	3 月份明细数	总数	总数	总数

2021 年预算					2022 年预算
第二季度			第三季度	第四季度	第一季度
4 月份明细数	5 月份明细数	5 月份明细数	总数	总数	总数

图 7-1　滚动预算示意图

＊ **学思用贯通，知信行统一**

用场景“预”见更好未来

预算管理是从预算编制、预算执行再到绩效评价的一个闭环体系。传统的预算编制以花费的金额数量开始，容易导致预算与执行两张皮，预算归预算，执行归执行。而预算管理本身就是一种场景式管理，战略与组织结构、商业模式等，对预算场景的预设，是决定性的。数字化转型对预算管理而言更多的是数据的分析与预测，在预算管理领域可以从预算编制的标准化入手。但无论如何，企业管理都离不开“业务”本身。采购及供应链、生产运营、销售与服务等，都是业务场景，也都需要预算加以跟进。随着数字化转型的发展，预算编制可以从待完成的事项开始，根据每一事项设置一个场景，将预算规则嵌入到信息化管理系统中，从而将企业的管理活动进行预算标准化处理。这样不仅可以打破各部门之间的信息壁垒，做到信息互通有无，而且能够打通预算与执行，减少业务部门人为的预算松弛以及腐败的可能。党的二十大报告从战略和全局的高度，明确了进一步深化财税体制改革的重点举措，提出“健全现代预算制度”，预算管理进行数字化转型与创新势在必行。预算管理的数字化转型可以从数据采集和处理、预算编制、预算执行和控制、预算分析和优化等多个环节入手，以提高预算管理的效率和准确性，帮助企业更好地应对市场变化和业务需求。

任务二　全面预算的编制

任务描述

全面预算是企业对未来一定期间经营活动、投资活动、财务活动等做出的预算安排，是一种全方位、全过程、全员参与编制与实施的预算管理模式。其内容包括经营预算、专门决策预算和财务预算三个部分，构成内容全面复杂，涉及企业各个经营管理部门，是企业进行有效管理的关键。请结合案例企业的案例，通过经营预算、专门决策预算和财务预算明确各部门的工作目标。

任务目标

（1）经营预算的编制。

（2）财务预算的编制。

知识链接

一、经营预算的编制

经营预算，又称业务预算，包括销售预算、生产预算、直接材料预算、直接人工预算等，通常按年分季度或分月编制各个预算表。

全面预算
管理认知

（一）销售预算的编制

销售预算是编制全面预算的起点，主要对产品销售单价、销售量和销售收入进行预测并编制销售预算表，由销售部门负责编制。其中，销售单价是根据市场的供求关系并通过产品的价格决策确定，销售量由市场预测或者销售合同确定，销售收入由销售单价和销售量的乘积计算确定。

为了便于后面编制现金预算，在销售预算表下面，还附有预算期间的现金收入预算表，包括前期应收销售收入的收回和本期销售收入的收回。

（二）生产预算的编制

生产预算是在销售预算的基础上，一般是按产品的类别分别编制预算，由生产部门负责编制。编制方法：是根据预计销售量和预计每期的期初、期末存货数量，确定预算期每期各类产品生产量，再填入生产预算表内。其计算公式如下：

预计生产量=预计销售量+预计期末产品存货量-预计期初产品存货量

（三）直接材料的预算

直接材料采购预算是在生产预算的基础上，一般是按材料的类别分别编制预算，主要是由物资供应部负责编制。编制方法：首先，根据预计生产量和单位产品的材料消耗定额确定原材料的生产需要量；然后，根据预计每期的期初、期末存货材料数量来确定预计直接材料采购量；再与预计材料采购单价相乘可得到预计直接材料采购金额。其计算公式如下：

预计生产需要量=预计生产量×单位产品材料耗用量

预计直接材料采购量=预计生产需要量+预计期末材料存货-预计期初材料存货

预计直接材料采购金额=预计直接材料采购量×直接材料采购单价

为了便于后面编制现金预算，在直接材料预算表下面，还附有预算期间的现金支出预算表，通常包括前期材料应付款项的偿还额和本期材料采购款项的支付。

（四）直接人工预算

直接人工预算是在生产预算的基础上，用来规划预算期各类工种的人工工时的消耗水平和人工成本，主要是由生产部门或劳动人事部门负责编制。编制的主要内容为单位产品工时、人工总工时、每小时人工成本和直接人工总成本等。其计算公式如下：

预计直接人工总工时=预计生产量×单位产品人工工时

预计直接人工成本总额=每小时人工成本（单位工时工资率）×直接人工总工时

（五）制造费用预算

制造费用预算是在生产预算的基础上，对预算期内除了直接材料预算和直接人工预算以外的其他生产费用而编制的预算，主要是由生产部门负责。按成本习性进行划分，制造费用可以分为固定制造费用和变动制造费用两部分，并分别列示。固定制造费用预算则在上年度计算基础上，根据预期变动加以修正确定；变动制造费用是根据预计生产量或者直接人工工时乘以单位产品预定分配率确定。其计算公式如下：

预计变动制造费用=预计生产量或预计直接人工工时×变动制造费用预计分配率

在制造费用预算编制中，除了折旧费用以外，其他项目都需要支付现金。为了便于后面编制现金预算，每期制造费用数额扣除折旧数额后，即得出现金支出的制造费用。其计算公式如下：

预计现金支出的制造费用=预计变动制造费用+预计固定制造费用-折旧费和摊销费

（六）产品成本预算

产品成本预算是在生产预算、直接材料采购预算、直接人工预算和制造费用预算基础上编制的预算，对预算期内的每种产品的单位产品成本和产品总成本而编制的预算。一般是由生产部门负责编制。编制时，将料、工、费三大项目的价格和用量标准分别相乘，然后再加以汇总。

（七）销售及管理费用预算

销售及管理费用预算对组织产品销售过程和日常经营管理活动发生费用支出而编制的预算，一般是由销售部门和行政管理部门负责编制，其编制方法与制造费用预算相似，其计算公式如下：

预计变动销售费用=单位产品变动销售费用×预计销售量

管理费用预算是企业日常生产经营中一般行政管理事务所必需的费用，管理费用项目比较复杂，大多属于固定成本，各季度开支比较均衡。

为便于编制现金预算，在销售费用和管理费用预算中，还包括相应的现金支出预算。

二、财务预算表的编制

（一）现金预算表

现金预算是在经营预算的基础上汇总编制的，一般是由财务部门负责编制。由预算期内的现金收入、现金支出、现金余缺、资金筹集与应用四个部分组成。

（1）现金收入，包括期初现金余额和预算期现金收入，现金收入主要来源于销售收入。

（2）现金支出，包括预算的各项现金支出。其中，直接材料、直接人工、制造费用、销售及管理费用的数据分别来自业务预算。

（3）现金余缺，列出现金收入与现金支出合计的差额。当差额为正时，说明收大于支，现金有多余，当差额为负时，说明支大于收，现金不足。

（4）资金筹集与应用，根据预算期内的现金收支差额和有关资金管理的各项政策，确定数额。

业财融合背景下的全面预算管理

（二）预计利润表

预算利润表依据销售预算、产品成本预算、销售费用及管理费用预算和现金预算等编制而成的预算，一般是由财务部门负责编制。

（三）预计资产负债表

预计资产负债表以基期资产负债表为基础，根据销售、生产、费用等预算的有关资料数据进行汇总，加以调整编制而成的。

案例解析

【案 例 7-3】

长城公司生产并销售一种产品 A，其销售单价预计为 300 元/件，根据销售合同和市场预测的 2022 年产品销量为 14 000 件。该公司销售采用赊销与现销两种方式，每季度现销 60%，赊销款于下一季度全部收回。2021 年，应收账款余额 50 000 元，将于下一年度的第一季度全额收回现金，不考虑增值税。

该公司 2022 年初有 A 产品存货 200 件，预计期末存货为 550 件，其他各期期末存货按下期预计销售量的 10%来确定。

该公司生产的 A 产品仅耗用一种 B 材料，2022 年初和年末材料存量分别为 790 千克和 1560 千克，其余各期期末材料按下期生产需要量的 10%来确定。单位产品消耗 B 材料定额为 12 千克，材料预计单价为 8 元，预计各季度采购材料的货款当期支付 60%，剩下的 40%在下季度付清。2021 年期末，应付账款余额 100 000 元在 2022 年第一季度支付，不考虑增值税。

该公司直接人工的工种只有一种，2022 年生产的 A 产品单件工时为 4 小时，每小时人工成本 8 元。

假定该公司编制 2022 年制造费用预算时，变动制造费用标准分配率分别为材料费为 1.5 元/小时，人工费为 1.5 元/小时，水电费为 1 元/小时，修理费为 1.5 元/小时，其他费用 0.5 元/小时；车间管理人员工资、修理费、水电费、保险费、设备租金等固定制造费用与产量无关；按上年实际开支数在各季进行平摊，上年全年金额分别为 107 000、32 000 元、34 000、24 000、100 000，提取的折旧为 8 7000 元，各季度的各项制造费用除折旧费用外，均于现金当季付款。

假定 A 产品的年初单位成本 148 元，产成品计价方法采用先进先出法。

假定该公司编制 2022 年销售及管理费用预算时，变动销售及管理费用标准分配率分别为销售佣金为 1.5 元/小时、销售运杂费 1.5 元/小时，其他 7 元/小时。管理人员工资、办公费、广告宣传费、其他等固定销售管理费用分别预计为 60 000 元、16 000 元、200 000 元、24 000 元，提取的折旧为 30 000 元，固定性费用在各季平摊，折旧外的其他各项费用均于现金当季付款。

该公司预计年初现金余额80 000元，若公司资金不足，可以向银行贷款300 000元，借款利率为4%，年初借入，年末偿还。此外，公司在2022年初准备投资240 000元购置机器设备，四季度平摊支付，每季度预交所得税为20 000元，预算在第三季度发放股利200 000元。

【业务1】

根据上述资料编制2022年销售预算，见表7-7。

【业务2】

根据上述资料编制2022年生产预算，见表7-8。

【业务3】

根据上述资料编制2022年直接材料预算，见表7-9。

【业务4】

根据上述资料编制2022年直接人工预算，见表7-10。

【业务5】

根据上述资料编制2022年制造费用预算，见表7-11。

【业务6】

根据上述资料编制2022年产品成本预算，见表7-12。

【业务7】

根据上述资料编制2022年销售及管理费用预算，见表7-13。

【业务8】

根据上述资料编制2022年现金预算表，见表7-14。

【业务9】

根据上述资料编制2022年预计利润预算，见表7-15。

【业务10】

根据上述资料编制2022年预计资产负债表预算，见表7-16。

解　析

【业务1】

表7-7　长城公司2022年销售预算

项目	第一季度	第二季度	第三季度	第四季度	合计
预计销售量（件）	2 000	3 000	4 000	5 000	14 000
销售价格（元/件）	300	300	300	300	300
预计销售收入（元）	600 000	900 000	1200 000	1 500 000	4 200 000
年初应收账款（元）	50 000				50 000
第一季度销售现金收入（元）	360 000	240 000			600 000
第二季度销售现金收入（元）		540 000	360 000		900 000
第三季度销售现金收入（元）			720 000	480 000	1 200 000
第四季度销售现金收入（元）				900 000	900 000
销售现金收入合计（元）	410 000	780 000	1 080 000	1 380 000	3 650 000

【业务 2】

表 7-8　长城公司 2022 年生产预算　　单位：件

项目	第一季度	第二季度	第三季度	第四季度	合计
预计销售量	2 000	3 000	4 000	5 000	14 000
加：预计期末存货量	300	400	500	550	550
减：预计期初存货量	200	300	400	500	200
预计生产量	2 100	3 100	4 100	5 050	14 350

【业务 3】

表 7-9　长城公司 2022 年直接材料预算

项目	第一季度	第二季度	第三季度	第四季度	合计
预计生产量（件）	2 100	3 100	4 100	5 050	14 350
单位产品材料耗用量（千克/件）	12	12	12	12	12
生产需要量（千克）	25 200	37 200	49 200	60 600	172 200
加：预计期末材料存量（千克）	3 720	4 920	6 060	1 560	1 560
减：预计期初材料存量（千克）	790	3720	4920	6060	790
预计采购量（千克）	28 130	38 400	50 340	56 100	172 970
单价（元/千克）	8	8	8	8	8
预计材料采购成本（元）	225 040	307 200	402 720	448 800	1 383 760
年初应付账款余额（元）	100 000				100 000
第一季度采购现金支出（元）	135 024	90 016			225 040
第二季度采购现金支出（元）		184 320	122 880		307 200
第三季度采购现金支出（元）			241 632	161 088	402 720
第四季度采购现金支出（元）				269 280	269 280
现金支出合计（元）	235 024	274 336	364 512	430 368	1 304 240

【业务 4】

表 7-10　长城公司 2022 年直接人工预算

项目	第一季度	第二季度	第三季度	第四季度	合计
预计生产量（件）	2 100	3 100	4 100	5 050	14 350
单位产品工时（时/件）	4	4	4	4	4
人工总工时（时）	8 400	12 400	16 400	20 200	57 400
每小时人工成本（元）	8	8	8	8	8
人工总成本（元）	67 200	99 200	131 200	161 600	459 200

【业务 5】

表 7-11　长城公司 2022 年制造费用预算

项目	第一季度	第二季度	第三季度	第四季度	合计
预计人工总工时（小时）	8 400	12 400	16 400	20 200	57 400
变动性制造费用：					
间接材料（元）	12 600	18 600	24 600	30 300	86 100
间接人工（元）	12 600	18 600	24 600	30 300	86 100
水电费（元）	8 400	12 400	16 400	20 200	57 400
修理费（元）	12 600	18 600	24 600	30 300	86 100
其他（元）	4 200	6 200	8 200	10 100	28 700
小计（元）	50 400	74 400	98 400	121 200	344 400
固定性制造费用：					
管理人员工资（元）	26 750	26 750	26 750	26 750	107 000
折旧（元）	21 750	21 750	21 750	21 750	87 000
修理费（元）	8 000	8 000	8 000	8 000	32 000
水电费（元）	8 500	8 500	8 500	8 500	34 000
保险费（元）	6 000	6 000	6 000	6 000	24 000
设备租金（元）	25 000	25 000	25 000	25 000	100 000
小计（元）	96 000	96 000	96 000	96 000	384 000
制造费用合计（元）	146 400	170 400	194 400	217 200	728 400
减：折旧（元）	21 750	21 750	21 750	21 750	87 000
现金支出费用（元）	124 650	148 650	172 650	195 450	64 1400

【业务 6】

表 7-12　长城公司 2022 年生产成本预算

项目	甲产品全年生产量 14 350 件			
	销售单价（元/件）	单耗（元）	单位成本（元）	总成本（元）
直接材料	8	12	96	1 377 600
直接人工	8	4	32	459 200
变动制造费用	6	4	24	344 400
合计			152	2 181 200
产成品存货	数量	单位成本	总成本	
年初存货	200	148	29 600	
年末存货	550	152	83 600	
本年销售	14 000		2 127 200	

【业务 7】

表 7-13　长城公司 2022 年销售及管理费用预算

项目	变动销售费用率（%）	第一季度	第二季度	第三季度	第四季度	合计
预计销售收入		600 000	900 000	1 200 000	1 500 000	4 200 000
变动销售及管理费用						
销售佣金	1.5	9 000	13 500	18 000	22 500	63 000
销售运杂费	1.5	9 000	13 500	18 000	22 500	63 000
其他	7	42 000	63 000	84 000	105 000	294 000
小计	10	60 000	90 000	120 000	150 000	420 000
固定销售及管理费用						
管理人员工资		15 000	15 000	15 000	15 000	60 000
折旧		7 500	7 500	7 500	7 500	30 000
办公费		4 000	4 000	4 000	4 000	16 000
广告宣传费		50 000	50 000	50 000	50 000	200 000
其他		6 000	6 000	6 000	6 000	24 000
小计		82 500	82 500	82 500	82 500	330 000
销售费用合计		142 500	172 500	202 500	232 500	750 000
减：折旧		6 000	6 000	6 000	6 000	24 000
现金支出费用		136 500	166 500	196 500	226 500	726 000

【业务 8】

表 7-14　长城公司 2022 年现金预算　　　　单位：元

项目	第一季度	第二季度	第三季度	第四季度	合计
期初现金余额	80 000	146 626	157 940	93 078	800 00
加：销售现金收入	410 000	780 000	1 080 000	1 380 000	3 650 000
可供使用现金	490 000	926 626	1 237 940	1 473 078	4 127 644
减：现金支出					
直接材料	235 024	274 336	364 512	430 368	1 304 240
直接人工	67 200	99 200	131 200	161 600	459 200
制造费用	124 650	148 650	172 650	195 450	641 400
销售及管理费用	136 500	166 500	196 500	226 500	726 000
预交所得税	20 000	20 000	20 000	20 000	80 000
购买国库券					
发放股利			200 000		
购买设备	60 000	60 000	60 000	60 000	240 000
支出合计	643 374	768 686	1 144 862	1 093 918	3 650 840
现金收支差额	−153 374	157 940	93 078	379 160	476 804
向银行贷款	300 000				300 000
归还银行借款				300 000	300 000
借款利率（年利 4%）				12 000	12 000
期末现金余额	146 626	157 940	93078	67 160	67 160

【业务 9】

表 7-15　长城公司 2022 年预计利润预算　　单位：元

项目	第一季度	第二季度	第三季度	第四季度	合计
销售收入	600 000	900 000	1 200 000	1 500 000	4 200 000
减：变动成本					
变动生产成本	303 200	456 000	608 000	760 000	2 127 200
变动销售费用	60 000	90 000	120 000	150 000	420 000
变动成本小计	363 200	546 000	728 000	910 000	2 547 200
贡献边际	236 800	354 000	472 000	590 000	1 652 800
减：固定成本					
固定制造费用	96 000	96 000	96 000	96 000	384 000
固定销售管理费用	82 500	82 500	82 500	82 500	330 000
利息支出				12 000	12 000
固定成本小计	178 500	178 500	178 500	190 500	726 000
税前利润	58 300	175 500	293 500	399 500	926 800
减：所得税（25%）	14 575	43 875	73 375	99 875	231 700
税后利润	43 725	131 625	220 125	299 625	695 100

【业务 10】

表 7-16　长城公司 2022 年预计资产负债表预算　　单位：元

资产	年初数	期末数	负债及所有者权益	年初数	期末数
流动资产			流动负债		
现金	80 000	67 160	应付账款	100 000	179 520
应收账款	50 000	600 000	应交所得税		151 700③
原材料	6 320	12 480	短期借款		
产成品	29 600	83 600	流动负债合计	100 000	331 220
流动资产合计	165 920	763 240	长期负债		
固定资产原值	2 200 000	2 440 000①	长期借款	68 000	68 000
减：累计折旧	504 280	615 280②	所有者权益		
固定资产净值	1 695 720	1 824 720	股本	1 700 000	1 700 000
无形资产	47 040	47 040	留存收益	40 680	535 780④
资产合计	1 908 680	2 635 000	负债和权益合计	1 908 680	2 635 000

表中：①= 2 200 000+240 000（表 7-14）；②= 504 280+87 000（表 7-11）+24 000（表 7-13）；③= 231 700−80 000（表 7-15、表 7-14）；④= 40 680+695 100−200 000（表 7-15、表 7-14）

小试牛刀

【实训资料】

假设月星公司只生产一种产品，销售单价为 200 元，预算年度内四个季度的销售量经估计分别为 250 件、300 件、400 件、360 件。根据以往经验，销售货款在当季可收到 60%，下一季度收回剩余的 40%，预计预算年度第一季度可收回上年第四季度的应收账款 20 000 元。

公司希望在每季季末保持下季度销售量 10%的期末存货，上年年末产品的期末存货为 50 件，单位成本 180 元，预计下年第一季度销售量为 300 件。

【实训要求】

（1）根据上述资料编制各季度销售预算及现金收入将结果填入表 7-17 中（业务量间隔 5 000 机器小时）。

（2）根据上述资料编制各季度生产预算表将结果填入表 7-18 中。

解：

（1）公司的销售预算，如表 7-17 所示。

表 7-17　月星公司销售预算

项目	第一季度	第二季度	第三季度	第四季度	合计
预计销售量（件）					
销售价格（元/件）					
预计销售收入（元）					
年初应收账款（元）					
第一季度销售现金收入（元）					
第二季度销售现金收入（元）					
第三季度销售现金收入（元）					
第四季度销售现金收入（元）					
销售现金收入合计（元）					

（2）公司的生产预算，如表 7-18 所示。

表 7-18　月星公司生产预算

项目	第一季度	第二季度	第三季度	第四季度	合计
预计销售量					
加：预计期末存货量					
减：预计期初存货量					
预计生产量					

扫我看答案

考核评价

＊ 知识评价

巩固拓展

＊ 能力巩固

【实训目的】

通过练习，掌握经营预算和财务预算的编制方法。

【实训资料】

假定亚远公司只产销一种产品甲产品，其单价预计为150元/件，根据销货合同和市场预测的2022年产品销量为6 000件。其中，一季度1 000件，二季度1 500件，三季度2 000件，四季度1 500件。在每季度销售收入中，每季度收到现金60%，其余的40%于下下季度收回，上年度应收账款余额60 000元，将于下一年度的第一季度全额收回现金。

假定亚远公司2022年初有甲产品存货100件，预计期末存货为200件，其他各期期末存货按下期预计销售量的10%来确定。

假定亚远公司生产的甲产品仅耗用一种原材料，2022年初和年末材料存量分别为800千克和1 200千克，其余各季末材料按下一季度生产需要量的20%来确定，单位产品消耗材料定额为2千克，材料计划单价为20元。另外，假定每季度采购材料款当季付50%，剩下的50%在下季度付清，2021年期末应付账款余额30 000元在2022年第一季度支付。

假定亚远公司直接人工的工种只有一种，2022年生产的甲产品单件工时为4小时，单位工时的标准工资率5元。

假定亚远公司编制2022年制造费用预算时，变动制造费用标准分配率分别为间接材料费为0.5元/小时，间接人工费为0.5元/小时，水电费为0.4元/小时，修理费为0.3元/小时，动力费0.3元/小时；管理费、维修费、保险费等固定制造费用全年预计为24 000元、16 000元、20 000元，提取的折旧为37 000元；各季度除折旧费用外，各项制造费用均于现金当季付款。

假定甲产品的年初单位成本70元，产成品计价方法采用先进先出法。

假定亚远公司编制2022年销售及管理费用预算时，变动销售及管理费用标准分配率分别为销售佣金为5元/小时、销售运杂费3元/小时。管理人员工资、广告宣传费、保险费等固定销售管理费用分别预计为24 000元、40 000元、160 000元，提取的折旧为20 000元，固定性费用在各季平摊，折旧外的其他各项费用均于现金当季付款。

【实训要求】

（1）根据上述资料编制2022年亚远公司销售预算。

（2）根据上述资料编制2022年亚远公司生产预算。

（3）根据上述资料编制2022年亚远公司直接材料预算。

（4）根据上述资料编制2022年亚远公司直接人工预算。

（5）根据上述资料编制2022年亚远公司制造费用预算。

（6）根据上述资料编制2022年亚远公司产品成本预算。

（7）根据上述资料编制2022年亚远公司销售管理费用预算。

＊ 知识拓展

全面预算体系

全面预算体系主要包括业务预算、专门决策预算和财务预算。

业务预算（也称经营预算）是指与企业日常业务直接相关的一系列预算，包括销售预算、生产预算、采购预算、费用预算、人力资源预算等。

专门决策预算是指企业重大的或不经常发生的、需要根据特定决策编制的预算，包括投融资决策预算等。

财务预算是指与企业资金收支、财务状况或经营成果等有关的预算，包括资金预算、预计资产负债表、预计利润表等。财务预算作为全面预算体系的最后环节，是从价值方面总括的反映企业业务预算与专门决策预算的结果。

企业全面预算体系由业务预算、专门决策预算和财务预算组成。其结构如图7-2所示。

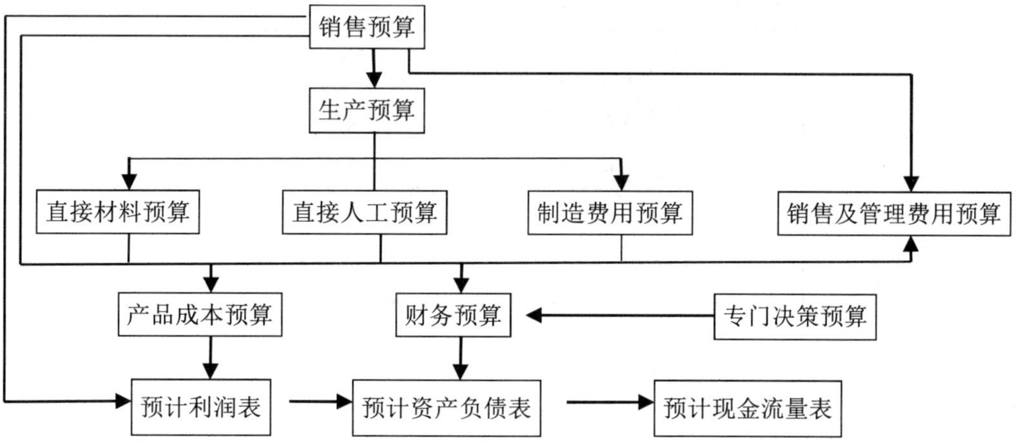

图7-2　全面预算体系

*** 学思用贯通，知信行统一**

统一财经，恢复经济

当中央人民政府成立时，财政经济面临严重困难。抗战以来，愈演愈烈的恶性通货膨胀仍在继续，人民解放军后期作战仍需很大开支，恢复生产和铁路交通急需大量资金。严峻的经济形势严重影响了人民的生活。能不能遏制涨价风潮，成为关系人民生活、社会安定的重大问题。面对复杂形势，党和人民政府采取必要的行政手段和有力的经济措施，成功组织了同投机资本做斗争的两大“战役”（银元和粮棉之战），这两场“战役”巩固了新生的人民政权，提高了中国共产党的威望。

统一财经
恢复经济

在项目全面预算编制中，结合学习《统一财经，恢复经济》的故事，培养学生树立“凡事预则立，不预则废”的意识，明晰人生责任与使命，及早提升人生成长规划的目标追求，包括职业规划、情感规划、健康规划、经济规划等，从企业的战略目标出发，培养全面的大局观念，树立担当、奉献的职业精神，并具备团队意识，积极沟通，互相协作地解决问题。

VDC 管理会计实验课后实训——预算编制

一、实训任务内容

（1）掌握预算编制系统的使用方法。

（2）能根据业务部门提供的资料编制生产和采购预算。

（3）能够根据公司的费用标准和管理目标编制公司期间费用预算。

（4）能够根据业务预算编制公司资金预算，并判断公司预算期的资金风险。

（5）能够根据资金预算和业务预算编制公司的利润预算，并判断公司经营目标实现风险。

二、实训数据和实训工具

财务预算编制　　预算执行分析

VDC 管理会计实验平台——预算编制

项目八 绩效管理

学习目标

【知识目标】

（1）了解以企业为主体的绩效管理指标的优缺点，并明确它对改进绩效管理所起的桥梁作用。

（2）了解责任中心的实质，掌握不同责任中心绩效管理的思路和方法。

（3）了解 EVA 的经济内涵，掌握 EVA 绩效管理的思路和方法。

（4）掌握平衡计分卡的评价思路和方法，并能在工作中加以应用。

（5）掌握不同考评对象的特点，为全面掌握绩效管理奠定基础。

【能力目标】

（1）具备书面表达和口头表达的能力，清晰有效传递信息。

（2）熟练掌握信息处理技术（包括数据库与电子表格等）和统计技术的基础应用方法。

（3）理解绩效管理领域应用的管理会计工具方法的实践应用。

【素养目标】

（1）通过对绩效管理的学习，具备人际沟通技能，善于学习；积极帮助团队或成员；倾听他人的意见，认可不同观点；以明确、准确、简洁的语言方式，包括形体语言交互传递相关信息。

（2）通过对绩效管理的学习，理解财务部门和业务部门之间的合作伙伴关系；根据团队领导或其他相关部门的要求提供相关信息；分析合作者的需求。

（3）通过对绩效管理的学习，开拓思维视野，提升创新能力。

项目知识结构

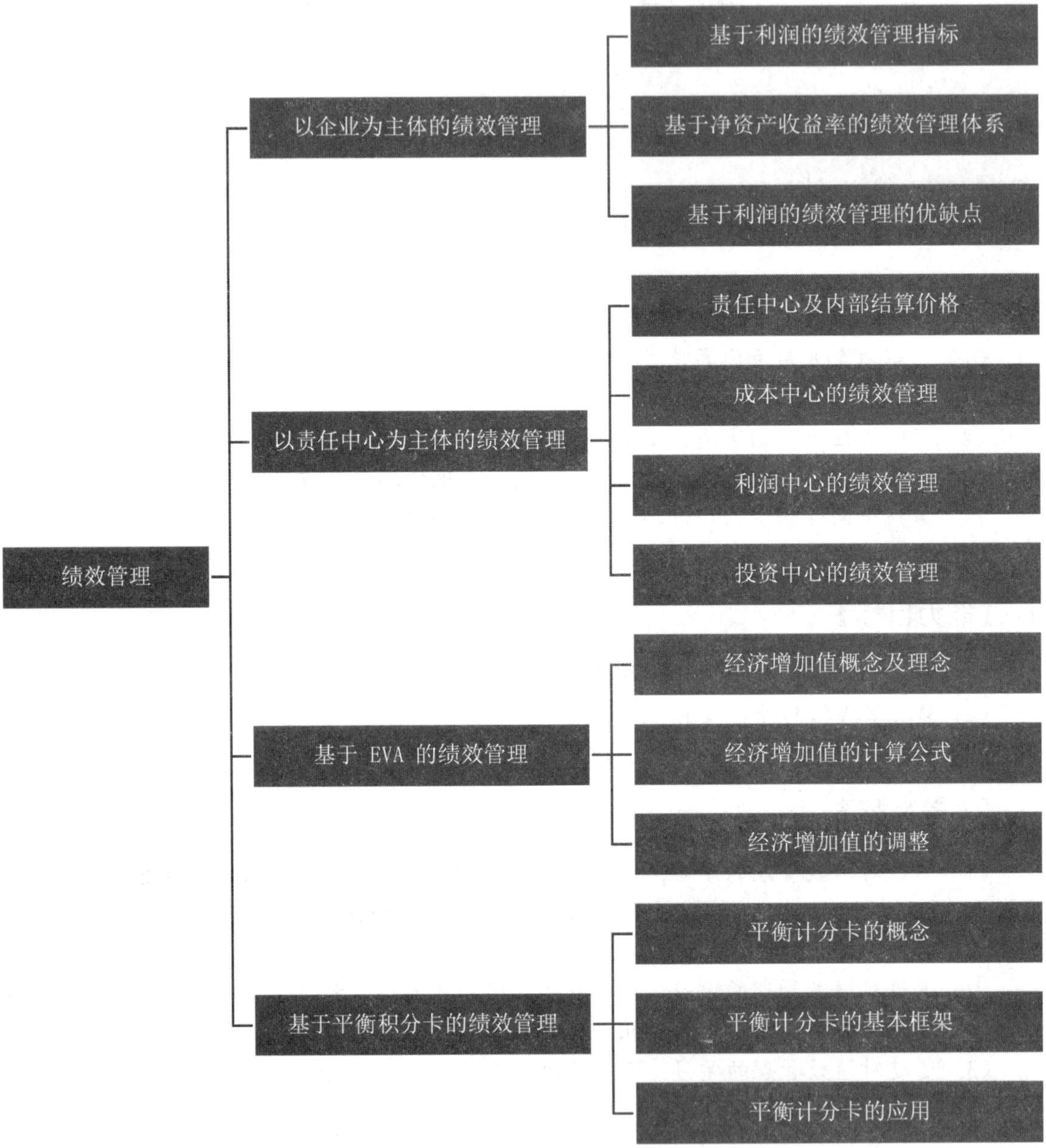
绩效管理
以企业为主体的绩效管理
基于利润的绩效管理指标
基于净资产收益率的绩效管理体系
基于利润的绩效管理的优缺点
以责任中心为主体的绩效管理
责任中心及内部结算价格
成本中心的绩效管理
利润中心的绩效管理
投资中心的绩效管理
基于 EVA 的绩效管理
经济增加值概念及理念
经济增加值的计算公式
经济增加值的调整
基于平衡积分卡的绩效管理
平衡计分卡的概念
平衡计分卡的基本框架
平衡计分卡的应用

【视野先导】

许继集团基于战略执行的全员绩效管理体系的构建

国家电网许继集团有限公司（以下简称许继集团）经过40多年的发展，规模不断壮大，运营复杂度急剧上升，运营效率停滞不前，运营矛盾日渐成为公司的主要矛盾。根据国资委的要求，在深入分析公司面临的机遇、挑战与存在的主要矛盾后，该集团开启了基于战略执行的全员绩效管理变革。该体系模型以公司全员目标责任体系为中心，以全闭环绩效过程管理体系为主线，以全面综合保障体系为基础支撑，全员目标责任体系将公司战略层层分解落实到每一位员工实际工作中，做到“千斤重担有人挑，人人肩上有指标”。

全闭环绩效过程管理体系通过绩效承诺的“双定（定任务、定报酬）”会议、绩效过程管理的铁篦梳理、绩效评价和结果应用对公司经营目标实行全过程跟踪、辅导与评估，以顺利实现公司经营目标。

【启　示】

全面综合保障体系以科学的组织体系、完备的制度体系、业绩导向的绩效文化及先进的信息技术为主要构成，全面支撑公司绩效管理高效运行。

任务一　以企业为主体的绩效管理

任务描述

绩效管理，是指企业与员工之间就业绩目标及如何实现业绩目标达成共识，并帮助和激励员工取得优异业绩，从而实现企业目标的管理过程。绩效管理的核心是业绩评价和激励管理。首先要立足企业自身发展情况，制定绩效管理执行方案，基于企业为主的绩效管理方案是现在主流的企业绩效管理方案。

任务目标

（1）会计算分析基于利润的绩效管理指标。

（2）会计算分析基于净资产收益率的绩效管理体系。

（3）会分析基于利润的绩效管理的优缺点。

知识链接

基于委托代理理论和激励理论，企业的所有者要对企业进行考评。而以企业为主体的绩效管理主要表现为所有者对企业最高管理层进行的绩效管理，也表现为集团公司对子公司、分公司进行绩效管理。

一、基于利润的绩效管理指标

非上市公司的绩效管理指标，主要包括销售利润率、成本费用利润率、投资报酬率、净资产报酬率和资产报酬率等；而上市公司则经常采用每股收益、每股股利等指标。

绩效管理认知

1. 销售利润率

销售利润率是企业一定时期 利润总额与销售收入的比率，其计算公式如下：

销售利润率= 利润总额÷销售收入×100%

销售利润率越高，表明企业的市场竞争力越强，发展潜力越大，盈利能力越强。在实务中，经常使用销售毛利率、销售净利润率等指标替代销售利润率来分析企业经营业务的获利水平。相关计算公式分别如下：

销售毛利率= 销售毛利额÷销售收入×100%

销售净利润率=销售净利润÷销售收入×100%

2. 成本费用利润率

成本费用利润率是企业一定时期利润总额与成本费用总额的比率，其计算公式如下：

成本费用利润率= 利润总额÷成本费用总额×100%

成本费用利润率越高，表明企业为取得利润而付出的代价越小，资源利用效率越高，盈利能力越强。

3. 投资报酬率

投资报酬率是企业某投资项目年平均利润与项目投资总额的比率，表明企业项目投资的综合收益效果，其计算公式如下：

投资报酬率=年平均利润÷项目投资总额×100%

一般情况下，投资报酬率越高，表明企业项目的投资效益越好。

4. 净资产报酬率

净资产报酬率又称净资产收益率、所有者（股东）权益报酬率，是企业一定时期净利润与平均净资产的比率，反映企业投资者的投资收益水平，其计算公式如下：

净资产报酬率=净利润÷平均净资产×100%

一般认为，净资产报酬率越高，企业投资者获取收益的能力就越强，运营效益就越好，对企业投资人、债权人利益的保证程度越高。

5. 资产报酬率

资产报酬率是一定时期企业利润总额与平均资产总额之间的比率，反映企业总资产的中综合利用水平和综合收益水平，其计算公式如下：

资产报酬率= 利润总额÷平均资产总额×100%

在市场经济条件下，各行业间竞争比较激烈，企业的资产报酬率越高，说明企业的总资产利用效果越好；反之，越差。

二、基于净资产报酬率的绩效管理体系

杜邦分析法利用主要财务比率之间的关系进行综合分析，既全面体现企业整体财务状况，又指出指标与指标之间及指标与报表之间的内在联系，其基本思想是将企业净资产报酬率逐级分解为多项财务比率的乘积，从而深入分析和比较企业经营业绩。

杜邦分析体系的基本框架，如图 8-1 所示。

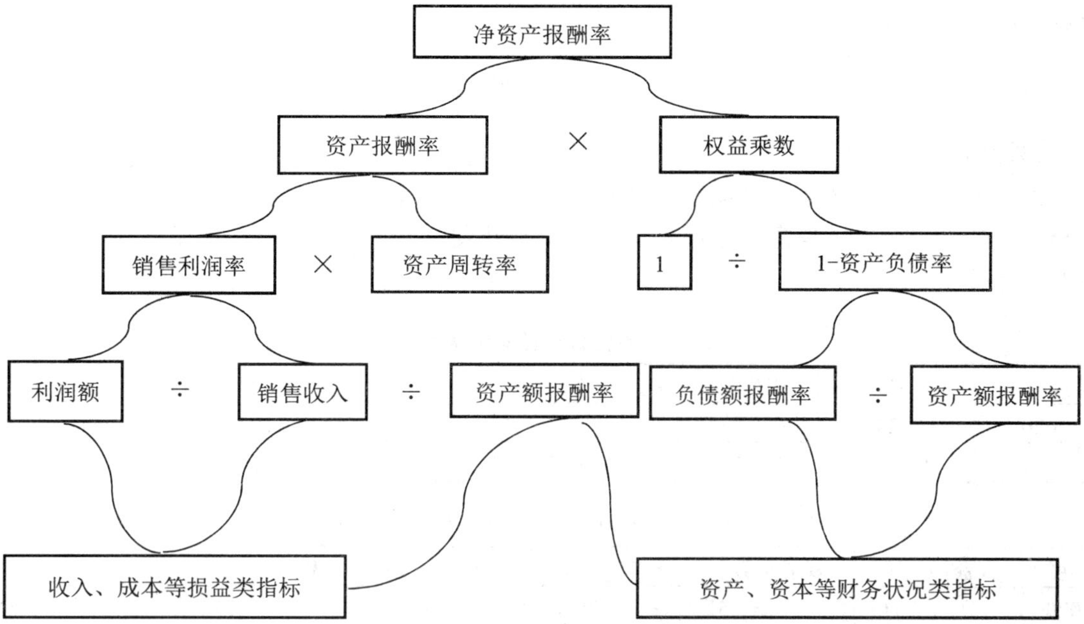

图 8-1　杜邦分析体系框架图

杜邦分析法的基本思路如下。

（1）净资产报酬率是杜邦分析系统的核心，反映了股东投资的获利能力及企业筹资、投资和生产运营等各方面经营活动的效率。净资产报酬率的高低取决于企业资产报酬率和权益乘数。资产报酬率反映企业运用资产进行生产经营活动的效益水平，而权益乘数则主要反映企业对负债的利用情况，即企业资金来源结构的合理性。

（2）资产报酬率的高低取决于销售净利率和资产周转率的高低。资产周转率反映总资产的周转速度，对资产周转率的分析需要对影响资产周转的各因素进行分析，以判明影响公司资产周转的主要问题在哪里。销售利润率反映销售收入的收益水平。提高价格、扩大销售收入、降低成本费用是提高企业销售利润率的根本途径；而扩大销售同时，也是提高资产周转率的必要条件和途径。

（3）权益乘数表示企业的负债程度，反映公司利用财务杠杆进行经营活动的程度。资产负债率高，权益乘数就大，说明公司负债程度高，公司会有较多的杠杆利益，但风险也高；反之，资产负债率低，权益乘数就小，说明公司负债程度低，公司会有较少的杠杆利益，但相应所承担的风险也低。

三、基于利润的绩效管理的优缺点

（一）优点

基于利润进行绩效管理至少有三个优点：①反映企业商品生产的盈利本质；②反映实现的价值，产品卖出去才有收入、利润；③反映收入大于成本的盈利状况。

（二）缺点

利润的实现和计算依赖于历史信息，无法体现企业未来的发展状况，并且在追求利润的过程中可能造成短视行为；忽略风险，无法全面反映企业的长远利益。

例如，为增加当期利润而不进行长期投资或固定资产更新、不进行技术研发投资、不进行品牌建设或维护等。

案例解析

【案例 8-1】

茅台公司主营白酒系列产品的生产和销售，同时进行饮料、食品、包装材料的生产和销售，防伪技术开发，信息产业相关产品的研制开发。财务数据和财务比率，如表 8-1 和表 8-2 所示。

表 8-1 茅台公司基本财务数据 **单位：万元**

项目/年度	净利润	销售收入	资产总额	负债总额	流动负债	股东权益
2020	431 244.61	608 053.99	1 976 962.31	51 1805.75	510 805.75	1 446 598.28
2021	505 119.42	716 241.67	2 558 757.99	703 819.02	702 819.02	1 839 877.41

表 8-2 公司 2009 年至 2010 年财务比率

年度	权益净利率	权益乘数	资产负债率	资产净利率	销售净利率	总资产周转率
2020	0.517	1.35	25.89	0.383	0.709	0.54
2021	0.500	1.39	27.51	0.360	0.705	0.51

【业务】

基于企业绩效管理（杜邦分析法）对茅台公司进行财务分析。

解　析

【业务】

（1）权益净利率=销售净利率×总资产周转率×权益乘数，则

2020 年：0.517=0.709×0.54×1.35。

2021 年：0.500=0.705×0.51×1.39。

（2）权益净利率=资产净利率×权益乘数，则

2020 年：0.517=0.383×1.35。

2021 年：0.500=0.360×1.39。

（3）资产净利率=销售净利率×总资产周转率，则

2020 年：0.383=0.709×0.54。

2021 年：0.360=0.705×0.51。

（4）销售净利率=净利润÷销售收入，则

2020 年：0.709=431 244.61÷608 053.99。

2021 年：0.705=505 119.42÷716 241 .67。

（5）总资产周转率=净利润÷总资产，则

2020 年：0.54=431 244.61÷1 976 962.31。

2021 年：0.51=505 119.42÷2 558 757.99。

（6）权益乘数= 1÷(1-资产负债率)，则

2020 年：1.35=1÷(1-25.89)。

2021 年：1.39=1÷(1−27.51)。

分析公司 2020、2021 年的权益净利率变化情况是权益净利率下降→主要是由于资产净利率下降→又是由于销售净利率下降→主要是由于净利润率下降;其中权益乘数上升→资产负债率上升→负债总额上升→流动负债上升。

从公司的综合能力分析可知公司的盈利能力在减弱，而风险水平在增加。

小试牛刀

【实训资料】

甲公司是一家汽车销售企业，现对公司财务状况和经营成果进行分析，以发现与主要竞争对手乙公司的差异。相关资料，如表 8-3 和表 8-4 所示。

表 8-3　甲公司 2021 年的主要财务报表数据　　**单位：万元**

资产负债表项目	2021 年末
流动资产	4 300
非流动资产	3 700
资产总计	8 000
流动负债	3 500
非流动负债	500
股东权益	4 000
负债和股东权益总计	8 000
利润表项目	2021 年末
销售收入	10 000
利润总额	1 600
减：所得税费用	400
净利润	1 200

假设资产负债表项目年末余额可以代表全年平均水平。

表 8-4　乙公司相关财务比率

销售净利率	总资产周转率	权益乘数
24%	0.6	1.5

【实训要求】

（1）甲公司 2021 年度的净资产收益率。

（2）使用因素分析法，按照销售净利率、总资产周转率、权益乘数的顺序，分析甲公司与乙公司相比，销售净利率的差异对净资产收益率的影响多大？

（3）使用因素分析法，按照销售净利率、总资产周转率、权益乘数的顺序，分析甲公司与乙公司相比，总资产周转率的差异对净资产收益率的影响多大？

（4）使用因素分析法，按照销售净利率、总资产周转率、权益乘数的顺序，分析甲公司与乙公司相比，权益乘数的差异对净资产收益率的影响多大？

（5）从杜邦分析体系可知，提高净资产收益率的途径在于什么？

解析：

（1）甲公司 2021 年度的净资产收益率。

（2）用因素分析法分析销售净利率的差异对净资产收益率的影响。

（3）用因素分析法分析总资产周转率的差异对净资产收益率的影响。

（4）用因素分析法分析权益乘数的差异对净资产收益率的影响。

（5）从杜邦分析体系可知，提高净资产收益率的途径在于什么。

扫我看答案

考核评价

＊ 知识评价

＊ **能力巩固**

【实训目的】

通过练习，掌握杜邦分析法的计算方法。

【实训资料】

已知某公司 2020 年会计报表的有关资料，如表 8-5 所示。

表 8-5　会计报表相关资料　　　　**金额单位：万元**

资产负债表	年初数	年末数
资产	400	500
负债	225	300
所有者权益	175	200
利润表项目	上年数	本年数
营业收入	—	1 000
净利润	—	25

【实训要求】

（1）计算杜邦财务分析体系中的下列指标（凡计算指标涉及资产负债表项目数据的，均按平均数计算）。

①净资产收益率；

②总资产净利率；（保留三位小数）

③营业净利率；

④总资产周转率；（保留三位小数）

⑤权益乘数。

（2）用文字列出净资产收益率与上述其他各项指标之间的关系式，并用本题数据加以验证。

＊ **知识拓展**

杜邦分析法广泛应用的原因，符合公司的理财目标

关于公司的理财目标，欧美国家的主流观点是股东财富最大化；日本等亚洲国家的主流观点是公司各个利益群体的利益有效兼顾。在我国公司的理财目标经历了几个发展时期，每一个时期都有它的主流观点。计划经济时期，产值最大化是公司的理财目标；改革开放初期，利润最大化是公司的理财目标；由计划经济向市场经济转轨时期，有人坚持认为利润最大化仍然是公司的理财目标，有人则提出所有者权益最大化是公司的理财目标，但也有人提出公司价值最大化才是公司的理财目标，至今还没有形成主流观点。有学者认为我国公司的理财目标，应该是投资人、债权人、经营者、政府和社会公众这五个利益群体的利益互相兼顾。在法律和道德的框架内使各方利益共同达到最大化，任何一方的利益遭到损害都不利于公司的可持续发展，也不利于最终实现股东财富的最大化，只有各方利益都能够得到有效兼顾，公司才能够持续稳定协调地发展，最终才能实现包括股东财富在内的

各方利益最大化。这是一种很严密的逻辑关系，它反映了各方利益与公司发展之间相互促进、相互制约、相辅相成的内在联系。

从股东财富最大化这个理财目标我们不难看出，杜邦公司把股东权益收益率作为杜邦分析法核心指标的原因所在。在美国，股东财富最大化是公司的理财目标，而股东权益收益率又是反映股东财富增值水平最为敏感的内部财务指标，所以杜邦公司在设计和运用这种分析方法时就把股东权益收益率作为分析的核心指标。

*** 学思用贯通，知信行统一**

在数字中国的图景中，绩效管理扮演何种角色

管理会计作为企业量化管理的核心内容，其应用涉及数据存储、数据计算、数据建模、数据挖掘和数据分析，恰恰形成了数据驱动的闭环过程。因此，数据驱动离不开管理会计思想、工具和方法的应用，数字化转型离不开管理会计的创新和应用。

数字化绩效管理依托多维度、完善的结构化和非结构化数据，建立起智能、科学的绩效评价数据库，构建并应用绩效分析模型，更为精准全面地对绩效结果进行评价和分析。据此提出绩效改进方案，并动态追踪改进举措的落地，最终达成科学奖惩、绩效改善的目标。

任务二　以责任中心为主体的绩效管理

任务描述

权利对应着义务，义务就是责任，明确责任才能追究责任人，进而改进管理漏洞，提升管理质量与管理水平。因此，以责任中心为主体的绩效管理，对于企业管理质量提升至关重要。

任务目标

（1）了解责任为中心的概念和分类。
（2）了解内部清算价格的方式。
（3）会评价成本中心、利润中心、投资中心的绩效管理模式。

知识链接

在大企业或企业集团，为充分发挥各级、各单位的主动性和能动性，往往按其承担的责任进行考核，从而形成以责任中心为主体的绩效管理。

以责任中心为主体的绩效管理

一、责任中心及其分类

（一）责任中心

责任中心是指根据其管理权限承担一定的经济责任，并能反映其经济责

任履行情况的企业内部责任单位。

凡是管理上可以分离、责任可以辨认、成绩可以单独考核的单位，都可以划分为责任中心，大到分公司、地区工厂或部门，小到车间、班组。

责任中心将企业经营体分割成拥有独自产品或市场的多个绩效责任单位，然后将总部的管理责任授权给这些单位之后，通过客观性的绩效管理指标体系，实施必要的业绩衡量与奖惩，以期达成企业设定的经营成果的一种管理制度。

（二）责任中心的分类

按照责任对象的特点和责任范围的大小，责任中心可以分为成本（费用）中心、利润中心和投资中心。如图 8-2 所示，为一家石油化工企业的责任组织结构图。通过这张图，我们可以清楚地了解责任中心在一般企业中的划分。

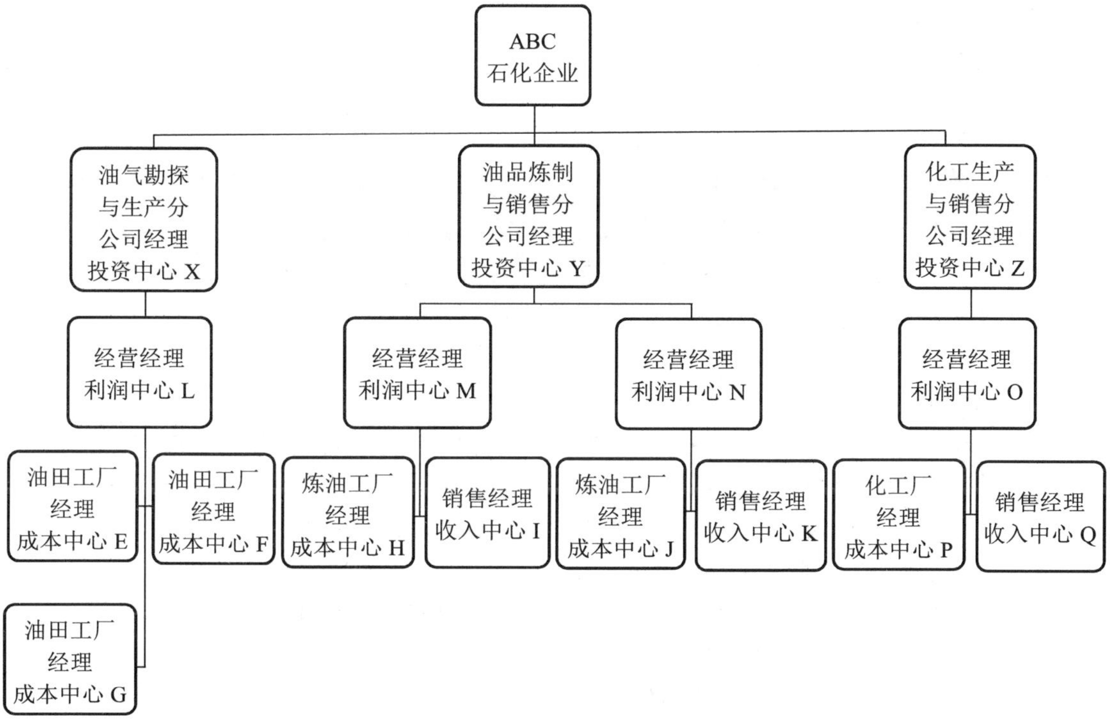

图 8-2　责任组织结构图

1. 成本（费用）中心

成本（费用）中心是指只发生成本（费用）而不取得收入的责任单位。成本（费用）中心只考核责任成本，不考核其他内容。

成本（费用）中心只对其可控成本负责。一般来讲，可控成本应同时符合这三个条件。①责任中心能够通过一定的方式了解将要发生的成本；②责任中心能够对成本进行计量；③责任中心能够通过自己的行为对成本加以调节和控制。凡是不能同时符合上述三个条件的成本，通常为不可控成本，一般不在成本（费用）中心的责任范围之内。

2. 利润中心

利润中心是指既要发生成本，又能取得收入，还能根据收入与成本配比计算利润的责任单位。

可控收入减去可控成本就是利润中心的可控利润，也是利润中心的责任利润。对利润中心业绩进行考核的重要指标是其责任利润。如果利润中心获得的利润中有该利润中心不可控因素的影响，则必须进行调整。将利润中心的实际责任利润与责任利润预算进行比较，可以反映出利润中心责任利润预算的完成情况。

3. 投资中心

投资中心是指既要发生成本，又能取得收入、获得利润，还有权进行投资的责任单位。显然，该责任中心不仅要对责任成本、责任利润负责，还要对投资的收益负责。投资中心应拥有完整的或较大的生产经营权，其相当于独立核算的企业，或总公司下属的独立核算的分公司或分厂等。

二、内部结算价格

为分清经济责任，各责任中心之间的经济往来应当按照等价交换的原则实行“商品交换”。各责任中心在相互提供产品（或劳务，下同）时，要按照一定的价格，采用一定的结算方式进行计价结算。这种计价结算并不真正动用企业的货币资金，而是一种观念上的货币结算，是一种资金限额指标的结算。计价结算过程中使用的价格，称为内部结算价格。

内部结算价格的制定应贯彻公平性原则，对于具有前后“传递性”关系的责任中心来说，可以使它们在公平、合理、对等的条件下努力工作。同时，既要考虑有关责任中心的利益，更要考虑企业的总体利益，并且尽量使两者的利益保持一致。

责任会计中的内部结算价格大体上有以下六种类型可供选择。

（一）计划制造成本型内部结算价格

计划制造成本型内部结算价格，即将制造成本法下的计划单位成本作为内部结算单价。其优点是将责任成本核算与产品成本核算有机地联系起来，能有效避免虚增成本的现象的出现。不足之处，在于没有与各责任中心真正创造的利润联系起来。

（二）计划变动成本型内部结算价格

计划变动成本型内部结算价格，即以单位产品的计划变动成本作为内部结算单价。其优点是符合成本性态，能够明确揭示成本与产量之间的关系。不足之处，在于产品成本中不包括固定成本，因而不能反映劳动生产率的变化对产品单位成本中固定成本的影响。

（三）计划变动成本加计划固定总成本型内部结算价格

计划变动成本加计划固定总成本型内部结算价格，即内部结算价格由两部分构成。一部分是产品的计划变动成本；另一部分是计划固定总成本。采用这类内部结算价格进行结算时，相互提供的产品按照数量和单位产品计划变动成本计价结算；计划固定总成本则按月进行结算。

（四）计划制造成本加利润型内部结算价格

计划制造成本加利润型内部结算价格，即以单位产品的计划制造成本加上一定比例的计划单位利润作为内部结算单价。其优点是，包含一定数量的利润额，责任中心在增加产量时，即使没有降低成本，也可以增加利润，有利于调动各责任中心增加产量的积极性，克服了前述各种成本型内部结算价格的缺点。不足之处在于，计算的利润不是企业真正实现的利润，表现为扩大了的产品成本差异，要作为产品成本差异进行调整，就会增大产品成本差异率，使产品成本核算不够真实。

（五）市场价格型内部结算价格

市场价格型内部结算价格，即以单位产品的市场销售价格作为内部结算单价，在提供产品的责任中心的产品能够对外销售，以及接受产品的责任中心所需的产品可以外购的情况下，以市场价格作为内部结算价格，能够较好地体现公平性原则。不足之处，在于在市场价格不能合理确定的情况下，可能导致各责任中心之间的苦乐不均。

（六）双重内部结算价格

双重内部结算价格，即提供产品的责任中心转出产品与接受产品的责任中心转入产品，分别按照不同的内部结算价格结算，相关差额由会计部门进行调整。采用双重内部结算价格，可以根据各责任中心的特点，在一项往来结算业务中，选用不同的内部结算价格，满足各自管理的要求。

三、成本中心的绩效管理

成本中心是指在履行职责时，只耗费资源却不能产生收入或购买资产的组织部门。任何发生成本的责任范围都可以成为成本中心。成本中心只负责控制和报告成本，并按照这一要求来确定自己的组织结构和任务。

由于成本中心只对所报告的成本或费用承担责任，所以成本中心绩效管理的主要指标是生产效率、标准成本与成本差异的报告等。责任成本差异是指责任成本实际数额与责任成本预算之间的差额，其反映了责任成本预算的执行结果。责任成本考核是对责任成本预算指标完成情况所进行的考察、审核，以及对责任成本中心的工作绩效所进行的评价。为此，成本中心绩效管理的主要指标是责任成本及其增减额、升降率和与其作业相关的非财务指标等。

成本增减额=实际成本额-预算成本额

成本升降率=成本增减额÷预算成本额

责任成本考核与评价，是通过责任成本差异指标考核各责任成本中心的责任成本预算执行情况。考核时，既要考核责任成本预算差异，以揭示各项成本的支出水平，评价各责任成本中心降低成本支出的绩效；又要考核责任成本产量差异，以揭示各责任成本中心通过增加产量形成的成本相对节约额，促使责任成本中心寻求降低成本的途径。

四、利润中心的绩效管理

利润中心是组织中对实现销售及控制成本负责的部门。利润中心管理人员一般要负责产品定价、决定产品组合及监控生产作业。所以利润中心的管理人员有权制定资源供应决策并有自行定价的权力。

利润中心的类型，包括自然利润中心和人为利润中心两种。自然利润中心具有全面的产品销售权、价格制定权、材料采购权及生产决策权。人为利润中心也有部分的经营权，能自主决定利润中心的产品品种（含劳务）、产品产量、作业方法、人员调配、资金使用等。一般来说，企业只要能够制定出合理的内部转移价格，就可以将大多数生产半成品或提供劳务的成本中心改造为人为利润中心。对利润中心工作业绩进行考核的重要指标是其可控利润，即责任利润。

利润中心的考核指标具体包含毛利、贡献毛益和营业利润。

（一）毛利

毛利=销售收入净额-销售产品成本

毛利包含利润中心管理者所能控制的销售收入和销售产品成本，但不包含经营费用。因此，在采用这一考核指标时，必须注意由于毛利增加而引起的经营费用的增加。如果毛利的增加会引起营业费用更大幅度地增加，使企业净收益减少，就违背了目标一致性的原则，这是不可取的。

（二）贡献毛益

贡献毛益=销售净额-销售成本-部门直接费用

考察部门贡献毛益，首先要区分直接费用和间接费用。直接费用是指那些由于特定部门的业务所引起的、能直接归属于该部门的费用。如直接费用包括生产人员工资、折旧费等。间接费用是指由企业整体受益而不能直接归属于某一部门的费用。

与采用毛利指标相比，贡献毛益指标对利润中心进行绩效管理有明显的优越。首先贡献毛益把各部门可以影响和控制的一部分经营费用记到各部门的账上，使这些费用的减少既有利于各利润中心毛益的增加，也有利于企业净收益的增加，保持了利润中心目标和企业总目标的一致；其次，采用贡献毛益指标，还有利于高层管理者进行部门间的横向比较。

（三）营业利润

营业利润=销售净额-销售成本-部门直接费用-部门间接费用

营业利润是在部门贡献毛益的基础上，减去各部门应负担的全部营业费用以后的余额。营业利润作为考核评价指标，克服了上述毛利指标带来的利润中心目标和企业目标不一致的问题。但是企业发生的间接费用都是间接为各部门产品生产和销售服务的。

进行责任利润预算完成情况的分析，主要是将各利润中心的实际责任利润与责任利润预算进行比较，确定责任利润的增收或减收，并进一步分析增收或减收的具体原因。

五、投资中心的绩效管理

投资中心是指除了能够控制成本中心、收入中心和利润中心外，还能对投入的资金进行控制的中心。投资中心是最高层次的责任中心，其拥有最大的决策权，也承担最大的责任。投资中心必然是利润中心，但利润中心并不都是投资中心。利润中心没有投资决策权，而且在考核利润时也不考虑所占用的资产。

投资中心可以看作是有投资决策权的利润中心，其权责都高于利润中心。它不仅要对成本、利润负责，而且必须对投资效益负责。因此，对投资中心进行绩效管理时，既要评价其成本和收益的状况，更要结合其投入资金全面衡量其投资报酬率的大小和投资效果的好坏。一般来说，投资中心的绩效管理有投资报酬率和剩余收益两个重要的财务指标。

（一）投资报酬率

投资报酬率是投资中心一定时期的营业利润和该期的投资占用额之比。企业最终获得的利润和投入经营所必备的财产是紧密联系的。该指标是全面评价投资中心各项经营活动、考评投资中心业绩的综合性质量指标。它既能揭示投资中心的销售利润水平，又能反映资产的使用效果，其计算公式如下：

投资报酬率=营业利润÷投资占用额

=（营业利润+销售收入）×（销售收入÷营业资产）

=销售利润率×资产周转率

投资报酬率作为相对指标，可以用于不同投资中心的横向比较，还可用于不同规模的企业和同一企业不同时期的比较。但值得注意的是：运用该指标考核时，管理者可能拒绝接受超出企业平均水平投资报酬率而低于该投资中心现有报酬率的投资项目，有损企业的整体利益。再有，投资报酬率有可能导致决策的短视行为而损害公司的长远利益。

（二）剩余收益

剩余收益是指投资中心获得的利润，是扣减其投资额（或净资产占用额）按规定（或预期）的最低收益率计算的投资收益后的余额，是一个部门的营业利润超过其预期最低收益的部分。其计算方法如下：

剩余收益=部门边际贡献-部门资产应计报酬

=部门边际贡献-部门资产×资本成本

剩余收益和投资报酬率可以起到互补作用，剩余收益弥补了投资报酬率的不足，可以在投资决策方面使投资中心利益与企业整体利益取得一致，并且剩余收益允许不同的投资中心使用不同的风险调整资本成本。剩余收益最大的不足之处，在于不能用于两个规模差别比较大的投资中心的横向比较。

案例解析

【案例 8-2】

潍柴动力企业内部某车间为成本中心，生产 A 产品，预算产量 6 000 件，单位成本 100 元；实际产量 7 000 件，单位成本 95 元。

【业务】

计算成本变动额和成本变动率。

解　析

【业务】

成本变动额=95×7 000-100×7 000=-35 000（元）

成本变动率=[-35 000÷(100×7 000)]×100%=-5%

计算结果表明，该成本中心的成本降低额为 35 000 元，降低率为 5%。

【案例 8-3】

潍柴动力企业甲车间是一个人为利润中心，本期实现内部销售收入 1 000 000 元，销售变动成本为 600 000 元。该利润中心负责人可控固定成本为 50 000 元，该利润中心负责人不可控应由该利润中心负担的固定成本为 70 000 元。

【业务】

计算该利润中心利润考核指标（边际贡献总额、负责人可控利润总额、可控利润总额）

解　析

【业务】

利润中心边际贡献总额=1 000 000-600 000=400 000（元）

利润中心负责人可控利润总额=400 000−50 000=350 000（元）

利润中心可控利润总额=350 000−70 000=280 000（元）

【案例 8-4】

假定镇宁公司有一投资中心，本年第一季度的有关资料，如表 8-6 所示。

表 8-6　本年第一季度的有关资料　　单位：元

销售收入	150 000
总资产（期初余额）	50 000
总资产（期末余额）	60 000
非流动负债（期初余额）	20 000
非流动负债（期末余额）	30 000
净利润	15 000

【业务】

计算其投资中心的投资利润率。

解　析

【业务】

期初投资额=50 000+20 000=70 000（元）

期末投资额=60 000+30 000=90 000（元）

投资利润率=（15 000÷150 000）×{150 000÷[（70 000+90 000）÷2]}×100%=18.75%

【案例 8-5】

假设中石化企业的油气勘探与生产分公司下面有 E、F、G 三个成本中心，三个成本中心某日的责任成本预算值分别为 50 000 元、60 000 元、70 000 元，可控成本实际发生额分别为 48 500 元、62 500 元、69 500 元。根据上述公式计算得到，表 8-7 内的数据。

表 8-7　责任成本预算完成情况表

成本中心	预算（元）	实际（元）	增减额（元）	升降率（%）
E	50 000	48 500	−1 500	−3
F	60 000	62 500	2 500	4.17
G	70 000	69 500	−500	0.71

【业务】

试对三个成本中心的完成情况进行分析。

解　析

【业务】

显然，在三个成本中心中，E 成本中心的实际成本比预算节约 3%，所以 E 中心的成本预算完成情况最好，而 F 成本中心的成本完成情况最差。在对成本中心的预算完成情况进行考核时应该注意，如果实际产量与预算产量不一致，应该首先区分固定成本和变动成本，再按照弹性预算的方法调整预算指标，最后进行上述计算、分析和比较。

小试牛刀

【实训资料】

设华为公司有 A、B 两个投资中心。2021 年，A 投资中心的净利润为 40 万元，资产为 200 万元，投资利润率为 20%；B 投资中心的净利为 10 万元，资产为 100 万元，投资利润率为 10%。

【实训要求】

（1）计算该公司的投资利润率。

（2）设 A 投资中心现有一个投资项目，投资金额为 200 万元，期望利润为 35 万元。若 A 投资中心接受该项目，试分析公司的利润率。

（3）在考虑剩余收益指标的情况下，设公司规定的最低利润率为 10%，若 A 投资中心接受该项目，计算公司的剩余收益。

解析：

（1）计算公司的投资利润率

（2）分析公司的利润率

（3）计算公司的剩余收益

扫我看答案

考核评价

＊ 知识评价

巩固拓展

＊ 能力巩固

【实训目的】

通过练习，掌握责任中心的绩效管理方法。

【实训资料 1】

小米公司甲部门生产 A 产品可售给乙部门，也可对外销售。A 产品的市场价格为每件 35 元，单位变动成本 20 元。乙部门利用 A 产品生产 B 产品出售，B 产品每件售价 80 元，每件 B 产品除 A 产品之外的变动成本为 40 元。

【实训资料 2】

设小米公司甲、乙两个责任中心之间有产品转移，甲中心向乙中心提供零件。甲中心零件的变动成本为 15 元/件，经由甲、乙两责任中心协商，转移价格采用成本加成法计算，在该零件的变动成本上加 20%，作为转移价格。

【实训资料 3】

A 分部生产一种零部件并出售给 C 分部，转移价格是 30 元。这 30 元对 A 分部是收入，A 分部希望价格越高越好。而对 C 分部而言是成本，C 分部希望价格越低越好。

【实训要求】

（1）根据【实训资料 1】计算 A 产品的内部转移价格。

（2）根据【实训资料 2】计算甲中心的零件内部转移价格。

（3）根据【实训资料 3】进行有关分布和公司整体影响性分析并选择或填写相应的正确结果，填入表 8-8 中。

表 8-8 转移价格对有关分部和公司整体的影响

A 部分生产并出售某零部件给 C 分部	选择项	C 部分向 A 分部购买某零部件用于生产	选择项
身份角色	供应商/销售商	身份角色	供应商/销售商

续表

A 部分生产并出售某零部件给 C 分部	选择项	C 部分向 A 分部购买某零部件用于生产	选择项
身份角色	供应商/销售商	身份角色	供应商/销售商
转移价格	0/30	转移价格	0/30
作用	实现收入/作为成本	作用	实现收入/作为成本
意义	（1）增加净利润 （2）提高投资利润率 （3）减少净利润 （4）降低投资利润率	意义	（1）增加净利润 （2）提高投资利润率 （3）减少净利润 （4）降低投资利润率
公司整体：转移价格形成的收入=转移价格形成的成本			
对公司整体影响		0/30/60	

＊ **知识拓展**

绩效管理不等同于绩效考核

绩效管理，为达到目标而达成共识的过程，以及增强员工成功达到目标的管理方法。它包括绩效计划、绩效辅导、评估沟通、奖惩改进 4 个环节，是一个不断循环的过程。绩效管理最大的作用是保障我们走在公司制定的战略的正确的路上。

绩效考核，依据既定的标准，通过一套正式的结构化制度和系统的方法，评定和测量员工工作结果。

绩效管理的最终目的，不是为了评定出三六九等，而是帮助员工提升自己的绩效，最终推动推动整个组织绩效的达成。不同战略、业态和价值观采用不同的绩效管理工具，企业到底该选择哪一种绩效管理工具，取决于企业的战略和业态。现在市场上比较主流的绩效管理工具有以下四种。

一、关键绩效指标　（KPI）

关键绩效指标适用于企业在快速发展阶段，数据指标很明确。比如阿里巴巴这种目标导向型的公司，就采取了 KPI 这种方式，早期的权重设置是 50%业绩、50%价值观，在关注业务结果、数字结果的同时，关注做事的方法和过程。

二、目标与关键成果法（OKR）

目标与关键成果法鼓励的是目标的聚焦和挑战性，哪怕目标实现了也可以反思目标设置的是不是足够有野心。所以，OKR 更适合充满不确定性和变化的创新行业和企业，是激发员工挑战自我的工具。

三、平衡计分卡（BSC）

平衡计分卡，是在财务、客户、内部流程和学习成长 4 个方面，对战略进行拆解。

这是一个系统性很强的工具，更适用于集团公司为下属事业部、子公司确定整体战略目标和战略行动。目前国内使用平衡计分卡比较多的企业，多是跨国企业的国内子公司，沿用跨国公司的管理体系。

四、个人业绩承诺（PBC）

个人业绩承诺一定适用于大客户业务，整个项目的负责人要承担整个业务，像华为这种一个案例就达到500亿、800亿级别的企业，就特别适合。

除了考虑到不同战略、不同业态，绩效管理工具选择的背后，核心还是企业价值观的选择。比如阿里的价值观考核占到了50%的比重，就是因为在阿里心目中，文化就是第一位的，它相信一个价值观好的人，业绩一定是好的。华为也很重视文化，整个华为公司的内部结算都遵循两个核心原则：一个是一切以客户为中心，另一个是所有结算都用成本价。但它所有的考核都是沿着大项目的业务考核，说明华为背后逻辑还是业务第一。落实责任结果导向的基础，是责任中心建设。企业的预算、考核、核算、激励都应基于责任中心展开，从而明确责任、简化管理、激活组织。华为价值观也会落地，但并不计入考核分数，是用一个管理委员会的方式去解决这个问题。而腾讯以产品线为考核的，说明腾讯背后的核心就是产品第一。

所以不同的价值观选择的背后有两条核心，一是不同的业务要用不同的考核方式。第二是由企业的价值观决定的。但是，不管企业采取了哪一类绩效管理工具，都能从其他工具中取长补短，比如阿里巴巴虽然采取的是KPI，但目标设定同样会追求挑战性，并保证战略目标的全员公开。

＊ 学思用贯通，知信行统一

工作的精神实质就是责任意识

正确的授权应当是上级给予下级权限做事。相对的，上级部门也要得到下级所从事的责任回馈，而不是交做事而未给权限或者授权而没有有效的追踪。正确的授权才能创造出工作绩效。由于责任中心掌握了相当大的自主权，则责任中心内部是否进行了正确的授权就十分关键。未能合理授权的责任中心实质上变成了职能制度，不利于调动全员的积极性。

明确责任，享受权利，履行义务，只有权责分明，才能更好地调动员工的积极性。人生也是如此，“责任”这两个字，看似简单却蕴藏着三层深刻的道理。首先，责任是指使人担当起某种职务和职责的意思。其次，责任是指分内应做的事。再次，责任是指做不好分内应做的事，因而应该承担的过失。就具体而言，包含以下几方面。

第一，工作的精神实质就是责任意识。对于我而言，“责任”就是最基本的职业精神。特别是对于一个从事基层工作的人来说，责任就是一个人做事的基本准则。坚持原则，慎始如终是我们在工作中首先应做到的立足之本。这是衡量一切利害关系和处理一切矛盾时的最高法则。

第二，认真处理好权力和责任的关系。在每个具体的管理与执行过程中，大家不可避免地处于一定的岗位，并被赋予相应的权力。各个职能部门都有不同的岗位权力，而这种权力实质上是一种无穷的责任。无论什么权力其，内涵应该是承担起分内的责任，完成赋予的职责使命。权力即责任。权力越大，你所承担的责任也就越大。权力即压力。权力越大，你所承担的压力也就越大。如你在社区工作中，你会明白只有勇于负责任，才有负更大责任的机会。

第三，有责任才会有价值。杰克·韦尔奇曾经说过，在工作中，每个人都应该发挥自己最大的潜能，努力地工作而不是浪费时间寻找借口。一个人的工作做得好坏，最关键的一点就在于有没有责任感，是否认真履行了自己的责任。责任可以使人坚强，责任可以发挥自己的潜能和能力，责任可以改变对待工作的态度。

任务三　基于 EVA 的绩效管理

任务描述

成本领先战略是企业重要战略之一，成本优化利于企业合理规划及控制企业生产成本，使企业产品成本达到最优。低于同行业其他产品的成本，从而取得超额利润，使企业在竞争中处于优势地位。经济增加值的绩效管理能够更好地考虑各项资本成本，在进行项目决策时能够更好地体现项目总体价值。

任务目标

（1）了解经济增加值的概念与基本理念。

（2）熟悉 EVA 的计算公式。

（3）熟悉 EVA 的调整事项。

知识链接

一、经济增加值

经济增加值（Economic Value Added，EVA）又称经济附加值，等于税后净营业利润与全部资本成本之间的差额。其中，资本成本既包括债务资本的成本，也包括股本资本的成本。在此，资本成本应理解为经济学中的机会成本，即社会平均资金收益率。

可口可乐公司是较早在管理上应用 EVA 绩效管理且获得巨大成功的典范。1996 年，可口可乐公司和通用汽车公司的市值分别为 1345 亿美元和 1355 亿美元，大体相当；前者所占用的投资只有 104 亿美元，而后者却高达 1879 亿美元。这就意味着，股东的投资在可口可乐公司有了近 12 倍的增值，而通用汽车公司股东的财富却缩水 28%，假如算上资本的机会成本，损失就更大了。

二、EVA 的基本理念

管理大师彼得·德鲁克于 1995 年在《哈佛商业评论》刊登文章指出，EVA 的基础是我们长期以来一直熟知的、称为利润的东西。也就是说，企业为股东剩下的金钱，从根本上来说是利润。只要公司的利润低于资金成本，公司就处于亏损状态，尽管这时公司仍要缴纳所得税，好像公司真的盈利一样。

许多公司往往只关心常规的会计利润。会计利润只扣除了债权人所提供资金的成本（即债务利息），但完全没有考虑股东所提供的资金成本（即应得投资收益）。同样，大多数业务经理只关注经营利润，而经营利润甚至没有扣除债务利息。只有股东资金的成本像其他所有成本一样被扣除后，剩下的才是真正的利润。

例如，利润从 100 万元增加到 500 万元，好不好？利润率由 15%提高到 25%，好不好？传统上，人们认为好，因为利润额和利润率都增加了。但此时有两个问题：一是投资金额多少？二是投资回报率水平高低？

可见，传统绩效管理指标存在两个重要的缺陷。第一，指标计算没有扣除公司所有者权益资本的成本，导致成本的计算不完全。因此，无法准确判断企业为股东创造的财富数量；第二，指标对企业资本和利润的反映存在部分扭曲，因为这些指标都是根据会计报表信息直接计算出来的，而会计报表的编制受会计政策选择的约束。因而，在某些情况下，不能准确反映企业的经营状况和经营业绩。

EVA 与传统财务指标的最大不同，在于 EVA 充分考虑了投入资本的机会成本，使 EVA 具有以下突出特点。

第一，EVA 度量的是资本利润，而不是企业利润。EVA 从资本提供者角度出发，度量资本在一段时期内的净收益。只有净收益高于资本的社会平均收益（资本维持“保值”需要的最低收益），资本才能增值。企业利润衡量是企业一段时间内的产出和消耗的差异，而不关注资本的投入规模、投入时间、投入成本和投资风险等重要因素。

第二，EVA 度量的是资本的社会利润，而不是企业个别利润。不同的投资者在不同的环境下，对资本有着不同的获利要求。EVA 剔除资本的“个性”特征，对同一风险水平的资本，其最低收益要求并不因持有人和具体环境不同而不同。因此，EVA 度量的是资本的社会利润，而不是具体资本在具体环境中的个别利润。这使 EVA 度量有了统一的标尺，并体现了企业对所有投资的平等性。

第三，EVA 度量的是资本的超额收益，而不是利润总额。为了留住逐利的资本，企业的盈利率不应低于相同风险的其他企业一般能够达到的水平，这个“最低限度的可以接受的利润”就是资本的正常利润。EVA 度量的是高出正常利润的那部分利润，而不是通常的利润总额。这反映了资本追逐超额收益的天性。

以 EVA 作为考核评价体系的目的，就是使经营者像所有者一样思考，使所有者和经营者的利益取向趋于一致。对经营者的奖励是他为所有者创造的增量价值的一部分，这样，经营者的利益便与所有者的利益挂钩。可以鼓励他们采取符合企业最大利益的行动，并在很大程度上缓解因委托——代理关系而产生的道德风险和逆向选择，最终降低管理成本。因此，经济增加值的实质内涵可以用 4M 来归纳。4M 的含义具体如下。

1. 评价指标（Measurement）

在经济增加值的计算过程中，首先对传统收入概念进行一系列调整，从而消除了会计工作产生的异常状况，并使其尽量与真实状况相吻合。例如，会计准则要求公司把研发费用计入当年成本，而经济增加值则建议把研发费用资本化并在适当的时期内分期摊销，反映了研发的长期经济效益，从而鼓励企业经营者进行新产品的开发。另外，资本化后的研发费用还要支付相应的资本费用。所以说，经济增加值的调整是双向的，可以使绩效管理更趋于合理。

经济增加值通过将所有的资本成本纳入核算，表明了在一定时期内企业所创造财富的价值量。由于引入了可接受的最低投资回报的概念，股东得到的回报应当比期望得到的还要多。否则，这个企业或项目就没有存在的必要。

2. 管理体系（Management）

由于经济增加值是全部生产力的度量指标体系，所以，经济增加值能够取代其他财务和经营指标体系，并与决策程序相统一，形成完整的企业管理体系。经济增加值指标体系真正的作用在于将其广泛地应用到企业管理中去，包括企业的制度、工作程序和方法及一系列管理决策。建立在经济增加值基础上的管理体系密切关注股东财富的创造，并以此指导公司决策的制定和营运管理，使企业经营更加符合股东利益，使企业经营计划运行更加有效。

3. 激励制度（Motivation）

经济增加值通过其奖励计划，使企业管理者在为股东着想的同时，也像股东一样得到报偿。经济增加值的奖励计划的主要特征。一是只对增加值提供奖励；二是不设临界值和上限；三是按照计划目标设奖；四是设立奖金库；五是不通过谈判，而是通过按照公式确定业绩指标。这样的奖励计划实际上使管理者关心公司业绩的改进。

经济增加值帮助管理者将两个最基本的财务原则（企业价值最大化或者股东权益最大化，企业的价值依赖于投资者预期的未来利润能否超过资本成本）列入他们的决策当中。过去用奖金与利润挂钩的激励办法忽略了资本成本的概念，而利用经济增加值设计激励计划，便于经理人员更关注资产及其收益，并能够像投资者一样去思考和工作。

4. 理念体系（Mindset）

大多数企业利用一系列评价指标体系来评价企业的财务状况。例如，我们经常用营业收入和市场份额的增长评价战略计划；用边际毛利润或现金流来价一个产品或生产线的获利能力；用资产报酬与目标利润比较来评价业务部门的经营业绩；财务部门则通常用投资利润率，而不是将实际的投资利润率与期望的投资利润率相比较，来评价企业的经营业绩；部门经理的奖金一般是基于利润计划是否实现，一年兑现一次。这些不统一的标准、目标和术语导致了计划、战略实施以及决策的混乱。经济增加值的引入，给企业带来了一种新的观念。在经济增加值的引导下，企业所有营运功能都从同一基点出发，即提高企业的经济增加值，各部门会自动加强合作。

三、EVA 的计算公式

EVA 发源于剩余收益（简称 RI，等于税后净营业利润减去资本成本），只是对剩余收益加以调整的变形。

EVA 的计算公式如下：

$$EVA=NOPAT-C\times WACC$$
$$=(RONA-WACC)\times C$$

式中，$NOPAT$ 为调整后的税后净营业利润；C 为全部资本的经济价值（包括权益资本和债权资本）；$RONA$ 为资产收益率；$WACC$ 为企业加权平均资本成本。

可见，EVA 取决于上述三个变量，企业可以通过增加税后净营业利润、减少资本占用或者降低加权平均资本成本率来提高 EVA。上述模型表明，EVA 是超过资本成本的那部分价值，突出反映了股东价值的增量。一般来说，EVA 大于零，意味着从经营利润中减去整个公司的资本成本后，股东投资得到的净回报，为股东创造了价值，否则就形成价值毁灭。企业 EVA 持续地增长，意味着公司市场价值的不断增加和股东财富的增长，从而实现股东财富最大化的财务目标。EVA 的关键在于寻找价值创造（使 EVA 增加）的有效途径。

四、EVA 的调整

EVA 真正不同于传统会计利润概念之处，在于 EVA 需要以传统的会计方法作为基础对一些项目进行调整，增加或扣除某些项目，以消除根据会计准则编制的财务报表对公司真实情况的扭曲。将息税前利润调整为税后净经营利润的调整项，如表 8-9 所示。

表 8-9 税后净经营利润的调整

利润表的调整 *EBIT-NOPAT*	资产负债表的调整 账面资本-投入资本
加上：后进先出法转回的增加	加上：后进先出法转回的增加
加上：坏账准备的增加	加上：坏账准备的冲回
加上：包括的经营性租赁的利息	加上：未来经营租赁义务的现值
加上：资本化研发费用的增加	加上：资本化的研发投资
加上：计提的少数股东权益（如果之前没有包括在内）	加上：少数股东权益
加上：递延所得税转回的增加	加上：递延所得税负债

显然，调整是为了完整反映企业的管理业绩，因为营业利润往往受诸多因素的影响。如主观、客观，内部、外部，可控、不可控，财务、非财务等。

这种调整，使 EVA 比会计利润更加接近企业的经济现实。从经济学的观点来看，凡是对公司未来利润有贡献的现金支出。如研发费用，都应算作投资，而不是费用。从会计学的角度来看，净利润是基于稳健性原则的要求计算的，因而将许多能为公司带来长期利益的投资，如研发费用，作为支出当期的费用来考虑。在经济增加值的计算中，将这些费用项目调整回来，以反映公司的真实获利情况和公司进行经营的长期资本投入。常见的调整项目有研发费用、广告营销支出、培训支出、无形资产、战略投资、商誉、资产处置损益、重组费用、其他收购问题、存货估值、坏账准备等准备金、经营租赁、税收等。

制订出适合自己企业的经济增加值计算公式，关键的一步就是根据企业的具体情况，确定该企业应对哪些会计科目的处理方法进行调整。但各个企业的情况有所不同，有些调整对于某些行业的企业非常必要，而对其他行业的企业并不重要。考虑到各公司的不同组织结构、业务组合、战略和会计政策，需要量身定做最适合的会计调整措施。

案例解析

【案例 8-6】

华润公司是一家大型上市百货公司，从事多个经营领域，主要有日用品、食品以及珠宝等，其经营范围遍及全国各地。公司重视产品质量以及售后服务，以提高顾客满意度，确保顾客零投诉，以此推动消费者对公司的信任度，提高产品边际收益。

华润公司的战略目标是实现企业价值最大化，成为行业的龙头，为实现这一目标，公司近几年逐步完善集团的业绩评价考核体系，将员工的晋升与薪酬和业绩贡献挂钩，激励企业集团和各下属机构来实现企业的战略目标。

按照财务战略目标要求，2021 年，华润公司对其下属三个业务板块进行业绩评价，业务板块 A、B、C 的有关三个业务板块的基础财务数据如下。

业务板块 A：业务板块 A 是利润中心，2021 年度的销售收入为 10 000 万元，已销商品的变动成本为 6 000 万元，部门可控固定费用 500 万元，部门不可控固定费用为 800 万元，总部分配给该部门的公司管理费用 500 万元。

业务板块 B：业务板块 B 为投资中心，2021 年度的息税前利润为 15 000 万元，投资资本为 100 000 万元。

业务板块 C：业务板块 C 也是投资中心，2021 年度的净利润是 20 000 万元，利息费用是 1 000 万元，投资资本为 160 000 万元。2021 年年末，业务板块 C 发生了一笔 2 000 万元的营销支出，全部计入了管理及销售费用。

甲公司的平均资本成本是 10%，适用的所得税税率为 25%。假定不考虑其他因素。

【业务 1】

评价业务板块 A 部门经理业绩以及评价该部门对百货公司的贡献有多大？

【业务 2】

计算业务板块 B 的投资报酬率和剩余收益。

【业务 3】

计算业务板块 C 的经济增加值，计算经济增加值是要求将该研发支出资本化（提示：调整时按照复式记账原则，同时调整税后营业利润和投资资本）。

解　析

【业务 1】

评价业务板块 A 部门经理业绩。可控贡献毛益=10 000−6 000−500=3500（万元）。

评价业务板块 A 对百货公司的贡献。部门税前营业利润=可控贡献毛益−不可控固定成本=3 500−800=2700（万元）。

【业务 2】

业务板块 B：

投资报酬率=15 000/100 000×100%=15%

剩余收益=15 000−100 000×10%=5000（万元）

【业务 3】

业务板块 C：

调整后税后净营业利润=20 000+1 000×（1−25%）+2 000×（1−25%）=22 250（万元）

调整后投资资本为=160 000+2 000×（1−25%）=161 500（万元）

经济增加值=22 250−161 500×10%=6 100（万元）

小试牛刀

【实训资料】

海澜之家公司是一家集团公司，A、B 公司分别为其全资子公司。

2020 年，两家全资子公司的相关数据，如表 8-10 所示。

表 8-10　A、B 公司相关数据　　单位：元

项目	A 公司	B 公司	行业平均标准
净利润	150 000	80 000	120 000
税后净营业利润	434 000	145 000	—
所占用的资本	5 600 000	745 000	—
加权平均资本成本率	6%	5.5%	—

【实训要求】

根据资料，分别从净利润和经济增加值角度对 A 公司和 B 公司的业绩进行评价。

解析：

（1）净利润角度

（2）经济增加值角度

扫我看答案

考核评价

＊ **知识评价**

巩固拓展

＊ **能力巩固**

【实训目的】

通过练习，掌握经济增加值计算的基本方法。

【实训资料】

A 公司是一家国有重型设备制造企业，这是 2018 年的有关财务数据。平均资产总额 35 000 万元，平均的无息流动负债 5 000 万元，平均在建工程 2 000 万元，净利润 7 000 万元，管理费用 1 000 万元。其中，研究开发费用 500 万元，财务费用 800 万元，其中利息支出 1 000 万元，当期确认为无形资产的研发支出 400 万元。假设加权平均资本成本 6%，企业所得税税率 25%。

【实训要求】

（1）计算 A 公司税后净营业利润。

（2）计算 A 公司的平均资本占用。

（3）计算 A 公司的经济增加值。

＊ 知识拓展

经济增加值的误区

EVA 与其他衡量经营业绩的指标相比，有两大特点。一是剔除了所有成本。EVA 不仅像会计利润一样扣除了债权成本，而且还扣除了股权资本成本。二是尽量剔除会计失真的影响。传统的评价指标，如会计收益都存在某种程度的会计失真，从而歪曲了企业的真实经营业绩。EVA 则对会计信息进行必要的调整，消除了传统会计的稳健性原则所导致的会计数据不合理现象，使调整后的数据更接近现金流，更能反映企业的真实业绩。因此，EVA 更真实、客观地反映了企业真正的经营业绩。

EVA 不能简单地追求数量上的越大越好，而应该是质量约束下的越大越好。经济增加值的质量主要体现在结构质量，即构成中的经营性经济增加值要占到 75%以上；投入质量，即投入资本要占到总资产的 65%以上；效率质量，即投入资本产出的经济增加值越大越有效率；增长质量，即当期比前期越来越好。

＊ 学思用贯通，知信行统一

如何以新技术驱动管理会计创造更大价值

强化国家战略科技力量，提升国家创新体系整体效能，形成具有全球竞争力的开放创新生态……加快实现高水平科技自立自强，以国家战略需求为导向，集聚力量进行原创性引领性科技攻关，坚决打赢关键核心技术攻坚战。——节选自二十大报告

在二十大报告中，14 次提到科技，22 次提到创新，强调科技作为第一生产力，创新是第一动力，将科技创新放到一个前所未有高度重视的位置。

信息技术是科技创新的重要领域。在以“大智移云物区”为代表的信息技术飞速发展的今天，任何企业要深入推进管理会计的有效应用、提升管理效率和价值创造能力，必然要打造好信息技术这一“利器”并深入探索信息技术在管理会计领域的深度应用、融合、创新。《关于全面推进管理会计体系建设的指导意见》中明确指出，信息化是支持管理会计理念与方法落地，支撑管理会计功能发挥和价值实现的重要手段和推动力量。《会计改革与发展“十四五”规划纲要》，将“全面提升管理会计信息化水平”作为“十四五”时期全面深化管理会计应用的主要举措之一。新技术如何与管理会计进行融合，将为管理会计应用带来哪些价值？我们相信，伴随科技创新和数字经济的推进，实践终将对这些问题给出答案。

任务四　基于平衡积分卡的绩效管理

任务描述

在市场经济高度发达的今天，企业间的竞争异常激烈，企业管理层为了将内部管理发挥到极致可谓是“煞费苦心”。企业绩效评价体系的构建，对于有效提升企业经济效益、最大限度地鼓励企业员工发挥其最大潜力，将起到一定的积极作用。在诸多的绩效评价体系的构建方法中，平衡计分卡作为一种较为有效且全面的方式，受到了许多企业管理层的青睐。许多企业，特别是一些上市公司开始引入平衡计分卡方式进行绩效管理。平衡记分卡管理就是一种超前的绩效管理模式，值得我们探索学习。

任务目标

（1）了解平衡记分卡的产生及概念。

（2）能理解平衡计分卡的绩效管理框架。

（3）能理解平衡记分卡的应用。

（4）熟悉平衡记分卡的战略管理地图。

知识链接

以收益为基础的财务数据只衡量过去决策的结果，却无法评估未来的绩效表现，既容易误导企业未来发展方向，也容易使经营者过分注重短期财务结果，而不愿就企业长期策略目标进行资本投资。如何将业绩考核的目光投向公司的战略计划和未来的发展？

平衡计分卡

这一转变表现为：以战略目标为导向，通过指标间的各种平衡关系以及战略指标或关键指标的选取来体现企业的战略要求，其最大的特点在于引入了非财务指标。

在战略业绩考核模式中，比较有代表性并引起广泛关注的，有平衡计分卡和平衡计分卡战略管理地图。

一、平衡计分卡的概念

平衡计分卡（Balanced Score Card，BSC）是绩效管理的一种新思路，是 20 世纪 90 年代初，由哈佛商学院的罗伯特・卡普兰和诺朗诺顿研究所所长戴维・诺顿发展出的基于公司战略角度对部门进行考核的一种全新的组织绩效管理方法。

平衡计分卡以公司战略为导向，寻找能够驱动战略成功的关键成功因素，建立与之密切联系的指标体系来衡量战略实施过程，并进行必要的修改以维持战略的持续成功。

平衡计分卡并非认为财务指标不重要，而是需要取得一个平衡。即短期收益与长期收益的平衡、财务指标与非财务指标的平衡、外部计量（股东与客户）和内部计量（内部流程、创新与人员等）的平衡。过分强调财务指标往往导致企业内部关系的失衡，如图 8-3 所示。对企业的战略实施和长期发展不利。

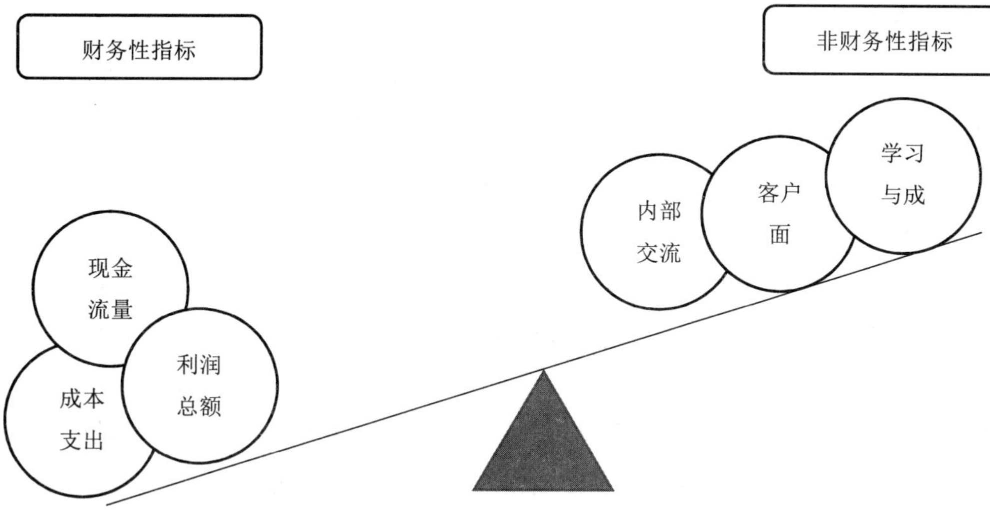

图 8-3　财务指标与非财务指标的失衡

平衡计分卡主要是通过财务与非财务考核手段之间的相互补充，不仅使绩效考核的地位上升到组织的战略层面，使之成为组织战略的实施工具，而且也是在定量评价和定性评价之间、客观评价和主观评价之间、指标的前馈指导和后馈控制之间、组织的短期增长与长期增长之间、组织的各个利益相关者之间寻求平衡的基础上完成的绩效管理与战略实施过程。平衡计分卡将战略置于中心地位，并使管理者看到了公司绩效的广度与总额。

二、平衡计分卡的基本框架

平衡计分卡并没有否定传统战略和评估方法，而是对其进行了进一步的发展和改进，把企业的使命和战略转变为目标和各种指标。在保留财务维度目标和指标的基础上，又加上了客户、内部业务流程、学习和成长三个维度。平衡计分卡通过四大维度指标体系的设计来阐明和沟通企业战略，促使个人、部门和企业的行动方案达成一致和协调，以实现企业价值最大化和长期发展的目标。平衡计分卡所采用的四个维度，如图 8-4 所示。

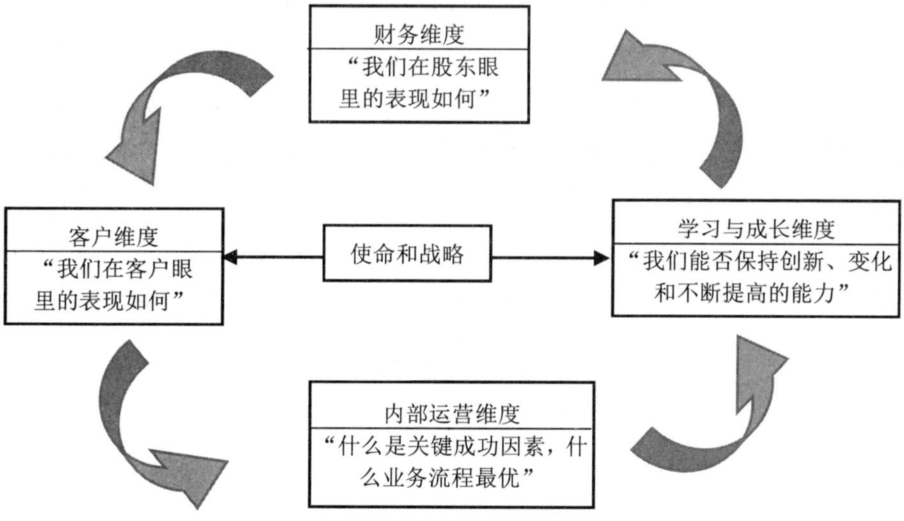

图 8-4　平衡积分卡所采用的四个维度

（一）财务维度

平衡计分卡要求企业的战略实施和执行最终带来财务维度的目标实现和财务指标（如利润）的改善。非财务指标（如质量、生产时间、生产率和新产品等）的改善和提高是实现财务目标的手段，而不是目的本身。财务指标衡量的主要内容包括：收入的增长和结构、降低成本、提高生产率、资产的利用和投资战略等。

（二）客户维度

平衡计分卡要求企业将使命和战略诠释为具体的与客户相关的目标和要点。在这个过程中，企业应当关注是否满足核心顾客的需求，而不是企图满足所有客户的偏好。客户最关心的不外乎五个方面：时间、质量、性能、服务和成本。企业必须基于不同的战略在这五个方面确立清晰的目标，然后将这些目标细化为具体的指标。客户维度指标衡量的主要内容包括市场份额、老客户挽留率、新客户获得率、顾客满意度、从客户处获得的利润率等。

（三）内部运营维度

建立平衡计分卡的顺序通常是在制定了财务和客户维度的目标与指标之后，制定企业内部流程维度的日标与指标。这个顺序使企业能够抓住重点，专心衡量那些与股东和客户目标息息相关的流程。内部运营绩效考核，应以客户满意度和实现财务目标影响最大的业务流程为核心。一般而言，既包括短期的现有业务的改善，又涉及长远的产品和服务的革新。内部运营维度指标主要涉及企业业务流程和管理流程的改良、创新过程、经营过程和售后服务过程等。

（四）学习与成长维度

学习与成长维度的目标为其他三个维度的目标实现提供了基础架构，是驱使上述三个维度获得卓越成功的动力。面对激烈的全球竞争，企业现有的技术和能力已无法确保其不断实现未来的业务目标。尤其是在知识、技术和 AI 深刻影响未来的情况下，削减对企业学习和成长能力的投资虽然能在短期内增加财务收入，但由此造成的不利影响将在未来对企业带来沉重打击。学习和成长维度指标涉及员工的能力、信息系统的能力以及激励、授权与相互配合等。

平衡计分卡的发展过程特别强调描述战略背后的因果关系，借助客户维度、内部运营维度、学习与成长维度评估指标的完成而达到最终的财务目标。平衡计分卡四个维度之间的关系，如图 8-5 所示。

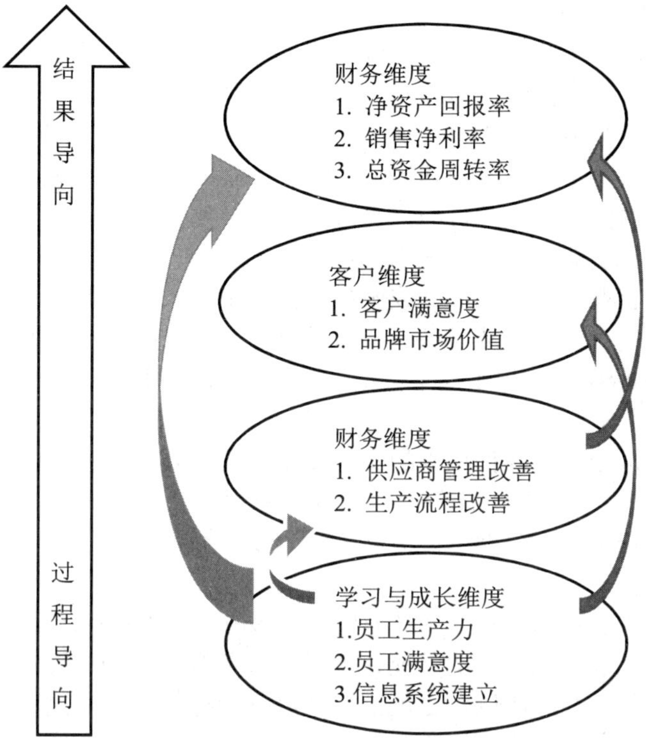

图 8-5　平衡计分卡四个维度之间的关系

三、基于低成本战略的平衡计分卡应用

低成本战略是企业为赢得价格竞争而追求行业内成本领先地位的竞争战略。企业采用该种战略能够获得成本优势，使得企业获得高于产业平均水平的收益，从而在竞争中受到更多的保护。

（一）财务维度

平衡计分卡要求企业低成本战略的实施和执行有助于其获得行业内成本领先的地位和进行财务指标（如成本降低额、成本降低率、标准成本、利润等）的改善，非财务指标（如工时利用率、设备利用率、材料利用率、劳动生产率等）的改善和提高保障了行业内成本领先地位的实现。

（二）客户维度

低成本战略要求企业在满足顾客核心需求的同时，不断降低成本，节约费用。因此，必须在客户最关心的价格、质量、服务等方面确立清晰的目标，然后将这些目标细化为具体的指标。如市场占有率、老客户挽留率、新客户获得率、顾客满意度等。

（三）内部运营维度

低成本战略的目标是最大限度地降低成本，以赢得价格竞争。内部运营主要强调基于现有产品的成本动因分析。比如，扩大经营规模以实现规模经济，采用技术革新以降低产品单位消耗的材料或人工。通过进行实际成本与标准成本间的差异分析来控制成本，一般就可满足需要，采用的方法多为标准成本法、定额成本法、责任会计等。

（四）学习与成长维度

正确理解成本的内涵，把握有效降低成本的途径和方法，是保障低成本战略获得成功的内在动力。基于管理需要的成本分类，从更多的视角寻找降低成本的可能。此时，多采用功能成本分析、质量成本管理等方法。

基于低成本战略的平衡计分卡强调财务结果，客户、内部运营、学习与成长三个维度都是为了实现行业内成本领先的目的，主次关系十分明确。

四、基于差异化战略的平衡计分卡应用

差异化战略是企业通过追求产品或服务的独特个性，而赢得市场竞争的竞争战略。这种战略要求企业所提供的产品或服务具有“歧异性”，在全产业范围内形成一些独特的、其他企业的产品或服务无法替代的东西，从而取得一定的竞争优势。

（一）财务维度

平衡计分卡要求企业差异化战略的实施和执行最终表现在产品或服务的某个方面的差异化，因此，首先重视顾客的需求满足，其次考核财务指标（如EVA、毛利率、销售增长率等）的改善。从资金管理角度上讲，财务是为业务服务的。

（二）客户维度

差异化战略要求企业满足顾客的核心需求，形成“你无我有，都有我比你更好”的竞争格局。因此，必须在客户最关心的功能、质量、服务等方面确立“歧异性”目标，然后将这些目标细化为具体的指标。所以，更加重视非财务指标的改善和提高，如独创性、市场占有率、顾客满意度、产品返修率等。

（三）内部运营维度

差异化战略主要强调基于竞争优势的动因分析。如新技术、新产品、新材料、新工艺等创新性活动，以及围绕流程再造的组织创新。例如，在面向市场时，成本控制较多地考虑生命周期中的产品成本在企业上下游的分布情况，将研发成本、消费成本纳入了成本控制的范围。

（四）学习与成长维度

差异化战略要求企业掌握不断创新的能力，更新知识，提高技术水平，广泛且深入地利用 AI 进行产品规划和组织变革，把握未来需求发展的基本脉络。此时，人力资源管理成为企业优化管理的重要基础。

基于差异化战略的平衡计分卡更加强调过程管理。客户、内部运营、学习与成长三个维度是实现差异化战略的根本，而财务是为过程服务的。

五、平衡计分卡战略管理地图

平衡计分卡既是一种战略管理工具，又是一种战略管理思想。平衡计分卡的四个维度形成了一系列的因果关系链，而每个维度中的衡量指标都形成了一套逻辑链条。这些逻辑链条就将企业战略所期望的结果和获得这些结果的驱动因素结合起来。将这些逻辑链条整合在一起，就形成了平衡计分卡的战略管理地图。

平衡计分卡战略管理地图可以帮助企业用连贯、系统和整体的方式来看待企业的战略，有助于企业更加精确地定义客户的价值取向，增进内部流程的活力，增强学习与成长能力，并最终达到企业股东价值最大化的目标。

当然，由于不同的企业处于不同的行业，不同的企业采用的竞争优势的战略也不一样。因此，企业的战略管理地图也是千差万别的。总体来说，一个比较统一的模板，如图 8-6 所示。

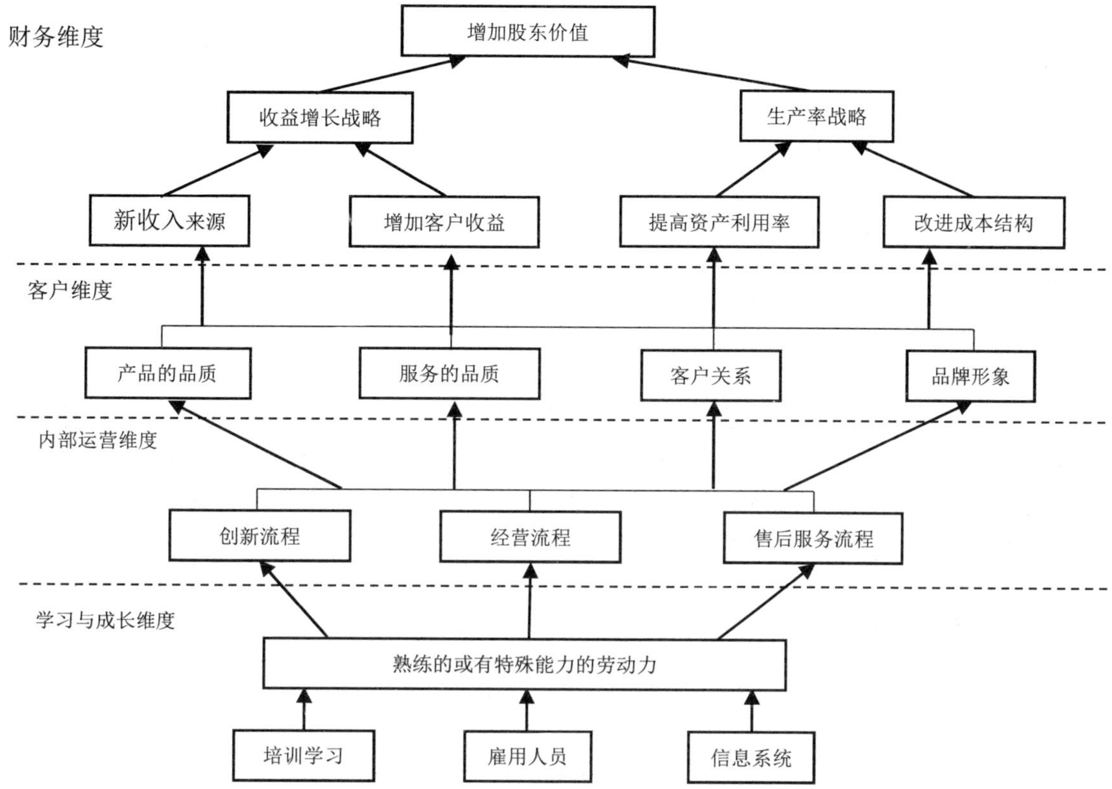

图 8-6　战略管理地图

案例解析

【案例 8-7】

金元公司利用生物净化技术对土壤农家肥和水进行解毒、净化和修复，并通过吸附土壤重金属、采用生物植物保护剂防治虫害，在华东生产基地成功试产了高于欧盟、日本标准的有机大米。金元公司采用“政府+公司+大米专业合作社+农户”的协议式生产模式，通过向农户无偿提供生产资料和技术服务，保证了大米的质量和产量。目前，该有机大米的收购价格高于普通大米市场收购价的 120%以上，有机大米的市场零售价格是普通大米的 10 倍以上，产品主要目标市场是出口日本、东南亚和国内主要大城市。

为了确保对产品质量的控制，该公司自主研发核心技术、培养技术专才。公司在有机大米的市场占有率逐年快速增长后，位居同类产品销售额第一名，环保、安全、健康的产品理念契合了追求生活品质的消费群体，有机大米的品质和品牌逐渐被消费者高度认可并拥有了一些忠实消费者。公司在生产有机大米的良好基础上，还生产了其他有机农产品，包括水产、蔬菜和水果，并先后在河北、山东、四川等地建成了有机农产品基地。

金元公司用财务和非财务指标进行业绩考核。公司层面的财务指标主要有销售额、销售费用率、净利润、流动比率、速动比率和资产负债率，其他指标主要有市场占有率。

为了提高自身产品的竞争力，金元公司通过购买竞争对手的产品并对其进行研究，从而缩小与对手之间的差距。

【业务 1】

简要说明平衡计分卡的业绩衡量方法，以及针对金元公司业绩考核应当补充哪些指标。

【业务 2】

指出有效使用平衡计分卡必须遵循的原则。

【业务 3】

指出金元公司采用的是对标管理中的哪种标杆，并说明采用标杆评价业绩时需要注意的问题。

解　析

【业务 1】

平衡计分卡是从多重指标、从多个维度或层面（财务层面、顾客层面、内部业务过程层面、学习与成长层面）对企业或分部进行绩效评价的一种系统化的方法。

对金元公司的建议：公司应采用财务和非财务指标进行业绩考核，可以参考平衡计分卡，对业绩考核指标进行补充。

从财务面，建议补充销售毛利率反映企业产品本身的盈利能力；补充投资回报率有利于投资者评估和比较投资回报；补充存货周转率和应收账款周转天数来反映企业运营效率。

从顾客面，建议补充客户满意度，从而反映已售产品的质量问题，并为客户提供意见反馈渠道。

从学习与成长层面，建议补充员工培训此率与周期、储备人才比等指标，以提高技术人才储备的管理。

从内部业务过程层面，建议补充新产品收入占销售额的比重等指标。

【业务 2】

要有效使用平衡计分卡，将平衡计分卡的四个层面与公司战略相结合，必须遵循以下三个原则：

（1）各个层面的指标间具有因果关系；

（2）结果计量指标与业绩动因相关联；

（3）与财务指标挂钩。

【业务 3】

金元公司采用的是行业标杆。

采用标杆来评价业绩时，要注意以下几点：

（1）不要事事都以最佳实践为标杆，任何公司都无法在所有事情上做到最好；

（2）只将从战略上对公司最重要的最佳流程或作业作为标杆；

（3）对于不太重要的辅助作业，从内部、地区或行业内寻找标杆。

小试牛刀

【实训资料】

风和酒店是集餐饮、住宿、休闲娱乐于一体的星级酒店。长期以来，酒店在绩效评价时，主要以内部衡量、财务评价为主。随着行业竞争加剧，酒店面临的市场压力也越来越大，单纯以财务指标进行评价的考核方式偏重对会计利润的衡量，使管理层注重短期的财务成果而忽略长远利益，无法发现酒店中存在的问题。为改善经营管理水平，实现突破性发展，提高酒店的运营效率和效果，拟采用平衡计分卡绩效评价工具进行绩效评价，以弥补传统财务指标的不足，充分掌握各个关键领域的信息，使酒店在市场竞争中始终保持实力，实现在三年内成为本市同星级酒店领头羊的战略目标。

【实训要求】

项目组成员对酒店的发展战略进行梳理，根据平衡计分卡的四个维度，总结关键成功要素，提取了绩效指标，形成下一年度酒店层面的关键绩效指标。请指出每一个关键绩效指标分别属于平衡计分卡的哪个维度，并填到表 8-11 绩效指标的维度判断表中。

解析：

表 8-11　维度判断表

净资产收益率	
销售计划达成率	
关键员工流失率	
最佳实践项目数	
服务质量测评	
员工培训时长	
客人有效投诉数	
经营成本节约率	
卫生清洁达标率	
设备设施维修及时率	

扫我看答案

考核评价

* **知识评价**

巩固拓展

＊ 能力巩固

【实训目的】

通过练习，掌握平衡计分卡的基本方法。

【实训资料】

甲公司是一家制造业企业，为了提高企业的运营效率和效果，拟采用平衡计分卡绩效评价工具进行绩效评价。相关建议如下。

①平衡计分卡指标体系构建时，企业应以非财务维度为核心，其他维度的指标都与核心维度的一个或多个指标相联系。

②平衡计分卡每个维度的指标通常是 4～7 个。其中，财务维度常用指标包括经济增加值回报率、息税前利润、自由现金流量、存货周转率、单位生产成本等。

③平衡计分卡指标权重分配要反映被评价对象对企业战略目标的贡献程度，以及各指标之间的重要性水平，特别关键指标可以设立“一票否决”制度。

④平衡计分卡指标的目标值应根据战略地图的因果关系分别设置。目标值一旦确定后，不得进行调整或修改，以保障战略目标的实现。

【实训要求】

（1）根据资料①，指标体系构建的表述是否存在不妥之处，若存在不妥之处，说明理由。

（2）根据资料②，财务维度指标的表述是否存在不妥之处，若存在不妥之处，说明理由

（3）根据资料③，指标权重设置的表述是否存在不妥之处，若存在不妥之处，说明理由

（4）根据资料④，平衡计分卡绩效目标值的表述是否存在不妥之处，若存在不妥之处，说明理由。

（5）平衡计分卡指标体系设计时，应注意哪些“平衡”？

（6）根据资料，指出平衡计分卡的缺点。

＊知识拓展

平衡计分卡的起源与发展

平衡记分卡最早于 1987 年由 Analog Device（ADI）公司实践尝试，后由卡普兰（Kaplan）和诺顿（Norton）两位教授正式提出并进行了系统研究。平衡记分卡从财务、客户、内部流程、学习与成长四个维度来细化企业的愿景与战略目标，从而实现财务目标与非财务目标、长期目标与短期目标、内外部利益相关者目标、结果性目标与动因性目标的平衡。

在此之前，杜邦分析法作为一种主要的绩效考核方法被广泛运用于企业实践中。该方

法的核心就是计算分析各项财务指标。其最大的缺点就是只能对过去的业绩进行考核评价，而不能指导未来的业务发展。所谓未来的业务发展，指的就是企业战略执行的问题。从20世纪60年代开始，美国的学者就开始研究企业战略问题。战略关注的是长远的规划，是对未来企业发展的前瞻性设计，包含的内容不仅仅是财务数据方面，还包括市场、产品、客户、员工价值实现等。此时，评价企业绩效就不能仅仅考核财务指标，还应结合企业战略的指标进行评价。

后来，二人对“平衡计分卡”的体系不断地丰富发展，从制定战略到把战略转化成执行方案（运营层面），平衡计分卡贯穿其中，表现出来的形式就是“战略地图”，他们写了一本专门的书就叫《战略地图》。因此，平衡计分卡的应用往往结合着战略地图，把四个维度在一张图表中展现出来。

平衡计分卡与战略地图结合在一起，就不仅仅是绩效考核的工具了，而是战略制定与战略执行的仪表盘。因此,现代意义的平衡计分卡其实是在讲，如何确定公司战略、如何分解战略、如何执行战略，它是一套企业战略管理的工具。

＊ 学思用贯通，知信行统一

绩效考核里要体现碳减排

绩效考核的导向作用很重要，企业的绩效导向决定了员工的行为方式。因此，考核方式决策要谨慎制定。自十八大以来，有一件事，习近平总书记一直强调要“算大账、算长远账、算整体账、算综合账”。这件事就是生态环境保护。他明确指出，“绝不能以牺牲生态环境为代价换取经济的一时发展”，多次提出“既要金山银山，又要绿水青山”，“绿水青山就是金山银山”。二十大中再次强调必须牢固树立和践行绿水青山就是金山银山的理念，站在人与自然和谐共生的高度谋划发展。加快发展方式绿色转型，实施全面节约战略，发展绿色低碳产业，倡导绿色消费，推动形成绿色低碳的生产方式和生活方式。针对不同类型的企业，结合党史故事考虑如何确定合适的绩效考核方式，以保证激励公平、有效。

建设美丽中国

“平衡计分卡”体现的就是“平衡”二字，在考虑财务指标的同时，兼顾客户、业务流程和成长创新三个方面，是一个综合性的评价体系。万事万物讲究平衡，是符合中国的中庸之道。同时，平衡计分卡是一种战略管理系统，它使组织的各个层级对愿景和战略达成共识，并将其转化为四个层面的目标、指标和目标值，通过建立组织、业务单位、部门、个人等各个层面的平衡计分卡，使员工在这一套评价指标的引导下努力工作，实现战略目标。另外，平衡计分卡是一种沟通工具，它被视为一个用于传播、宣讲和学习的系统，管理者和员工通过共同开发各个层次的平衡计分卡，明确各自的奋斗目标，以达成既定目标，而平衡计分卡的开发运行过程本身就是一个沟通的过程。

项目九　战略管理

学习目标

【知识目标】

（1）理解公司的愿景、使命与目标。

（2）掌握战略管理的内涵。

（3）理解战略管理过程。

（4）理解战略地图概念。

【能力目标】

（1）能够具备以书面表达和口头表达的方式、清晰有效传递信息的基本能力。

（2）能够理解单位目标、个人目标与单位战略规划的关系。

（3）能够预见未来，协助完成策略计划进程，引导决策、战略、规划管理风险及监控业绩。

（4）能够协助团队完成战略地图的绘制。

（5）能够协助团队完成战略规划目标的分解。

（6）能够执行战略实施的各项指令。

【素养目标】

（1）通过对战略管理的学习，理解战略战术、合作共赢、团队意识、团结协作、集体精神，自信自强。

（2）通过对企业战略管理价值观的学习，理解正直、真诚始终贯穿于工作态度与工作风格中，理解员工对公司的责任感、归属感和使命感。

（3）通过对企业战略有效实施的学习，理解企业文化要融入每位员工的日常行为习惯中；融入一系列的管理环节中，形成一种共同遵守的最高目标、价值目标、基本信念及行为规范。

（4）通过对战略管理的学习，理解运筹帷幄、战略决策的内涵。

项目知识结构

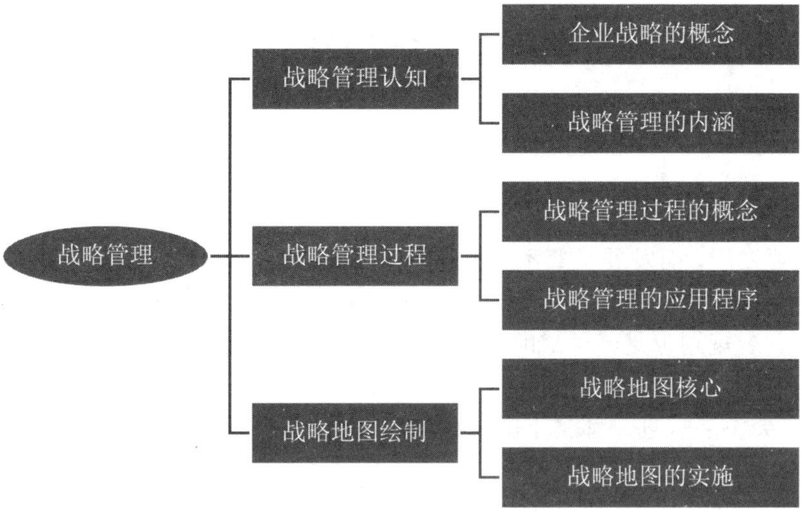

【视野先导】

“五位一体”“四个全面”战略布局

为实现全面建成小康社会目标，党的十八大报告对推进中国特色社会主义事业做了“五位一体”的总体布局和“四个全面”战略布局，统筹推进经济建设、政治建设、文化建设、社会建设、生态文明建设，协调推进全面建成小康社会、全面深化改革、全面依法治国、全面从严治党。推进“四个全面”实现“五位一体”的总体布局，是在总结中国特色社会主义事业发展的经验教训基础上做出的正确选择，也是根据时代特征、发展要求和人民期望而做出的战略部署，更是遵循党、国家和人类文明发展规律做出的科学决策。

【启　示】

“五位一体”总体布局是一个有机整体。其中，经济建设是根本，政治建设是保证，文化建设是灵魂，社会建设是条件，生态文明建设是基础。它是经济、政治、文化、社会、生态建设全面发展的总体布局，蕴含着富强民主文明和谐的总目标；“四个全面”战略布局抓住了治国理政的根本，使党和国家各项工作战略方向、关键环节、重点领域、主攻目标更加清晰，内在逻辑更加严密，是推进中国特色社会主义伟大事业和党的建设新的伟大工程的总思路、总框架、总方略。“五位一体”“四个全面”战略布局抓住了改革发展稳定的关键，确立了新形势下党和国家各项工作的顶层设计战略方向，充分体现了当代共产党人的全局视野和战略眼光。当代大学生作为实现“两个一百年”目标的生力军，应具有开放思维、全局意识、社会责任感。尤其是经济管理专业的学生，更应该有经世济民的家国情怀，将自身的理想和价值与国家和人民的利益相联系，将专业知识学习与社会主义现代化建设的需要相联系。

任务一　战略管理认知

任务描述

企业必须要发展，而发展又离不开战略的规划和指导。战略是企业与生俱来的一部分，战略伴随着企业从诞生到消亡，战略以及与其相关的工作也是企业日常工作不可分割的一部分。国家的发展规划也是一种战略规划，是一个国家总体发展的谋略，远到三国时代诸葛亮的《隆中对》，近到民国时代孙中山的《建国方略》，再到如今我国每五年制定一次的《国民经济和社会发展规划》都属于国家级的战略规划。

任务目标

（1）能理解运筹帷幄、战略决战的内涵。

（2）能理解战略战术对企业发展壮大的重大意义。

（3）能理解企业文化与单位目标、个人目标与单位战略规划的关系。

知识链接

一、企业战略的概念

我国《管理会计应用指引第 100 号——战略管理》指出：战略，是指企业从全局考虑做出的长远性的谋划。企业战略是对企业各种战略的统称，其中既包括竞争战略，也包括营销战略、发展战略、品牌战略、融资战略、技术开发战略、人才开发战略、资源开发战略等等。各种企业战略有同也有异，相同的是基本属性，不同的是谋划问题的层次与角度。总之，无论哪个方面的计谋，只要涉及的是企业整体性、长期性、基本性问题，就属于企业战略的范畴。只有战略定位准了，才能赢得市场，才能获得竞争优势，才能不断发展壮大。

任何一个企业从开始构思成立的那一天起，其创始人或发起人、投资人或股东、老板或职业经理人等都无时无刻不在构思和规划着企业的发展目标和实现的手段并竭尽全力为之整合及投入有效的资源，这决定了企业战略的全局性、长远性、预见性和资源适配性。

企业在日常经营中的每一个行为都以战略为准绳、原则和指导方针，按着既定的方法朝着既定的目标前进，参与企业中的每一个人都必须时刻清晰地明白“我们的企业要实现什么”和“如何能更可靠地实现”这两个基本问题并严格执行。反过来说，企业战略也应该渗透到企业的每一个部门、每一位员工以及企业的每一个行为之中，这决定了企业战略的系统性、指导性和可行性。此外，由于战略具有“谋略性”，很多企业出于商业机密的原因，也不会把一些重要的战略公布于众，显示了企业战略的隐秘性。

在日益激烈的市场竞争环境下，企业不得不持续制定更具有差异化的、富有创新价值的、更具风险但又会有高额价值回报的经营和管理手段以求得生存、发展和壮大，这决定了企业战略的竞争性和谋略性；

二、企业战略管理体系

（一）企业战略管理的概念

“战略管理”一词是由伊戈尔·安索夫在1965年撰写的《公司战略》一书中首次提出公司战略的概念。他借用了“战略”这个军事词汇，并引入“市场竞争”概念。谈到企业战略理论，人们自然会联想到军事战略。战略始于战争，源于战略思维。战略管理就是分析问题和解决问题的系统思路，强调应站在长远和全局的角度去认识企业管理问题，而不是习惯上的“头痛医头，脚痛医脚”、就事论事的片段式思路。一般而言，战略管理是涉及对有关未来组织方向和范围做出决策和决策的实施，包括战略制定和战略实施。管理，简而言之，就是通过别人完成任务、达成目标。战略制定着眼于“做正确的事”，而战略实施关注的是“将正确的事做得更有效率”。由于管理具有科学性和艺术性的特点，因此，战略管理强调的是“如何让人愉快、高效地做正确的事”。战略管理研究的就是如何处理好高效、愉快和正确这三者之间的关系。

我国《管理会计应用指引第100号——战略管理》指出：战略管理是指对企业全局的、长远的发展方向、目标、任务和政策，以及资源配置做出决策和管理的过程。

（二）公司战略的层次

公司层战略、业务层战略与职能层战略一起构成了企业战略体系。在企业内部，企业战略管理各个层次之间是相互联系、相互配合的。所以，只有不同层次的战略彼此联系、相互配合，企业的经营目标才能实现。公司战略的层次结构，如图9-1所示。

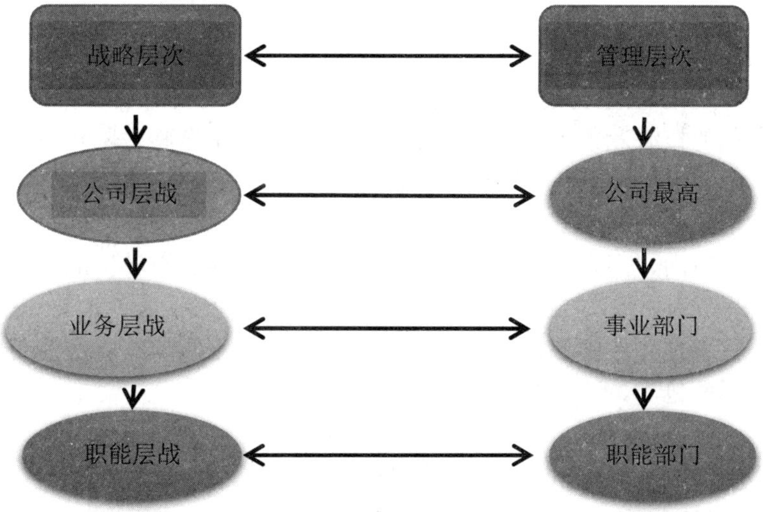

图9-1 企业战略的层次结构

1. 公司层战略

公司层战略又称企业总体战略，是企业最高决策层指导和控制企业的行动纲领。一般由公司董事会制定。包括成长型战略、稳定型战略和收缩型战略。

2. 业务层战略

业务层战略也称竞争战略、业务单位战略、事业部战略，它是在公司层战略的指导下，就如何在某个特定的市场上成功开展竞争制订的战略计划。战略业务单位是指其产品和服务有着不同于其他战略事业单位的外部市场，从事多元化经营的公司往往拥有多个战略业务单位，包括成本领先战略、差异化战略和集中化战略。

3. 职能层战略

职能层战略是属于企业运营层面的战略，它是为了贯彻和实施公司层战略和业务层战略在企业各职能部门制定的战略。职能战略是企业内各主要职能部门的短期战略计划，一般可分为研究与开发战略、生产战略、营销战略、人力资源战略和财务战略等。

案例解析

【案例 9-1】

甲公司的创始人在创业时就要求公司所有员工遵守一个规定：在经营活动中永远不做违背道德和法律的事情。

【业务】

从公司使命角度来看，此规定属于公司使命中确立的哪一项价值观？

解　析

在经营活动中永远不做违背道德和法律的事情，体现的是公司使命中的经营哲学。经营哲学是公司为其经营活动方式所确立的价值观、基本信念和行为准则，是企业文化的高度概括。

小试牛刀

【实训资料】

在 2007 年前，京东决意自建物流。这是京东历史上最重要的战略决策，现在来看，相当成功。谈及京东的核心竞争力，所有人都会指向物流。京东将大陆市场分为七个大区——华北、华东、华南、东北、华中、西南和西北，并且在北京、上海、广州、沈阳、武汉、成都和西安这 7 个中心城市建立了物流中心并设立中心仓，这是物流的第一级；由于覆盖区域面积巨大，在济南、南京、重庆等城市设立前置仓，存放周转快的商品，而不会是全品类存放，这样做是为加快对二三线以下城市用户的反应速度，加快时效，提升用户体验，这是第二级；再往下是分拨中心，第四级是中转站，而第五级即终端级便是配送站。配送员从站点出发，用面包车、三轮车、摩托车进行配送。

【实训要求】

（1）用战略管理思维分析京东物流布局的战略意义。

分析：

扫我看答案

考核评价

＊ 知识评价

巩固拓展

＊ 能力巩固

【实训目的】

通过练习，理解企业文化是共同遵守的最高目标、价值目标、基本信念及行为规范。

【实训资料】

天鸣公司是全球领先的通信基础设施和智能终端提供商，该公司在网站上显著位置有如下说明：致力于把数字科技带入每个人、每个家庭、每个组织，构建万物互联的智能世界。

公司始终秉承“诚实正直，言行坦荡”的经营理念。

【实训要求】

（1）在上述资料中，哪些话体现了天鸣公司的经营业务范围？

（2）在上述资料中，哪些话体现了天鸣公司的宗旨？

（3）在上述资料中，哪些话体现了天鸣公司的经营哲学？

*** 知识拓展**

企业的愿景、使命与目标

一、企业的愿景

企业愿景（或称企业远景）是指为企业所描述的未来发展的理想化定位和生动性蓝图，体现企业永恒的追求；反映了管理者对企业与业务的期望，旨在为企业未来定位。要解决的问题是“我们要成为什么样的公司”。例如，迪士尼企业的愿景是“成为全球的超级娱乐企业”。阿里巴巴集团的愿景是旨在构建未来的商务生态系统，让客户相会、工作和生活在阿里巴巴，并持续发展最少 102 年。

二、企业的使命

企业的使命阐明了企业组织的根本性质与存在理由，包括企业目的、企业宗旨、经营哲学。经营哲学影响着企业的经营范围和经营效果，是其经营活动方式所确立的价值观、基本信念和行为准则，是企业文化的高度概括。

例如，华为的愿景与使命是把数字世界带入每个人、每个家庭、每个组织，构建万物互联的职能世界；阿里巴巴集团的使命是让天下没有难做的生意。阿里巴巴的六个价值观分别是：客户第一，客户是衣食父母；团队合作，共享共担，平凡人做非凡事；拥抱变化，迎接变化，勇于创新；诚信，诚实正直，言行坦荡；激情，乐观向上，永不放弃；敬业，专业执着，精益求精。经营口号的提炼可以从这几个角度进行思考。文字朗朗上口；体现核心价值观；体现经营特色，体现独特的卖点。例如，中国电信的经营口号是“世界触手可及”，同仁堂的经营口号是“炮制虽繁必不敢省人工，品味虽贵必不敢减物力”。

三、企业的战略目标

企业的战略目标是企业使命的具体化，是衡量工作成绩的标准。战略目标反映了企业在一定时期内经营活动的方向和所要达到的水平。其目的是将使命转换成明确具体的业绩标准。例如，市场占有率、收益增长率、满意的投资回报率、股利增长率等财务目标，获取足够的市场竞争优势、建立技术上的领导地位，获得持久的竞争优势、社会责任等战略目标。

*** 学思用贯通，知信行统一**

夺　冠

夺　冠

2021 年 11 月 16 日，是中国女排第一次获得世界冠军 40 周年纪念日。40 年前，万人空巷看女排；而今，“女排精神”屡成网络热词。从一穷二白的艰苦创业，到 10 次夺得世界排球“三大赛”冠军，中国女排生动诠释了奥林匹克精神和中华体育精神，为中华民族屹立于世界民族之林添上光彩一页。时光流转，新老交替，中国女排为何总能连创辉煌？打开国际化视野，引入科学赛训理念，让专业素养与精神力量融汇在一起，被视为女排屡屡突破的密钥。博采众长、开拓创新为女排精神注入新的时代内涵。这些年来，中国女排的教练员和队员换了一茬又一茬，但追求卓越、勇攀高峰的精气神一如既往。他们的坚守与奋起，为体育强国建设注入奋进的力量。祖国至上、团结协作、顽强拼搏、永不言败的女排精神，是中国共产党人的精神谱系的重要组成部分，是中华体育精神的集中体现，是跨越时空、历久弥新的精神力量。女排姑娘在经历东京奥运会的挫折之后并没有气馁，他们将继续发扬女排精神，刻苦训练、补齐短板、重拾信心，以冲击者的姿态重新出发。

从电影《夺冠》中理解战略战术、团结协作、顽强拼搏，自信自强精神缔造出比金牌更宝贵的精神宝藏，学习中国女排心系集体、精诚团结、矢志创新的品质。我们在生活、学习中难免会遇到困难，重要的是要有正视困难的勇气，要有克服困难的自信，更要有付诸实践的行动。

任务二　战略管理过程

任务描述

战略管理来自实践，是一个不断发展演变的过程。孙子兵法中有一句话：知彼知己，胜乃不殆，知天知地，胜乃不穷。这或许是最早提出的内外部环境分析的思想。我们面临着创新创业的大环境，“互联网＋”“风口”“人工智能”等新概念层出不穷。企业在做选择的时候，就要顺应潮流、顺应环境。企业要生存，要持续成长，必须深谋远虑，必须有战略眼光，确定战略定位，明确战略重点，抓好战略策划，并加以有效地实施。

任务目标

（1）会用 PEST 对外部环境进行分析。

（2）会用战略分析工具进行 SWOT 分析。

（3）会用波特五种竞争力模型分析。

知识链接

一、战略管理过程的概念

战略管理过程是战略分析、战略制定及评价与战略实施及控制三个环节相互联系、循环反复、不断完善的一个动态管理过程。这三要素共同组成整个战略管理系统的完整过程。企业战略管理过程，如图 9-2 所示。

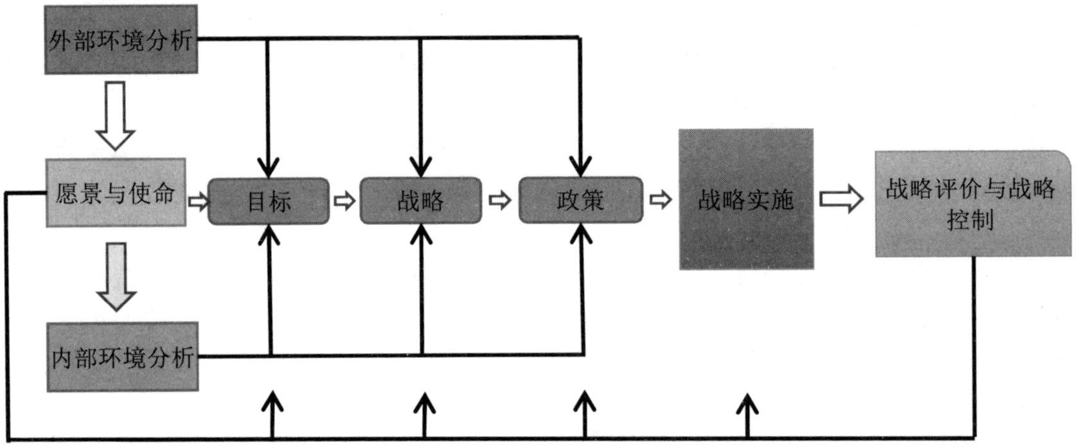

图 9-2 企业战略管理过程

二、战略管理程序

企业应用战略管理工具方法，一般按照战略分析、战略制定、战略实施、战略控制、战略评价与调整等程序进行。

（一）战略分析

战略分析是整个战略管理过程的起点，对于企业制定战略具有至关重要的作用。它包括外部环境分析和内部环境分析。战略分析阶段明确了“企业目前处于什么位置”。

1. 外部环境分析

（1）宏观环境分析。宏观环境包括政治环境因素、经济环境因素、社会环境因素、技术环境因素、生态环境因素和法律环境因素，如图 9-3 所示。

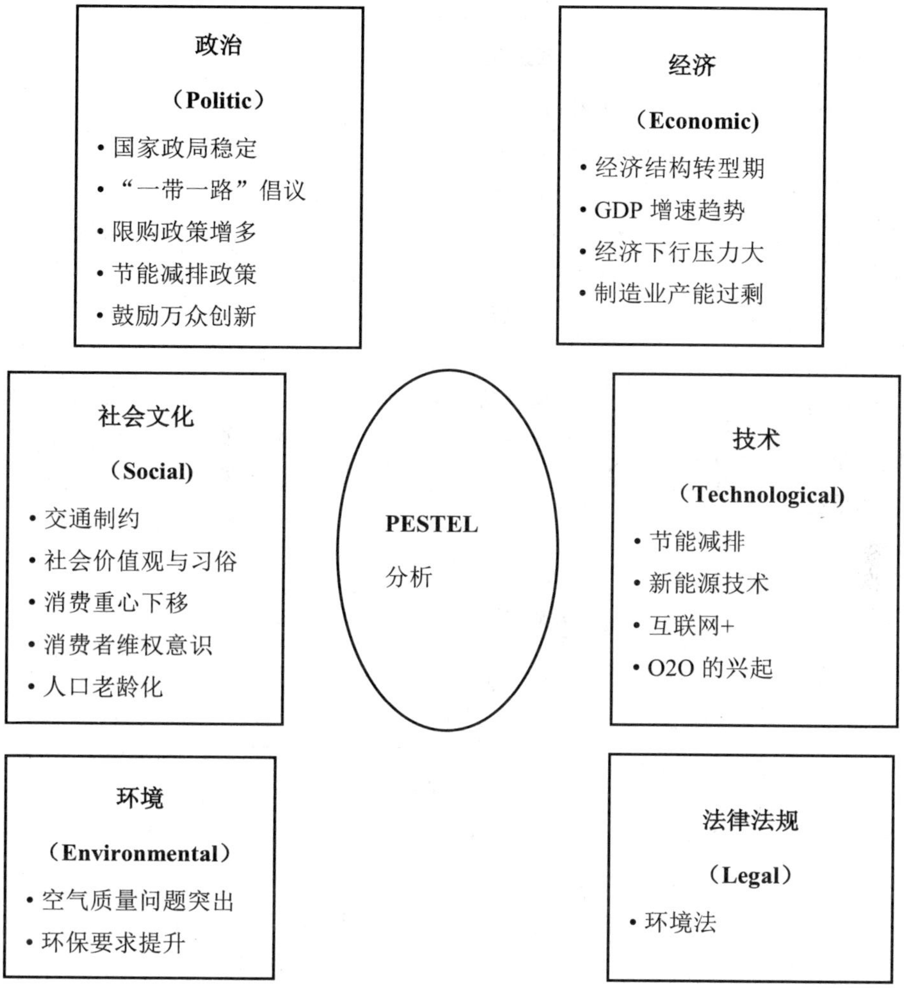

图 9-3　企业宏观环境（PESTEL）因素

（2）产业环境分析内容。产业环境分析的目的在于分析行业的盈利能力，包括行业竞争程度分析和市场议价能力分析。

波特五力分析，如图 9-4 所示。

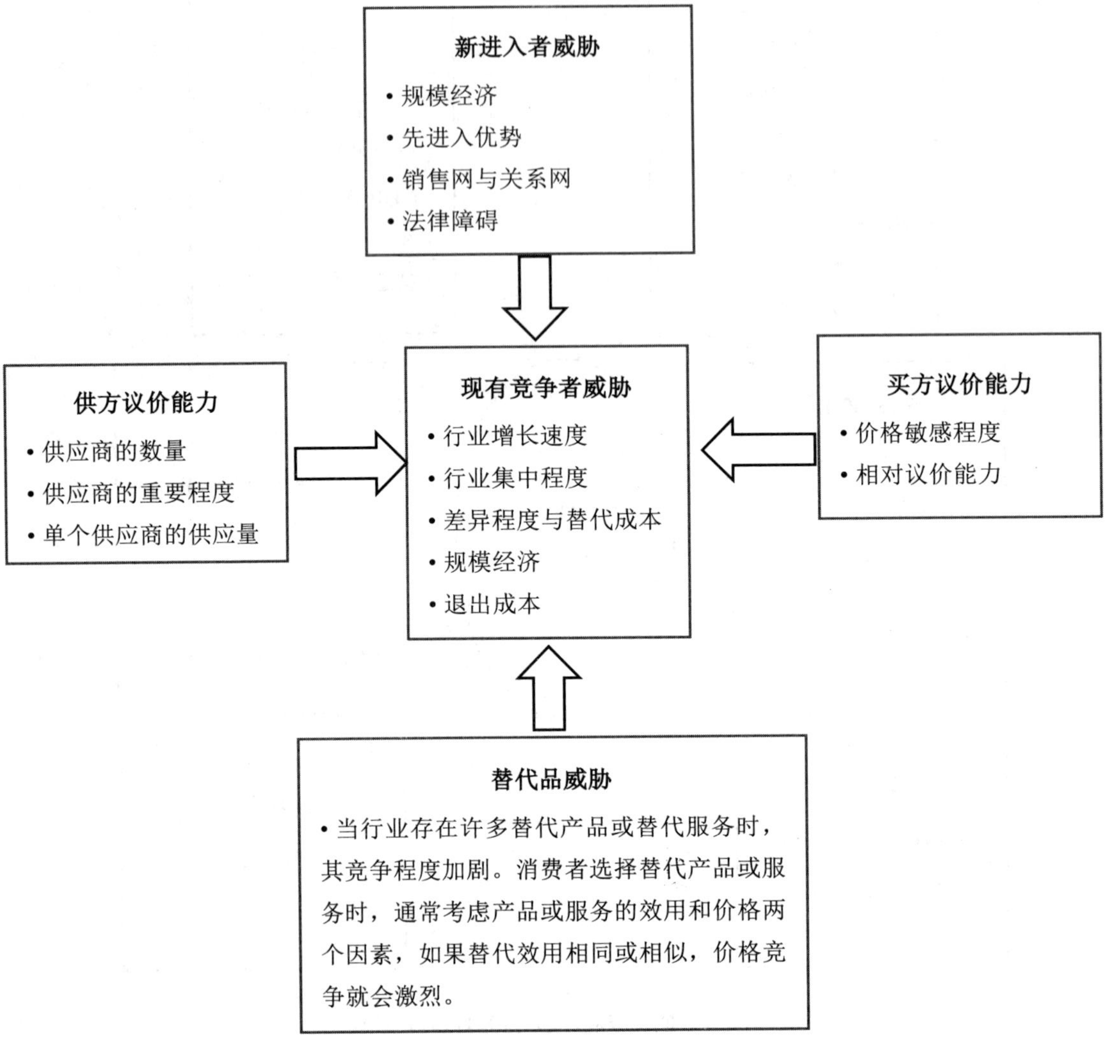

图 9-4　波特五力分析

2. 内部环境分析——优势与劣势分析

企业进行内部环境分析时，常用的战略分析工具：SWOT 分析、波士顿矩阵和通用矩阵分析等。

（1）SWOT 分析最核心的部分是评价企业内部的优势（S）和劣势（W）、判断企业所面临的机会（O）和威胁（T），并做出决策，即在企业现有的内外部环境下，如何最优地运用自己的资源，并且建立企业未来的资源。SWOT 分析模型，如图 9-5 所示。

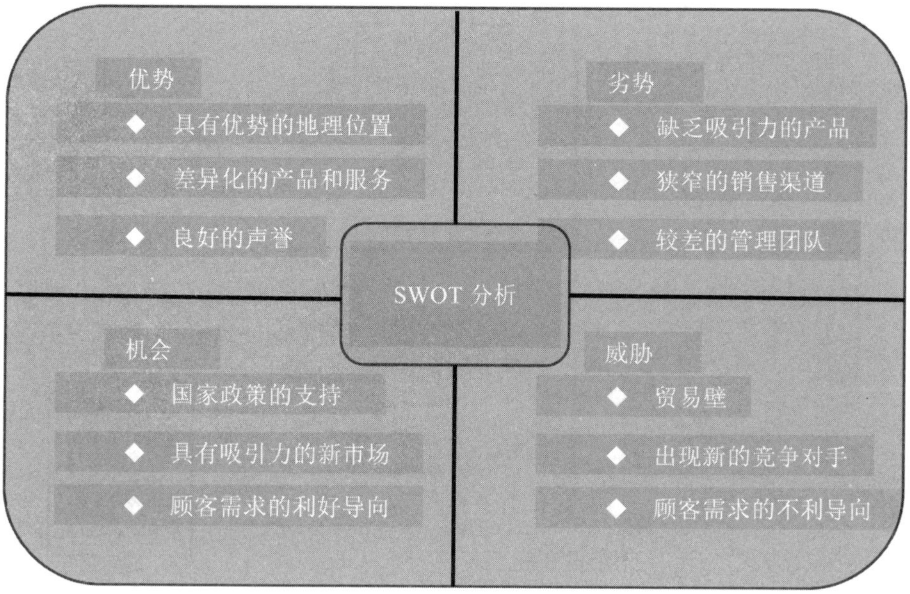

SWOT 分析

图 9-5　SWOT 分析模型

企业的优势和劣势是相对竞争对手而言的，一般反映在企业的资金、技术设备、职工素质、产品、市场、管理技术等方面。例如，企业的资金雄厚，则在资金上占优势；市场占有率低，则在市场上占劣势，应选定一些重要因素加以评价打分，然后根据其重要程度通过加权确定。

企业的机会是指环境中对企业有利的因素。如政府支持、高新技术的应用、良好的购买者和供应者的关系等。企业外部的威胁是指环境中对企业不利的因素。如竞争对手的出现、市场增长率缓慢、购买者和供应者讨价还价的能力增强、技术老化等。这是企业当前竞争地位或未来竞争地位的主要障碍。

（2）波士顿矩阵分析认为市场引力（销售增长率）与企业实力（市场占有率）是决定产品结构的基本因素，这两个因素相互作用会出现四种不同性质的产品类型，形成不同的产品发展前景。波士顿矩阵分析模型，如图 9-6 所示，在坐标图上，以纵轴表示企业销售增长率，反映了企业经营业务在市场上的相对吸引力。横轴表示企业业务的市场份额，一般用市场占有率表示，反映了企业在市场上的竞争地位。将坐标图划分为四个象限，依次为“明星产品（★）”“问题产品（？）”“金牛产品（￥）”“瘦狗产品（×）”；瘦狗产品属于不再投资扩展或即将淘汰的产品。其目的在于通过产品所处不同象限的划分，使企业采取不同决策，以保证其不断地淘汰无发展前景的产品，保持“问号”“明星”“金牛”产品的合理组合，实现产品及资源分配结构的良性循环。

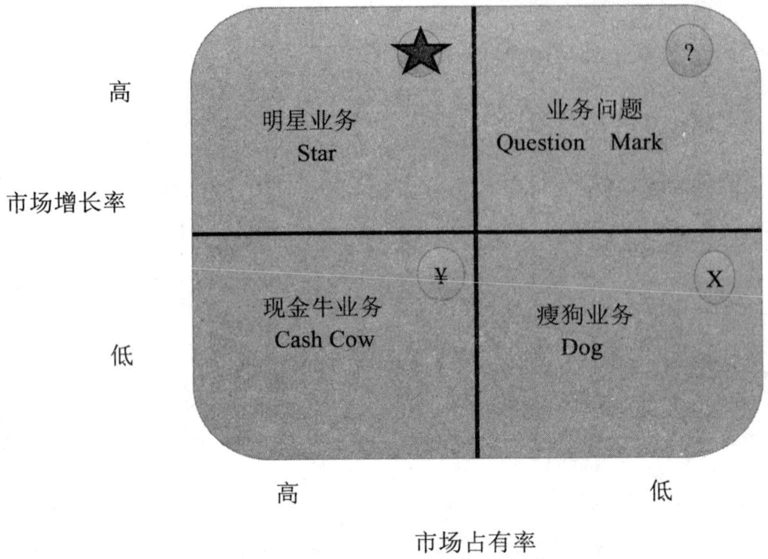

图 9-6 波士顿矩阵分析模型

（二）战略制定

战略制定也称战略目标设定。企业应根据战略分析结果，合理设定企业的使命和愿景，并将使命和愿景转化为战略目标。战略制定要回答的问题是“企业向何处发展”，要考虑以下两个问题。

1. 可选择的战略类型

（1）公司战略选择包括发展战略、稳定战略、收缩战略三种基本类型。

（2）业务层战略选择包括基本竞争战略、中小企业竞争战略、蓝海战略三种战略。

（3）职能层战略选择包括市场营销战略、生产运营战略、研究与开发战略、人力资源战略、财务战略等。

2. 战略选择过程

（1）制订战略选择方案有自上而下、自下而上 、上下结合三种方法。三者的区别在于战略制定中对集权与分权程度的把握。

（2）评估战略备选方案通常使用三个标准。一是适宜性标准，，二是可接受性标准，三是可行性标准。

（3）选择战略是指根据企业目标选择战略，提交上级管理部门审批或者聘请外部机构。

（4）战略政策和计划。企业设定战略目标后，各部门需要结合企业战略目标设定本部门战略目标，并将其具体化为一套关键财务及非财务指标的预测值。为各关键指标设定的目标（预测）值，应与本企业的可利用资源相匹配，并有利于执行人积极有效地实现既定目标。

（三）战略实施

战略实施即战略落地，是指将企业战略规划蓝图变成现实的管理过程。企业战略目标在高层达成一致后，应向中下层传达，并在各项工作中分解、落实；另外，应加强执行反馈，及时修正偏差，确保战略目标实现。战略执行的成效关系到战略管理的成败。实施战略需要研究编制具体的对策措施，形成组织共识，采取适宜的工具与方法。企业可以通过战略目标分解、核心流程设计、权责体系再造、绩效模式优化、改革激励机制设计、建立教练制度来实现战略落地。

（四）战略控制

战略控制是指应用管理会计工具、方法等，将战略实施的关键业务流程化，融入现有的战略管理体系中，包括对战略制定和战略实施的全方位控制。

（五）战略评价与调整

1. 战略评价

检测战略实施进展，评价战略执行业绩，不断修正战略决策，以期达到预期目标。战略评价包括战略是否适应环境变化、是否有效配置资源、战略实施进度是否恰当，以及战略涉及的风险是否可以接受等。

2. 战略调整

是指根据企业情况的发展变化和战略评价结果，参照实际营运事实、营运环境和战略执行情况等，对所制定的战略及时进行调整，以保证战略对企业管理活动的有效指导。

案例解析

【案例 9-2】

筑梦家公司是一家以“致力于打造国内领先、国际知名的建筑企业”为愿景、专门从事路桥工程施工建设的建筑公司，主营道路、桥梁等交通工程施工和技术服务等。由于筑梦家公司战略管理中存在员工对公司战略认知不足、战略执行不到位、战略缺乏与内外部环境的柔性适应等问题，公司拟采用 SWOT 方法制定公司的战略，并应用战略地图工具从财务、客户、内部流程、学习与成长四个维度直观描述公司的战略，将战略目标清晰化、可视化。

【业务 1】

公司成立项目小组专门负责此次战略制定。项目小组采用 PEST 分析法对筑梦家公司外部环境进行分析。

【业务 2】

项目小组对筑梦家公司内部环境进行分析。

解　析

【业务 1】

1. 政治与法律环境

随着我国相关法律制度的不断完善，建筑业的发展也越来越规范。2017 年，住房和城乡建设部发布了《建筑业发展“十三五”规划》，旨在贯彻落实《国务院办公厅关于促进建筑业持续健康发展的意见》，阐明了“十三五”时期建筑业发展战略意图，并明确了“十三五”时期主要任务，这些政策的推行将进一步推进建筑业持续健康发展，并对建筑业的发展产生重大影响。另外，国家“一带一路”战略规划为建筑企业开辟了新的市场，给建筑企业带来了新的发展契机。

2. 经济环境

当前，我国的基础设施在某些方面已经处于世界领先地位，高铁、高速公路的通车里程已经成为世界第一。未来特大型、大型城市的公共交通建设将延续很长一段时期。建筑业市场规模增速虽然放缓，但发展空间仍然较大。此外，国家正在稳步实施投融资体制改革，大力推行 PPP 模式（即政府与社会资本合作），这将为建筑业发展带来机遇。而劳动力、资源、环境等成本上升又给建筑业盈利能力带来压力。

3. 社会环境

一方面，我国建筑业一直属于劳动密集型行业，而随着我国人口老龄化速度加快，人口红利逐渐消失，导致建筑业陷入招工难、用工荒等困境；另一方面，目前建筑行业一线产业工人技能水平较低，高素质复合型人才缺乏，而且由于工作环境较艰苦等原因，人才流失问题严重。这些都是目前建筑企业普遍面临的问题。

4. 技术环境

目前，我国建筑企业在技术水平和装备水平方面与发达国家相比仍存在差距，建筑企业需要积极学习新的施工技术（如波形钢腹板预应力技术、桥梁转体技术、碳纤维/混凝土喷射加固技术、节能型施工技术等），加强对新型施工材料的研究并应用到施工过程，利用 BIM（建筑信息模型）等信息技术提升工程的施工效率。

【业务 2】

1. 企业资源

筑梦家公司十分注重企业形象建设，经过多年的发展在市场上积累了一定的知名度，企业品牌形象良好。人力资源方面，目前筑梦家公司新进人员与高级技术人员较多，缺少中级技术人员，人员结构上需要进行一定调整。这主要是由于行业因素导致的人才流失问题造成，因而导致人才创新能力不足。

2. 资源配置能力

筑梦家公司财务稳健，资金筹集能力较强，且能够较好地使用和管理所筹集资金。但整体工程管理能力和营销能力有待提升。

【案例 9-3】

甲公司是乙矿业集团公司的子公司，已经取得环保设施运营和环保工程专业承包资质，可以承担环保相关的设计、施工、运营等业务。环保行业是典型的政策主导性行业，国家倡导经济发展要把资源和生态环境放在首位，提倡“绿水青山就是金山银山”理念。环保产业市场发展的重点领域目前出现这些转变。污染防治重点从工业污染为主向生活污染，城市生活污水集中处理、城市垃圾处理、城市交通噪声等环境基础设施建设成为环保投入主战场。工业污染由末端治理向清洁生产转变，以绿色消费品为代表的清洁技术与产品将有很大市场潜力。

甲公司刚刚成立不久，公司建制还不完善，在资金投入和人员聘任方面缺乏灵活机制。特别是缺乏工程造价和成本监控方面的人才，与同类公司相比，还是存在较大差距，竞争力较弱。另外，更多的公司只是看到节能环保产业潜在的市场和经济效益，节能环保产业技术和资金门槛又较低，加剧了行业内竞争，直接导致低价竞争和招标无序的混乱的环保行业市场。低价竞标接单后，偷工减料、达不到设计参数的装置投入运营，严重影响环保治理效果。

【业务】

根据资料，结合 SWOT 模型，指出甲公司的优势、劣势、机会和威胁。

解析：优势：甲公司已经取得环保设施运营和环保工程专业承包资质，可以承担环保相关的设计、施工、运营等业务。

劣势：甲公司刚刚成立不久，公司建制还不完善，在资金投入和人员聘任方面缺乏灵活机制，特别是缺乏工程造价和成本监控方面的人才，与同类公司相比，还是存在较大差距，竞争力较弱。

机会：环保行业是典型的政策主导性行业，国家倡导经济发展要把资源和生态环境放在首位，提倡“绿水青山就是金山银山”理念。污染防治重点将从工业污染为主转向以生活污染为主，城市生活污水集中处理、城市垃圾处理、城市交通噪声等环境基础设施建设成为环保投入主战场。工业污染由末端治理向清洁生产转变，以绿色消费品为代表的清洁技术与产品将有很大市场潜力。

威胁：更多的公司只是看到节能环保产业潜在的市场和经济效益，节能环保产业技术和资金门槛又较低，加剧了行业内竞争，直接导致低价竞争和招标无序的混乱的环保行业市场。低价竞标接单后，偷工减料、达不到设计参数的装置投入运营，严重影响环保治理效果。

【案例 9-4】

经济管理学院学生积极参与创新活动和创业实践，打算开家“我家餐厅”，并成立了项目组，撰写开店计划书。

【业务】

用波特五种竞争力模型对“我家餐厅”进行分析。

解析：微观环境分析的主要方法有波特的五大竞争力分析。包括新进入者的威胁、卖方讨价还价的能力（供应商）、买方讨价还价的能力（顾客）、行业现有企业的竞争、替代品的威胁。本项目的五力分析重点是顾客分析和竞争对手分析。当然，原材料紧张而具特色时还要进行供应商分析。如学生在“我家餐厅”开店计划书是这样分析的。其选址是学院的南北街。顾客分析。学生：学院在校学生 12 000 人，多会选择比较廉价和比较实惠的餐厅就餐，但很挑剔饭菜的口味。务工人员：注重上菜的速度，追求饭菜的量充足，吃得够饱、够实在、够经济。小区的居民：享受型，追求饭菜的口味质量和服务。竞争对手分析。“我家餐厅”的主要竞争对手是南北街十多家餐厅、学院南区食堂档口、学院北区食堂档口。对手优势：有原始积累的名气并积累了一批老顾客，对学校经营模式比较熟悉并经营相对比较成熟，有充足的资金进行运转。对手劣势：不注重餐厅的清洁管理，服务随意人性化不足，菜品单调平庸无特色；装修简陋，无文化内涵。

小试牛刀

【实训资料】

接【案例 9-4】

分析店铺项目在人力资源、物力资源、信息资源、文化资源、技术资源方面面临的机会和威胁、明确其优势和劣势，从而判断店铺项目是否“市场有需要”。

【实训要求】

根据项目小组用 SWOT 分析法原理的描述，请将表 9-1 中内外部因素分别对应到表 9-2 SWOT 分析矩阵中。

表 9-1 内外部因素

项目	因素	项目	因素
A	平价实惠的需要、清洁卫生的需要	B	老店经验丰富
C	有烹饪专业老师和学生	D	营销能力一般
E	产品和服务有特色	F	经验不足，人脉不广
G	资金不足	H	老店人脉广、资金雄厚
I	有学校创业训练项目场地和资金支持	J	有创业热情
K	情感寄托的需要	L	抗风险能力低

表 9-2 SWOT 分析矩阵

	项目				
优势					
劣势					
机会					
威胁					

扫我看答案

考核评价

*** 知识评价**

巩固拓展

* 能力巩固

【实训目的 1】

通过练习，掌握波特五种竞争力分析要素。

【实训资料 1】

京东商城通过及时的介入市场，明确清晰的定位，把握住互联网发展的机遇，改变并优化产品种类结构，改善利润率；在自身高速扩张的同时，对各项服务进行创新，优化物流配送水平和改善仓储系统结构，不断增强用户的消费和购物体验。京东商城把握互联网大潮这一机遇，快速抢占并划分市场，不断提升自身品牌价值，到目前为止已经取得了很大的规模优势。

【实训要求】

根据京东商城对波特五力分析法的应用，请将表 9-3 影响因素分别对应到表 9-4 波特五力分析矩阵中。

表 9-3　影响因素

项目	因素	项目	因素
A	各大 B2C 电子商务网站试图在竞争对手的领域内抢夺客户	B	主要竞争对手有天猫商城、苏宁易购、当当、1 号店和唯品会等
C	传统的购物方式与互联网电子商务方式相比，具有许多不可比拟的优点	D	各大 B2C 电子商务平台竞争激烈，网民可以在充分了解产品信息的基础上，对各个平台的价格、售后服务、物流以及评价等环节进行充分对比
E	B2C 电子商务的行业区分已经不明显，划行业而治的局面被打破	F	B2C 电子商务企业的产品质量和价格，都要受到供应商的牵制

表 9-4　波特五力分析矩阵

	项目			
现有行业竞争对手的挑战				
潜在进入者的威胁				
替代品的威胁				
供应商讨价还价的能力				
购买者的讨价还价能力				

【实训目的 2】

通过练习，掌握 SWOT 分析法。

【实训资料 2】

佳和酒店有限责任公司，准备在酒店二层中调整布局区域，将其改建为店内酒吧，供客人进行休闲放松。调研后得出这几点主要结论。A：经济飞速发展的同时，酒吧业迅速发展。现代人的生活方式、生活习惯已经慢慢与世界接轨，酒吧就成了城市最直接的文化标志之一。而酒店内酒吧的开立可以针对性地满足在酒店住宿人群的需求，尤其是外地顾客。B：目前，受新冠疫情影响，经济环境相对低迷，酒吧发展迅速的同时，竞争日趋激烈。C 公司具有良好的客户群体和相对合理的布局场所进行酒店内酒吧的经营。D 公司之前没有经营酒吧的经验，对于高档酒水的供应商渠道还未打通。

【实训要求】

根据调研结论完成酒店内酒吧项目 SWOT 分析表，并将序号“A\B\C\D”填入表 9-5 中。

表 9-5　店内酒吧项目 SWOT 分析表

项　目	序　号
优势（S）	
劣势（W）	
机会（O）	
威胁（T）	

【实训目的 3】

通过练习，掌握 PESTEL 分析法。

【实训资料 3】

甲公司是一家建筑业国有控制上市公司，从事电力能源、水资源与环境基础设施等业务领域的规划设计、施工建造和投资运营。2020 年年末，甲公司召开战略规划专题研讨会，讨论公司十四五战略计划，内容如下。

随着人们生活水平提高，对生态环境要求提高，人民健康意识的增强。随着经济发展，环境污染严重。国家本着“绿水青山就是金山银山”的理念，随着污染治理等技术水平的提高，实现人民对美好生活的向往。国家在“十四五”期间出台环保整治政策。公司在巩固传统市场份额的同时，逐步拓宽水资源和环境业务。随着全面建设小康社会完成，人民的生活幸福指数达到了新的高度。

【实训要求】

根据资料，指出甲公司战略分析体现了 PESTEL 分析法的哪些关键要素？并将序号“P\E\S\T\E \L 填入表 9-6 中。

表 9-6 甲公司 PESTEL 分析表

关键要素	序 号
随着人们生活水平提高，对生态环境要求提高，人民健康意识的增强	
随着经济发展，环境污染严重	
国家本着“绿水青山就是金山银山”的理念	
随着污染治理等技术水平的提高，实现人民对美好生活的向往	
国家在十四五期间出台环保整治政策	
公司在巩固传统市场份额的同时，逐步拓宽水资源和环境业务	
随着全面建设小康社会完成，人民的生活幸福指数达到了新的高度	

＊ 知识拓展

波士顿矩阵分析模型

波士顿矩阵分析模型，由美国著名的管理学家、波士顿咨询公司创始人布鲁斯•亨德森于 1970 年首创。波士顿矩阵分析模型，认为一般决定产品结构的基本因素有两个，即市场引力与企业实力。市场引力包括企业销售量（额）增长率、竞争对手强弱及利润高低等。其中，最主要的是反映市场引力的综合指标——销售增长率，这是决定企业产品结构是否合理的外在因素。

企业实力包括市场占有率，技术、设备、资金利用能力等。其中，市场占有率是决定企业产品结构的内在要素，它直接显示出企业竞争实力。销售增长率与市场占有率既相互影响，又互为条件。市场引力大，市场占有高，可以显示产品发展的良好前景，企业也具备相应的适应能力，实力较强；如果仅有市场引力大，而没有相应的高市场占有率，则说明企业尚无足够实力，则该种产品也无法顺利发展。相反，企业实力强，而市场引力小的产品也预示了该产品的市场前景不佳。例如，用波士顿矩阵分析模型对保洁公司的产品做出不同的发展决策。

通过销售增长率与市场占有率两个因素相互作用，会出现四种不同性质的产品类型，形成不同的产品发展前景。①销售增长率和市场占有率“双高”的产品群（明星类产品）；②销售增长率和市场占有率“双低”的产品群（瘦狗类产品）；③销售增长率高、市场占有率低的产品群（问题类产品）；④销售增长率低、市场占有率高的产品群（现金牛类产品）。基本计算公式如下：

本企业某种产品的绝对市场占有率=该产品本企业销售量/该产品市场销售总量

本企业某种产品的相对市场占有率=该产品本企业市场占有率/该产品市场占有份额最大者（或特定的竞争对手）的市场占有率。

明星产品——沙宣。该品牌有很高的市场渗透率和占有率，品牌特征非常明显，占绝对优势，而且拥有稳定的顾客群，这类产品可能成为企业的金牛产品，因此需要加大投资。

金牛产品——飘柔、海飞丝。这两个产品销量增长率低，相对市场占有率高，已进入成熟期，可以为企业提供资金，支持其他产品尤其明星产品投资的后盾。

问题产品——伊卡璐。伊卡璐是保洁公司为击败联合利华、德国汉高、日本花王花费巨资购买的产品，此举是为了构筑一条完整的美发护发染发的产品线。宝洁公司的市场细分，很大程度不是靠功能和价格来区分，而是通过广告诉求给予消费者不同心理暗示。该品牌市场占有率低，产生的现金流不多，但公司对其发展抱有希望。

瘦狗产品——润妍。该品牌销售增长率低、相对市场占有率也低，应采用撤退战略，首先是坚守批量，逐渐撤退；其次是将剩余资源向其他产品转移；最后是整顿产品系列，与其他事业部合并，统一管理。

*** 学思用贯通，知信行统一**

在数字中国的图景中，战略管理扮演何种角色

数据驱动是数字化转型的主线，充分发挥数据价值是数据驱动的目的。数字化时代，数据价值的利用和发挥将影响企业数字化转型过程和形成数字化背景下企业的核心竞争力。

在数字化时代，借助机器学习、深度学习、神经网络算法、数理统计等数据挖掘技术，企业的战略管理部门将能够及时有效地获取更为全面、深入、多样化的战略执行数据，对责任中心的经营活动进行动态跟踪，找出影响战略实现的因素，有的放矢，实现各部门间乃至产业链上各个环节的协作共赢，有力推动战略的有效落地。管理会计为企业高质量发展发挥着重要的保驾护航的作用。

随着企业信息技术、数据应用变革引发的决策机制、商业模式、组织架构等领域的变革，管理会计也在数据技术驱动下产生了一系列重大变化。这就要求大学生个人的人生规划也要做好“战略定位”，还应该明确如何实现这个目标的方法。如发现特长、学习知识、提升智慧、增强能力、修炼道德、磨炼意志、积累财富等，最终通过职业以及个人的综合能力来实现人生目标。

任务三 战略地图绘制

任务描述

战略地图是实现战略制定者与执行者有效沟通的载体，是战略执行工具。卡普兰曾经说过“战略困扰你，把它画成图”。

任务目标

（1）能将战略按照平衡计分卡四个维度进行分解。

（2）能协助团队完成战略地图的绘制。

知识链接

一、战略地图核心

战略地图是以平衡计分卡的四个层面（财务层面、客户层面、内部层面、学习与增长层面）目标为核心，通过分析这四个层面目标的相互关系而绘制的企业战略因果关系图。战略地图的核心内容包括企业通过运用人力资本、信息资本和组织资本等无形资产（学习与成长）才能创新和建立战略优势与效率（内部流程），进而使企业把特定价值带给市场（客户），从而实现股东价值（财务目标）。平衡计分卡体系，如图 9-7 所示。

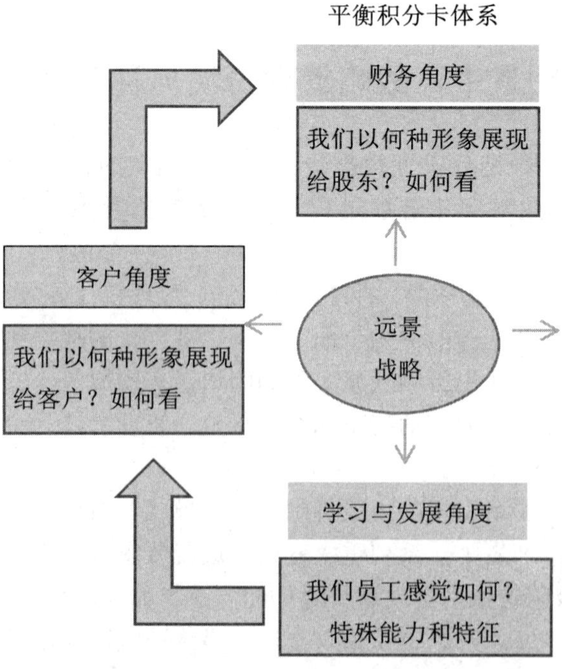

图 9-7 平衡计分卡体系

（一）财务层面

战略地图与企业战略设计的关联，从财务层面开始。财务层面是战略地图的起点，也是企业战略设计的起点。财务层面的关键问题有以下三个。

（1）对未来发展有什么期望？

（2）有什么新的业务增长点？

（3）如何发展才能达成目标？

（二）客户层面

客户层面是战略地图的焦点，无论企业在财务层面的战略重点是什么，财务目标的达成必须依赖客户购买或消费企业的产品和服务，所有的战略都必须通过客户的参与才能实现。

在客户层面必须回答以下三个问题。

（1）谁是我们的客户？

（2）为什么购买我们的产品或服务？

（3）什么因素对客户是最重要的？

（三）内部流程层面

内部流程层面是战略地图的重点。客户层面明确了目标客户的价值需求，接下来需要解决的是，如何满足客户需求，实现自己的承诺。内部流程是企业的价值创造活动，这些活动将驱动客户层面目标的达成，进而实现财务层面的目标。独特客户价值定位的保护伞，是拥有竞争对手难以复制的资源和能力平台，从而能长期获得竞争优势。内部流程层面需要回答的问题以下问题。

（1）我们必须擅长什么？

（2）我们必须加强什么？

（3）如何控制经营成本？

（四）学习与成长层面

学习与成长层面是战略地图的基点，企业的持续学习与成长，企业的基础管理平台才能不断地得到完善和提高，企业的能力才能不断满足客户的期望和企业的发展战略要求，从而最终实现企业财务层面的目标。学习与发展层面要考虑的关键问题如下。

（1）如何提高组织的能效？

（2）如何提高员工的执行力？

（3）要学习哪些知识和技能？

二、战略地图的实施

战略地图的实施，是指企业利用管理会计方法，借助管控机制拓展的有关工具、方法，确保企业实现既定战略目标的过程。

作为企业的领导者，要能够依据战略地图，清楚明白地阐述企业未来3～5年的战略意图及规划路径，即用因果连接的方式讲述一个战略故事，给全体员工描绘一个美好的蓝图，实现以战略地图为载体，沟通战略、达成共识、凝聚人心的目标。企业战略目标实现过程，如图9-8所示。

第一，企业应用战略地图，应设计一套可以使各部门主管明确自身责任与战略目标相联系的考核指标，即进行战略 KPI 设计。

第二，企业应对战略 KPI 进行分解，落实责任并签订责任书。

第三，战略举措执行、执行报告与持续改善。

第四，评价激励。包括评价内部运营流程、人员和组织的能力等。

这里的激励按照绩效管理中的有关要求进行，战略地图与平衡计分卡同为一个思想体系。激励的主要目的引导责任人自觉地、持续地积极工作，有效利用企业资源，提高企业绩效，实现企业战略目标。

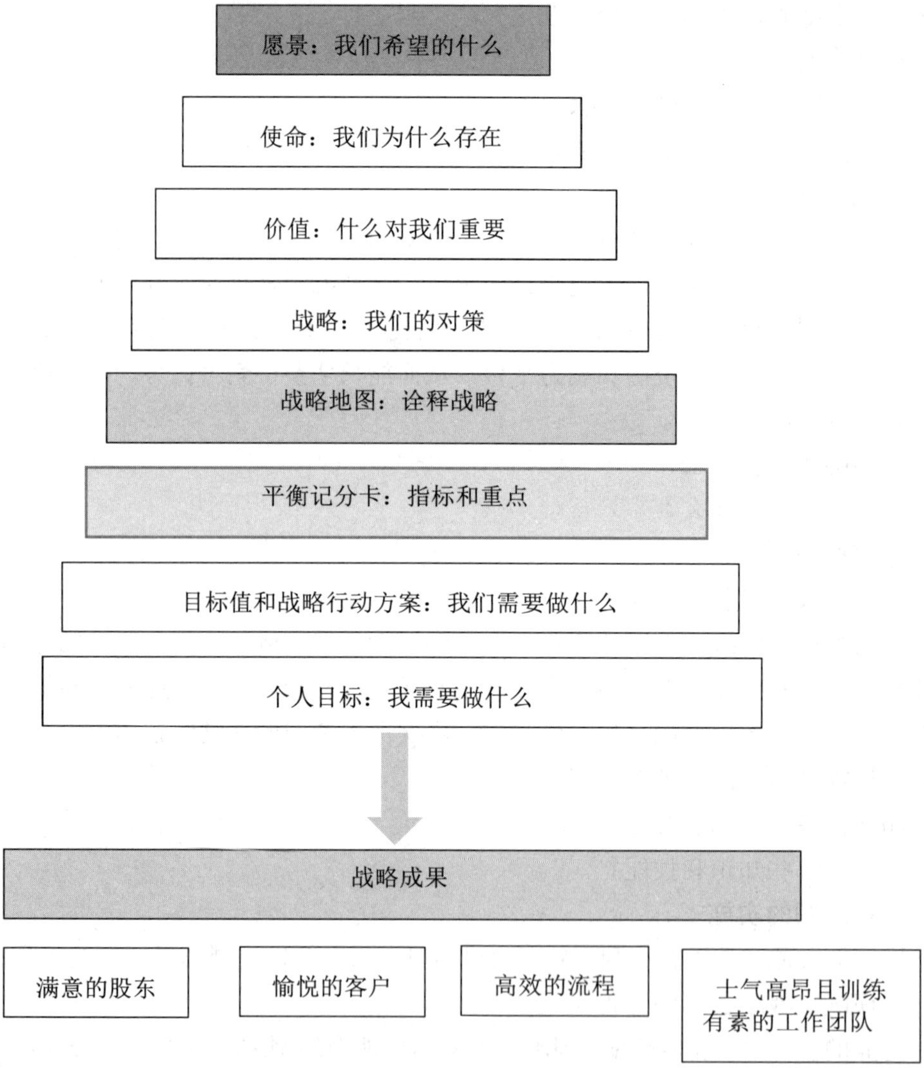

图 9-8　企业战略目标实现过程

案例解析

【案例 9-5】

接【案例 9-2】分析结果，项目小组根据筑梦家公司内外部环境分析结果，应用 SWOT 工具从财务、客户、内部流程、学习与成长四个维度进行总结，然后结合 SWOT 分析矩阵模型，以筑梦家公司的愿景为纲领，经与公司高级管理层多次讨论，确定了筑梦家公司的战略主轴为“以追求企业价值最大化和提升企业竞争优势为导向，强化企业品牌形象，追求卓越项目管理”，将战略按照财务、客户、内部流程、学习与成长四个维度进行分解。

1. 财务维度

以公司价值最大化这一长期财务目标为指导，筑梦家公司维度战略目标包括提升销售收入规模、控制成本费用。

2. 客户维度

客户维度将企业战略转化为客户和市场为基础的目标，助力财务目标的实现。项目小组经与公司高级管理层讨论分析，确定了筑梦家公司该维度战略目标包括以下几点。

（1）提高市场份额。抓住机遇，不断开拓市场。

（2）提高客户满意度。通过提供专业的服务赢得客户的认可。

（3）强化品牌形象。切实做好项目质量管理和安全管理，维护企业对外形象。

3. 内部流程维度

内部流程维度既是实现客户目标和财务目标的保障，同时对公司的学习与成长维度也起到一定指导作用。项目小组经与公司高级管理层讨论分析，确定了筑梦家公司该维度战略目标包括以下几点。

（1）加强市场营销管理。一方面加强投标管理，另一方面提高营销组织能力与队伍的综合素质；

（2）加强项目管理。提高项目进度和成本管理水平，强化项目质量和安全管理，加强对 材料及设备的管理；

（3）增强社会责任。以合规、安全、环保为核心，履行企业社会责任。

4. 学习与成长维度

学习与成长维度为其他三个维度提供了基础框架，是其他三个维度的驱动因素。项目小组经与公司高级管理层讨论分析，确定了筑梦家公司该维度战略目标包括以下几点。

（1）提高员工技能。通过增强员工培训，提高员工专业水平，为项目储备人才。

（2）提高员工满意度。一方面组织各种团队拓展活动，提高团队凝聚力；另一方面建立公平合理的绩效管理体系，并做好员工职业发展规划。

（3）构建技术优势。充实技术中心力量，加强技术创新，加强新技术、新材料应用。

【业务】

项目小组根据筑梦家公司内外部环境分析结果，应用 SWOT 工具，从财务、客户、内部流程、学习与成长四个维度进行总结。请将表 9-7 中内外部因素分别对应到表 9-8 BSC-SWOT 分析矩阵模型中。

表 9-7 内外部因素

项目	因素	项目	因素
A	行业内企业竞争激烈	B	政府加大基础设施建设投入
C	具有较强的采购议价能力	D	整体工程管理能力和营销能力一般
E	企业品牌形象良好	F	行业内人才流失问题严重
G	人员结构有待调整	H	筹集、使用、管理资金能力较强
I	"一带一路"倡议开辟了新的市场	J	PPP 模式带来融资便利
K	人才创新能力不足	L	劳动力、资源、环境等成本上升

解 析

基于平衡计分卡的 SWOT 分析中，应首先区分哪些是外部因素、哪些是内部因素。如果是外部因素，分析它是机会还是威胁；如果是内部因素，分析它是优势还是劣势。然后，再将其对应到相应维度中。其中，财务维度归集财务方面的因素，客户维度归集与客户和市场相关的因素，内部流程维度归集与采购和生产等相关的因素，学习与成长维度则归集与人力资源、组织、信息系统等无形资产相关的因素。基于内外部环境分析结果，按财务、客户、内部流程、学习与成长四个维度分析的 SWOT 矩阵，如表 9-7 所示。

表 9-8 BSC-SWOT 分析矩阵

	财务	客户	内部流程	学习与成长
优势	H	E	C	
劣势			D	G、K
机会	J	B、I		
威胁	L	A		F

【案例 9-6】

接【案例 9-5】请根据项目小组对战略地图各维度战略目标的描述，为筑梦家公司绘制战略地图。

解析：本业务以筑梦家公司为例简要说明战略地图在战略制定中的应用。筑梦家公司通过运用 PEST 分析法和波特五力分析模型，分别从宏观、微观角度对筑梦家公司的外部环境进行分析，然后从企业资源、企业能力方面对筑梦家公司内部环境进行分析，最后应用 SWOT 分析工具总结筑梦家公司面临的机会/威胁、明确其优势/劣势，进而确定战略主轴，构建公司层面战略地图。根据项目小组的战略描述，绘制的筑梦家公司绘制战略地图，如图 9-9 所示。

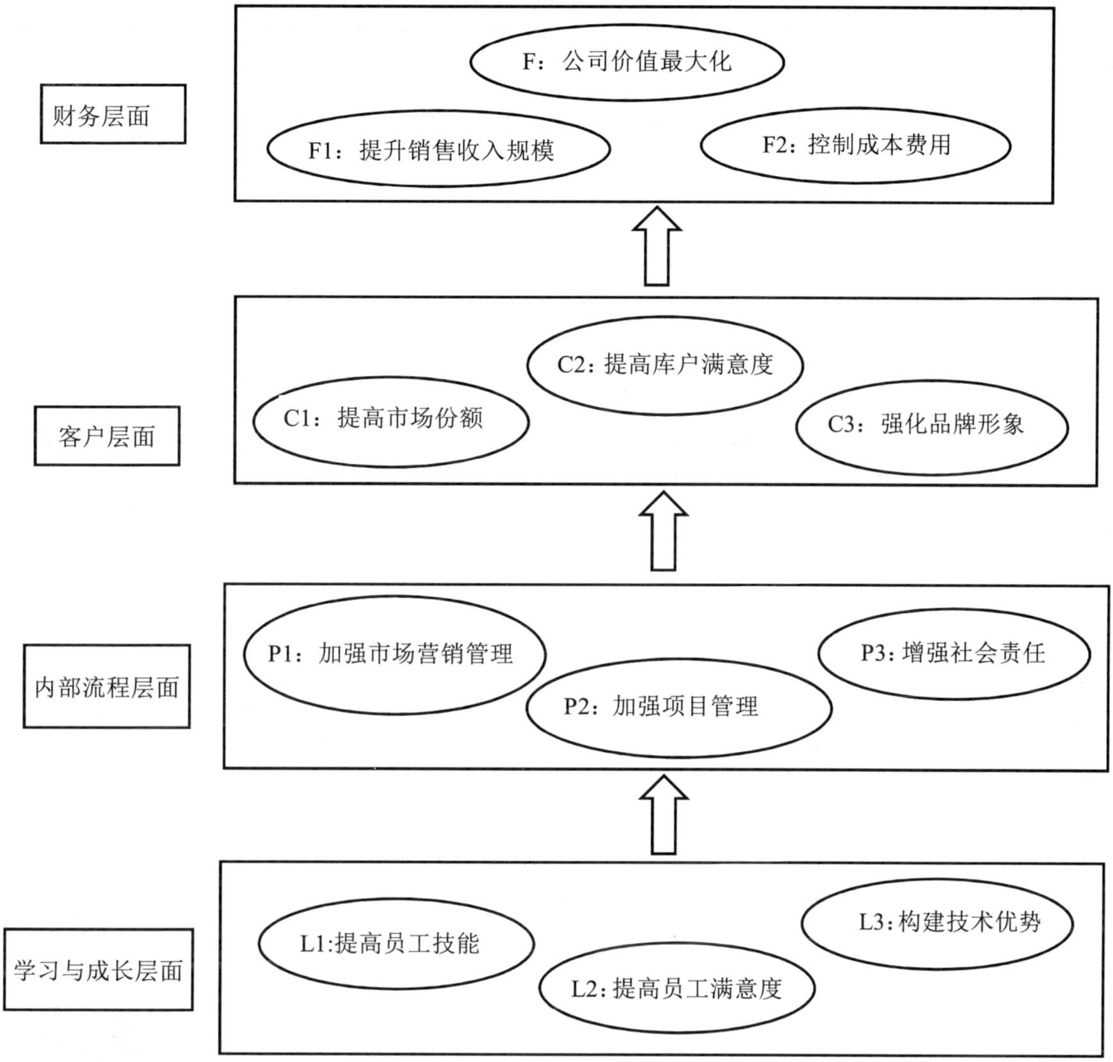

图 9-9　筑梦家公司战略地图

小试牛刀

【实训资料】

华为的战略要实现长期目标与短期目标之间、财务目标与非财务目标之间、结果与过程之间的平衡。华为将公司战略分解为客户、财务、内部流程、学习与成长，并依据这四方面的内容制作综合平衡计分卡，如表 9-9 所示。

【实训要求】

请将表 9-9 中的测量指标对号入座填到表 9-10 平衡计分卡中，并指出每一个关键测量指标分别属于平衡计分卡中的哪个维度。

表 9-9 测量指标

测量指标	（1）客户满意度 （2）内部客户满意度 （3）KPI 完成情况 （4）与竞争对手的比较 （5）成绩和不足 （6）部门业务策略 （7）核心竞争力提升措施 （8）部门重点工作 （9）项目实施 （10）职业化及技能提升 （11）组织氛围营造

表 9-10 综合平衡计分卡

	考核内容	测量指标
企业战略与愿景规划	客户	
	财务	
	内部流程	
	学习与成长	

扫我看答案

考核评价

＊ 知识评价

巩固拓展

＊ 能力巩固

【实训目的】

通过练习，能分辨平衡计分卡的四个维度。

【实训资料】

凤凰自行车厂管理人员根据市场销售情况，按财务、客户、内部流程、学习与成长四个维度分析评价指标，如表 9-11 所示。

表 9-11　平衡计分卡评价指标

<table>
<tr><th>维度</th><th>评价指标</th></tr>
<tr><td>财务</td><td rowspan="4">①签订销售合同额；②论文发表情况；③安全 6s 情况；④市场信息收集分析；⑤客户接待；⑥费用控制率；⑦与企业内外相关部门的协调工作；⑧合同展约率；⑨走访工作；⑩客户满意度；⑪管理制度执行情况质量；⑫货款回收率；⑬培训参与情况；⑭市场分析报告撰写情况协作能力评价；⑯销售收入</td></tr>
<tr><td>客户</td></tr>
<tr><td>内部流程</td></tr>
<tr><td>学习与成长</td></tr>
</table>

【实训要求】

（1）请将表 9-11 中的评价指标对号入座填到表 9-12 平衡计分卡的四个维度中。

表 9-12　凤凰自行车厂平衡计分卡

维度	评价指标
财务层面	
客户与评价	
流程与标准	
学习与成长	

＊ 知识拓展

企业战略地图绘制步骤

企业可应用平衡计分卡的四维度划分绘制战略地图，以图形方式展示企业的战略目标及实现战略目标的关键路径。具体绘制程序，如图 9-10 所示。

第一步：确定股东价值差距（财务层面）。

（1）确定高层的财务（或使命）目标和指标。

（2）确定目标值和价值差距。

（3）把价值差距分配到增长和生产率目标。

第二步：调整客户价值主张（客户层面）。

（1）阐明目标细分客户。

（2）阐明客户价值主张。

（3）选择指标。

（4）使客户目标和财务增长目标协调。

第三步：确定价值提升时间表。

（1）确定实现成果的时间表，划定战略实施的总时间。

（2）把价值差距分配给不同主题，只有财务目标值分解为内部流程和战略主题的目标值，并与具体的时间框架联系，以增强总目标值的可行性。

第四步：确定战略主题（内部流程层面）。

（1）寻找、确定影响大、关键的流程（战略主题）。运营管理流程、客户管理流程、创新流程、社会流程。

（2）设定指标和目标值，使关键内部流程与实现财务与客户目标（结果）的目标值保持协调一致。

第五步：提升战略资产准备度（学习和成长层面）。

（1）确定支持战略流程所要求的人力，信息和组织资本等无形资产。

（2）分析评估现有无形资产对战略的支持程度，具备或者不具备支撑关键流程的能力，如果不具备，找出办法来予以提升。

（3）确定指标和目标值。

第六步：确定战略行动方案并安排预算。

（1）确定并形成支持流程和开发无形资产的具体行动方案，根据前面确定的战略地图以及相对应的不同目标、指标和目标值，再来制定一系列的行动方案，配备资源，形成预算。

（2）阐明并保障预算需求。

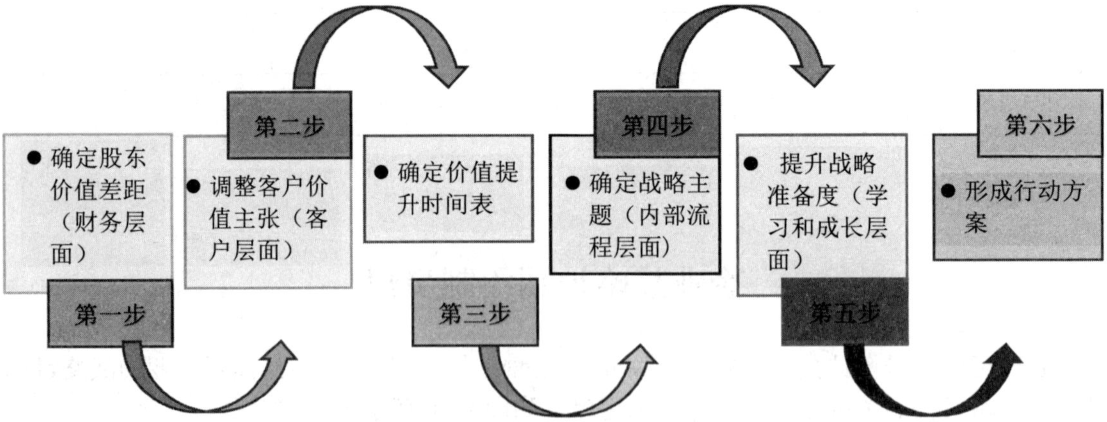

图 9-10 战略地图绘制步骤

*** 学思用贯通，知信行统一**

三大战役 战略决战

1948 年年初到 1949 年，中共中央在西柏坡指挥了辽沈、淮海、平津三大战役。三大战役波澜壮阔，惊天动地，为世人所瞩目，但它们的指挥中心，竟然位于河北省一个不起眼的小村庄——西柏坡。三大战役完成了解放军对国民党军的战略决战，人民解放战争取得了决定性的胜利。在战略管理学习中，结合党史故事《三大战役 战略决战》，理解战略战术、合作共赢。

三大战役
战略决战

党的百年历史，凝结了智慧与经验，凝聚了伟大的精神。新民主主义革命时期，党领导人民建立根据地和解放区，创造性地建立健全财经法令、纪律及制度，形成了独具特色的红色会计文化。从瑞金时期到新中国成立，革命根据地和解放区会计制度和会计方法从无到有发展起来，并不断变革、完善，为革命胜利提供了重要保障，也为新中国的经济建设打下了坚实的制度基础。

VDC 管理会计实验课后实训——战略管理

一、实训任务内容

（1）掌握 SPACE 战略地图工具的使用方法。

（2）能够基于历史数据判断企业的历史年度战略形态。

（3）能够基于预测数据判断未来年份的战略形态。

（4）能对战略变化的原因和影响进行分析。

二、实训数据和实训工具

VDC 管理会计实验平台——战略制定

项目十 综合实训案例应用

学习目标

【知识目标】

（1）掌握管理会计各个岗位工作所需的知识点。

（2）熟悉职业院校技能大赛管理会计竞赛环节的竞赛内容。

【能力目标】

（1）能够熟练运用管理会计的专业知识、工具、方法与流程收集、鉴别及运用各类信息、技术、资源完成各个岗位工作任务。

（2）能够应用基本理论知识解决特定的管理问题，理解管理决策。

【素养目标】

（1）通过综合实训案例应用操作，培养合作能力、集体精神，与小组成员之间能合作交流，团结协作，在团体中能接受不同的角色，承担相应的工作，积极响应他人的想法、观点，促进批判性思维来解决问题和做出决定。

（2）通过岗位分工操作，体现严谨认真的工作态度、求真务实的工作质量，有自我管理能力，能审慎地评估自身的优势、需求和兴趣。

（3）通过实训操作，能够训练视野开阔，思维开放，勇于创新，敢于应对各种挑战。

一、实训说明

本综合案例既可由单人按实训任务顺序进行训练，也可参考全国职业院校会计实务技能大赛财务数字化业务处理管理会计环节的岗位划分，按清单进行分岗实训（表10-1）。

表10-1　分岗实训业务清单

实训岗位		分岗业务
岗位名称	业务内容	
投融资管理岗位	负责以贴现现金流量为基础，使用净现值、内含报酬率、现值指数等方法进行可行性分析，对投资活动做出合理的决策。对资金需要量预测和资金成本率的计算及分析，对筹资活动做出合理的决策等相关业务。	任务1-1 存款方案决策（A 方案） 任务1-2 存款方案决策（B 方案） 任务1-3 折现现金流量计算 任务1-4 独立项目评价 任务1-5 投资项目辅助评价 任务1-6 约束资源条件下投资决定 任务1-7 长期筹资规划 任务1-8 现金折扣决策
营运分析管理岗位	负责运用标准成本法、变动成本法、作业成本等管理会计工具进行相关成本管理成本，进行本量利测算、利润敏感性分析、边际贡献各项指标分析、盈亏平衡分析、安全边际分析等相关业务。	任务2-1 营业成本分析 任务2-2 人工成本分析 任务2-3 成本费用分析 任务2-4 销货成本分析 任务2-5 储备存货总成本计算 任务2-6 经济订货批量 任务2-7 特殊订单决策 任务2-8 销售服务成本分析 任务2-9 安装服务边际贡献计算表 任务2-10 订单安排计算
预算管理岗位	负责编制销售预算、生产预算、成本预算、直接材料预算、直接人工预算、制造费用预算、期间费用预算、应交税费预算、现金预算，编制预计资产负债表及预计利润表等相关业务。	任务3-1 产品销售预算表 任务3-2 服务销售预算表 任务3-3 销售回款预算 任务3-4 存货采购预算 任务3-5 采购付款预算 任务3-6 人工成本预算 任务3-7 成本费用预算 任务3-8 销售业务利润计算 任务3-9 销售业务保本分析 任务3-10 销售业务保利分析 任务1-9 利润表预算 任务1-10 现金预算
绩效内控管理岗位	负责对比公司及部门预算与实际经营数据，进行差异分析，针对关键考核指标进行评价；对平衡计分卡各个维度的相关数据进行深入分析，并完成指标考核评价，计算各部门及员工工作完成情况的关键评价指标，进行考核评价等相关业务。	任务4-1 营业利润完成情况分析 任务4-2 销售商品增长情况分析 任务4-3 销售服务增长情况分析 任务4-4 部门成本费用控制情况分析 任务4-5 人员编制分析 任务4-6 整体业绩指标计算 任务4-7 业务指标计算 任务4-8-1 服务指标计算 任务4-8-2 行政人力中心业绩指标计算 任务4-9 绩效评分系数 任务4-10 绩效工资计算

二、背景资料

（一）企业基本信息

1. 工商信息

新鑫家具有限公司（以下简称“新鑫家具”）的工商信息简介，如表 10-2 所示。

表 10-2　工商信息简介

公司名称	新鑫家具销售有限责任公司
纳税人识别号	91320581MA260H8XXQ
公司类型	有限责任公司
营业期限	2010 年 1 月 12 日至无固定期限
人员规模	400
注册资金	10 000 万元
公司法人	李新鑫
公司地址	苏州市工业园区 1799 号
营业执照范围	家具产品批发、零售；家具设计、安装

新鑫家具定位为环保健康家具企业，主要从事办公、居民用桌椅的销售，并逐步转型为定制家具的设计、安装、销售、售后服务综合解决方案服务商。

2. 公司组织结构

新鑫家具有限公司组织结构分为两个层级，公司总部职能部门和仓库及门店。其中，公司总部设行政人力中心、财务管理中心、质量管理中心、采购管理中心、销售管理中心、设计服务中心六个中心；公司总部采购管理中心负责两座仓库业务实施和管理；销售管理中心下设批发部和零售部。其中，批发部负责对商业客户的管理和销售，零售部负责对居民客户销售和门店管理。设计服务中心负责为客户提供综合解决方案的设计和相关配套服务。公司组织结构，如图 10-1 所示。

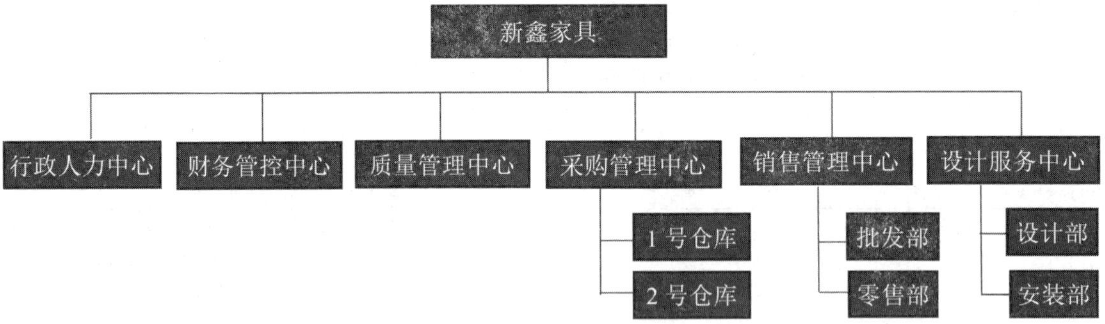

图 10-1　公司组织结构

3. 主要服务产品

主要业务包括办公、居家桌椅销售和桌椅布置设计及安装服务。

桌椅销售通过批发、零售，销售的商品包括居家桌椅类和办公桌椅类两个系列。

4. 部门费用归属

新鑫家具的部门费用归属如下。

（1）行政人力中心、财务管控中心、质量管理中心、采购管理中心发生的费用属于管理费用。

（2）销售管理中心发生的费用属于销售费用。

（3）设计服务中心发生的费用属于营业成本中的服务成本。

营业成本构成包括设计服务中心发生的服务成本和销售商品产生的商品销售成本。

（二）任务资源基础数据

1. 基础数据

【公共资源 1】2017—2019 年产品销售统计表（表 10-3）

表 10-3　产品销售统计表　数量：套　金额单位：元

序号	年度	产品类别	销售方式	销售数量	销货收入	销货成本
1	2017 年	居家桌椅	零售	64 000	48 000 000	35 200 000
2	2017 年	居家桌椅	批发	160 000	112 000 000	88 000 000
3	2017 年	办公桌椅	零售	12000	15 600 000	9 600 000
4	2017 年	办公桌椅	批发	80 000	96 000 000	64 000 000
5	2018 年	居家桌椅	零售	80 000	68 000 000	48 000 000
6	2018 年	居家桌椅	批发	180 000	135 000 000	108 000 000
7	2018 年	办公桌椅	零售	15 000	20 250 000	13 500 000
8	2018 年	办公桌椅	批发	100 000	125 000 000	90 000 000
9	2019 年	居家桌椅	零售	108 000	108 000 000	70 200 000
10	2019 年	居家桌椅	批发	200 000	160 000 000	130 000 000
11	2019 年	办公桌椅	零售	16 000	24 000 000	16 000 000
12	2019 年	办公桌椅	批发	100 000	130 000 000	100 000 000

【公共资源 2】2017—2019 年服务销售统计表（表 10-4）

表 10-4　2017—2019 年服务销售统计表　订单数：单　金额单位：元

序号	年度	客户类别	服务内容	订单数	服务收入
1	2017 年	居民	设计	30 000	4 500 000.00
2	2017 年	居民	安装	60 000	18 000 000.00
3	2017 年	商业	设计	400	3 200 000.00
4	2017 年	商业	安装	3 000	33 000 000.00
5	2018 年	居民	设计	40 000	8 000 000.00
6	2018 年	居民	安装	64 000	16 000 000.00

续表

序号	年度	客户类别	服务内容	订单数	服务收入
7	2018 年	商业	设计	600	5 400 000.00
8	2018 年	商业	安装	3 200	38 400 000.00
9	2019 年	居民	设计	52 000	10 400 000.00
10	2019 年	居民	安装	68 000	20 400 000.00
11	2019 年	商业	设计	800	7 200 000.00
12	2019 年	商业	安装	3 600	43 200 000.00

【公共资源 3】2017—2019 年，人工成本明细表（表 10-5）

表 10-5 人工成本明细表　　人员编制：人　　金额单位：元

年度	部门	人员编制	合计	个人部分承担部分			单位承担部分					
				固定工资	绩效奖金	个人部分小计	社会保险费	公积金	福利费	工会经费	职工教育经费	单位承担部分小计
2017 年	行政人力中心	24	3264000.00	1920000.00	384000.00	2304000.00	384000.00	192000.00	192000.00	38400.00	153600.00	960000.00
2017 年	财务管理中心	12	1734000.00	1020000.00	204000.00	1224000.00	204000.00	102000.00	102000.00	20400.00	81600.00	510000.00
2017 年	质量管理中心	12	1530000.00	900 000.00	180000.00	1080000.00	180000.00	90000.00	90000.00	18000.00	72000.00	450000.00
2017 年	采购管理中心	15	2142000.00	1260000.00	252000.00	1512000.00	252000.00	126000.00	126000.00	25200.00	100800.00	630000.00
2017 年	销售管理中心	120	16416000.00	8640000.00	3456000.00	12096000.00	1728000.00	864000.00	864000.00	172800.00	691200.00	4320000.00
2017 年	设计服务中心	90	14688000.00	8640000.00	1728000.00	10368000.00	1728000.00	864000.00	864000.00	172800.00	691200.00	4320000.00
2018 年	行政人力中心	28	3903200.00	2296000.00	459200.00	2755200.00	459200.00	229600.00	229600.00	45920.00	183680.00	1148000.00
2018 年	财务管理中心	14	2046800.00	1204000.00	240800.00	1444800.00	240800.00	120400.00	120400.00	24080.00	96320.00	602000.00
2018 年	质量管理中心	13	1723800.00	1014000.00	202800.00	1216800.00	202800.00	101400.00	101400.00	20280.00	81120.00	507000.00
2018 年	采购管理中心	16	2312000.00	1360000.00	272000.00	1632000.00	272000.00	136000.00	136000.00	27200.00	108800.00	680000.00
2018 年	销售管理中心	125	17812500.00	9375000.00	3750000.00	13125000.00	1875000.00	937500.00	937500.00	187500.00	750000.00	4687500.00
2018 年	设计服务中心	95	16150000.00	9500 000.00	1900 000.00	11400 000.00	1900 000.00	950000.00	950000.00	190000.00	760000.00	4750000.00
2019 年	行政人力中心	30	4233000.00	2490000.00	498000.00	2988000.00	498000.00	249000.00	249000.00	49800.00	199200.00	1245000.00
2019 年	财务管理中心	15	2218500.00	1305000.00	261000.00	1566000.00	261000.00	130500.00	130500.00	26100.00	104400.00	652500.00
2019 年	质量管理中心	12	1632000.00	960000.00	192000.00	1152000.00	192000.00	96000.00	96000.00	19200.00	76800.00	480000.00
2019 年	采购管理中心	15	2193000.00	1290000.00	258000.00	1548000.00	258000.00	129000.00	129000.00	25800.00	103200.00	645000.00
2019 年	销售管理中心	130	18772000.00	9880000.00	3952000.00	13832000.00	1976000.00	988000.00	988000.00	197600.00	790400.00	4940000.00
2019 年	设计服务中心	95	16311500.00	9595000.00	1919000.00	11514000.00	1919000.00	959500.00	959500.00	191900.00	767600.00	4797500.00

【公共资源 4】公共资源 05：2017—2019 年，成本费用明细表（表 10-6）

表 10-6　费用发生明细表　　　　金额单位：元

年度	部门	费用合计	人工成本	租赁费	折旧费	无形资产摊销	材料消耗费	网络通信费	日常办公费	业务招待费	差旅费	市场推广费	广告宣传费
2017年	行政人力中心	13094400.00	3264000.00	3000000.00	1600000.00			86400.00	144000.00	3000000.00	2000000.00		
2017年	财务管理中心	2399200.00	1734000.00		200000.00	100000.00		43200.00	72000.00	250000.00			
2017年	质量管理中心	1765200.00	1530000.00		120000.00			43200.00	72000.00				
2017年	采购管理中心	5286000.00	2142000.00	2000000.00	600000.00			54000.00	90000.00		400000.00		
2017年	销售管理中心	36468000.00	16416000.00		400000.00			432000.00	720000.00		4500000.00	6000000.00	8000000.00
2017年	设计服务中心	25452000.00	14688000.00		1400000.00		7000000.00	324000.00	540000.00		1500000.00		
2018年	行政人力中心	15872000.00	3903200.00	3200000.00	1600000.00			100800.00	168000.00	4500000.00	2400000.00		
2018年	财务管理中心	2781200.00	2046800.00		200000.00	100000.00		50400.00	84000.00	300000.00			
2018年	质量管理中心	1968600.00	1723800.00		120000.00			46800.00	78000.00				
2018年	采购管理中心	6515600.00	2312000.00	3000000.00	600000.00			57600.00	96000.00		450000.00		
2018年	销售管理中心	41412500.00	17812500.00		400000.00			450000.00	750000.00		5000000.00	10000000.00	7000000.00
2018年	设计服务中心	30262000.00	16150000.00		1400000.00		1000000.00	342000.00	570000.00		1800000.00		
2019年	行政人力中心	17921000.00	4233000.00	3500000.00	2400000.00			108000.00	180000.00	5000000.00	2500000.00		
2019年	财务管理中心	3112500.00	2218500.00		300000.00	100000.00		54000.00	90000.00	350000.00			
2019年	质量管理中心	1927200.00	1632000.00		180000.00			43200.00	72000.00				
2019年	采购管理中心	7637000.00	2193000.00	3600000.00	900000.00			54000.00	90000.00		800000.00		
2019年	销售管理中心	51120000.00	18772000.00		600000.00			468000.00	780000.00		6500000.00	15000000.00	9000000.00
2019年	设计服务中心	37323500.00	16311500.00		2100000.00		1500000.00	342000.00	570000.00		3000000.00		

【公共资源 5】2017—2019 年，实际利润表（表 10-7）

表 10-7　利润表　　　　单位：元

项　目	2017 年	2018 年	2019 年
一、营业收入	330 300 000.00	416 050 000.00	503 200 000.00
减：营业成本	222 252 000.00	289 762 000.00	353 523 500.00
税金及附加	3 303 000.00	4 160 500.00	5 032 000.00
销售费用	36 468 000.00	41 412 500.00	51 120 000.00
管理费用	22 544 800.00	27 137 400.00	30 597 700.00
研发费用	0.00	0.00	0.00
财务费用	1 800 000.00	2 260 000.00	2 700 000.00
其中：利息费用	2 400 000.00	2 900 000.00	3 250 000.00
利息收入	600 000.00	650 000.00	600 000.00
加：其他收益	0.00	0.00	0.00
投资收益（损失以“-”号填列）	0.00	0.00	0.00

续表

项　　目	2017 年	2018 年	2019 年
其中：对联营企业和合营企业的投资收益	0.00	0.00	0.00
公允价值变动收益（损失以“-”号填列）	0.00	0.00	0.00
资产减值损失（损失以“-”号填列）	0.00	0.00	0.00
资产处置收益（损失以“-”号填列）	0.00	0.00	0.00
二、营业利润（亏损以“-”号填列）	43 932 200.00	51 317 600.00	60 226 800.00
加：营业外收入	0.00	0.00	0.00
减：营业外支出	0.00	0.00	0.00
三、利润总额（亏损总额以“-”号填列）	43 932 200.00	51 317 600.00	60 226 800.00
减：所得税费用	10 980 000.00	12 830 000.00	15 060 000.00
四、净利润（净亏损以“-”号填列）	32 952 200.00	38 487 600.00	45 166 800.00

【公共资源 6】2017—2019 年，实际资产负债表（表 10-8）

表 10-8　资产负债表　　**单位：元**

资　　产	2017 年	2018 年	2019 年	负债和所有者权益（或股东权益）	2017 年	2018 年	2019 年
流动资产：	—	—	—	流动负债：	—	—	—
货币资金	50 000 000.00	52 000 000.00	55 000 000.00	短期借款	13 000 000.00	11 403 400.00	13 584 600.00
以公允价值计量且其变动计入当期损益的金融资产	0.00	0.00	0.00	以公允价值计量且其变动计入当期损益的金融负债	0.00	0.00	0.00
衍生金融资产	0.00	0.00	0.00	衍生金融负债	0.00	0.00	0.00
应收票据	0.00	0.00	0.00	应付票据	0.00	0.00	0.00
应收账款	36 350 000.00	40 790 000.00	45 400 000.00	应付账款	60 000 000.00	45 000 000.00	55 000 000.00
预付款项	0.00	0.00	0.00	预收款项	0.00	0.00	0.00
其他应收款	35 500 000.00	35 000 000.00	36 000 000.00	应付职工薪酬	5 747 000.00	4 611 000.00	5 647 000.00
存货	278 000 000.00	274 000 000.00	286 000 000.00	应交税费	4 775 000.00	3 981 000.00	4 145 000.00
持有待售资产	0.00	0.00	0.00	其他应付款	3 929 000.00	3 648 000.00	3 770 000.00
一年内到期的非流动资产	0.00	0.00	0.00	持有待售负债	0.00	0.00	0.00
其他流动资产	0.00	0.00	0.00	一年内到期的非流动负债	0.00	0.00	0.00
流动资产合计	399 850 000.00	401 790 000.00	422 400 000.00	其他流动负债	0.00	0.00	0.00
非流动资产：	—	—	—	流动负债合计	87 451 000.00	68 643 400.00	82 146 600.00
可供出售金融资产	0.00	0.00	0.00	非流动负债：	—	—	—

续表

资　产	2017 年	2018 年	2019 年	负债和所有者权益（或股东权益）	2017 年	2018 年	2019 年
持有至到期投资	0.00	0.00	0.00	长期借款	110 000 000.00	100 000 000.00	50 000 000.00
长期应收款	0.00	0.00	0.00	应付债券	0.00	0.00	0.00
长期股权投资	0.00	0.00	0.00	其中：优先股	0.00	0.00	0.00
投资性房地产	0.00	0.00	0.00	永续债	0.00	0.00	0.00
固定资产	42 000 000.00	49 840 000.00	38 000 000.00	长期应付款	0.00	0.00	0.00
在建工程	0.00	0.00	0.00	预计负债	0.00	0.00	0.00
生产性生物资产	0.00	0.00	0.00	递延收益	0.00	0.00	0.00
油气资产	0.00	0.00	0.00	递延所得税负债	0.00	0.00	0.00
无形资产	1 000 000.00	900 000.00	800 000.00	其他非流动负债	0.00	0.00	0.00
开发支出	0.00	0.00	0.00	非流动负债合计	110 000 000.00	100 000 000.00	50 000 000.00
商誉	0.00	0.00	0.00	负债合计	197 451 000.00	168 643 400.00	132 146 600.00
长期待摊费用	0.00	0.00	0.00	所有者权益（或股东权益）：	—	—	—
递延所得税资产	0.00	0.00	0.00	实收资本（或股本）	100 000 000.00	100 000 000.00	100 000 000.00
其他非流动资产	0.00	0.00	0.00	其他权益工具	0.00	0.00	0.00
非流动资产合计	43 000 000.00	50 740 000.00	38 800 000.00	其中：优先股	0.00	0.00	0.00
				永续债	0.00	0.00	0.00
				资本公积	0.00	0.00	0.00
				减：库存股	0.00	0.00	0.00
				其他综合收益	0.00	0.00	0.00
				专项储备	0.00	0.00	0.00
				盈余公积	20 000 000.00	23 848 760.00	28 365 440.00
				未分配利润	125 399 000.00	160 037 840.00	200 687 960.00
				所有者权益（或股东权益）合计	245 399 000.00	283 886 600.00	329 053 400.00
资产总计	442 850 000.00	452 530 000.00	461 200 000.00	负债和所有者权益（或股东权益）总计	442 850 000.00	452 530 000.00	461 200 000.00

【公共资源 07】2017—2019 年，预计利润表（表 10-9）

表 10-9 预计利润表 **单位：元**

项 目	2017 年	2018 年	2019 年
一、营业收入	310 854 500.00	386 659 500.00	447 759 500.00
减：营业成本	205 856 400.00	262 698 200.00	308 692 200.00
税金及附加	3 108 550.00	3 866 600.00	4 477 600.00
销售费用	36 175 200.00	41 108 300.00	44 304 000.00
管理费用	21 948 800.00	26 394 100.00	28 580 200.00
研发费用	—	—	0.00
财务费用	1 600 000.00	2 200 000.00	2 500 000.00
其中：利息费用	2 000 000.00	2 500 000.00	2 750 000.00
利息收入	500 000.00	550 000.00	600 000.00
加：其他收益	-	-	-
投资收益（损失以“-”号填列）	-	-	-
其中：对联营企业和合营企业的投资收益	0.00	0.00	0.00
公允价值变动收益（损失以“-”号填列）	-	-	-
资产减值损失（损失以“-”号填列）	-	-	-
资产处置收益（损失以“-”号填列）	-	-	-
二、营业利润（亏损以“-”号填列）	42 165 550.00	50 392 300.00	59 205 500.00
加：营业外收入	-	-	-
减：营业外支出	-	-	-
三、利润总额（亏损总额以“-”号填列）	42 165 550.00	50 392 300.00	59 205 500.00
减：所得税费用	10 540 000.00	12 600 000.00	14 800 000.00
四、净利润（净亏损以“-”号填列）	31 625 550.00	37 792 300.00	44 405 500.00

【公共资源08】2017—2019年，预计资产负债表（表10-10）

表10-10　预计资产负债表　　单位：元

资　产	2017年	2018年	2019年	负债和所有者权益（或股东权益）	2017年	2018年	2019年
流动资产	—	—	—	**流动负债**	—	—	—
货币资金	50 000 000.00	52 000 000.00	55 000 000.00	短期借款	13 000 000.00	12 000 000.00	13 000 600.00
以公允价值计量且其变动计入当期损益的金融资产	–	–	–	以公允价值计量且其变动计入当期损益的金融负债	–	–	–
衍生金融资产	–	–	–	衍生金融负债	–	–	–
应收票据	–	–	–	应付票据	–	–	–
应收账款	36 300 000.00	40 800 000.00	45 500 000.00	应付账款	57 950 000.00	45 000 000.00	55 000 000.00
预付款项	–	–	–	预收款项	–	–	–
其他应收款	35 500 000.00	35 000 000.00	36 000 000.00	应付职工薪酬	5 747 000.00	4 611 000.00	5 647 000.00
存货	276 000 000.00	273 500 000.00	285 000 000.00	应交税费	4 775 000.00	3 981 000.00	4 145 000.00
持有待售资产	–	–	–	其他应付款	3 929 000.00	3 648 000.00	3 770 000.00
一年内到期的非流动资产	–	–	–	持有待售负债	–	–	–
其他流动资产	–	–	–	一年内到期的非流动负债	–	–	–
流动资产合计	397 800 000.00	401 300 000.00	421 500 000.00	其他流动负债	–	–	–
非流动资产：	—	—	—	**流动负债合计**	85 401 000.00	69 240 000.00	81 562 600.00
可供出售金融资产	–	–	–	**非流动负债：**	—	—	—
持有至到期投资	–	–	–	长期借款	110 000 000.00	100 000 000.00	60 000 000.00
长期应收款	–	–	–	应付债券	–	–	–
长期股权投资	–	–	–	其中：优先股	–	–	–

续表

资 产	2017 年	2018 年	2019 年	负债和所有者权益（或股东权益）	2017 年	2018 年	2019 年
投资性房地产	–	–	–	永续债	–	–	–
固定资产	42 000 000.00	49 850 000.00	38 000 000.00	长期应付款	–	–	–
在建工程	–	–	–	预计负债	–	–	–
生产性生物资产	–	–	–	递延收益	–	–	–
油气资产	–	–	–	递延所得税负债	–	–	–
无形资产	1 000 000.00	900 000.00	800 000.00	其他非流动负债	–	–	–
开发支出	–	–	–	**非流动负债合计**	110 000 000.00	100 000 000.00	60 000 000.00
商誉	–	–	–	**负债合计**	195 401 000.00	169 240 000.00	141 562 600.00
长期待摊费用	–	–	–	**所有者权益（或股东权益）：**	—	—	—
递延所得税资产	–	–	–	实收资本（或股本）	100 000 000.00	100 000 000.00	100 000 000.00
其他非流动资产	–	–	–	其他权益工具	–	–	–
非流动资产合计	43 000 000.00	50 750 000.00	38 800 000.00	其中：优先股	–	–	–
				永续债	–	–	–
				资本公积	–	–	–
				减：库存股	–	–	–
				其他综合收益	–	–	–
				专项储备	–	–	–
				盈余公积	20 000 000.00	23 397 930.00	27 360 000.00
				未分配利润	125 399 000.00	159 412 070.00	191 377 400.00
				所有者权益（或股东权益）合计	245 399 000.00	282 810 000.00	318 737 400.00
资产总计	440 800 000.00	452 050 000.00	460 300 000.00	**负债和所有者权益（或股东权益）总计**	440 800 000.00	452 050 000.00	460 300 000.00

【公共资源 9】2019 年，预计产品销售表（表 10-11）

表 10-11　2019 年预计产品销售表　　数量：套　金额单位：元

年度	产品类别	销售方式	销售数量	销售收入	销售成本
2019 年	居家桌椅	零售	107 000	90 950 000.00	64 200 000.00
2019 年	居家桌椅	批发	180 000	135 000 000.00	108 000 000.00
2019 年	办公桌椅	零售	16 500	22 275 000.00	14 850 000.00
2019 年	办公桌椅	批发	98 000	122 500 000.00	88 200 000.00

【公共资源 10】2019 年，预计成本费用明细表（表 10-12）

表 10-12　2019 年预计成本费用明细表　　金额单位：元

部门	费用合计	人工成本	租赁费	折旧费	无形资产摊销	材料消耗费	网络通信费	日常办公费	业务招待费	差旅费	市场推广费	广告宣传费
行政人力中心	17 121 000.00	4 233 000.00	3 500 000.00	1 600 000.00			108 000.00	180 000.00	5 000 000.00	2 500 000.00		
财务管理中心	2 855 000.00	2 070 600.00		200 000.00	100 000.00		50 400.00	84 000.00	350 000.00			
质量管理中心	1 867 200.00	1 632 000.00		120 000.00			43 200.00	72 000.00				
采购管理中心	6 737 000.00	2 193 000.00	3 000 000.00	600 000.00			54 000.00	90 000.00		800 000.00		
销售管理中心	44 304 000.00	18 194 400.00		400 000.00			453 600.00	756 000.00		3 500 000.00	12 000 000.00	9 000 000.00
设计服务中心	33 442 200.00	16 139 800.00		1 400 000.00		12 000 000.00	338 400.00	564 000.00		3 000 000.00		

【公共资源 11】2019 年，预计服务销售表（表 10-13）

表 10-13　2019 年预计服务销售表　　订单数：单　金额单位：元

序号	年度	客户类别	服务内容	订单数	服务收入
1	2019 年	居民	设计	52 600	8 942 000.00
2	2019 年	居民	安装	67 500	18 225 000.00
3	2019 年	商业	设计	850	7 692 500.00
4	2019 年	商业	安装	3 500	42 175 000.00

【公共资源 12】2019 年，预计人工成本表（表 10-14）

表 10-14　2019 年预计人工成本表　　人员编制：人　金额单位：元

部门	人员编制	合计	个人部分承担部分			单位承担部分					
			固定工资	绩效奖金	个人部分小计	社会保险费	公积金	福利费	工会经费	职工教育经费	单位承担部分小计
行政人力中心	30	4 233 000.00	2 490 000.00	498 000.00	2 988 000.00	498 000.00	249 000.00	249 000.00	49 800.00	199 200.00	1 245 000.00
财务管理中心	14	2 070 600.00	1 218 000.00	243 600.00	1 461 600.00	243 600.00	121 800.00	121 800.00	24 360.00	97 440.00	609 000.00
质量管理中心	12	1 632 000.00	960 000.00	192 000.00	1 152 000.00	192 000.00	96 000.00	96 000.00	19 200.00	76 800.00	480 000.00
采购管理中心	15	2 193 000.00	1 290 000.00	258 000.00	1 548 000.00	258 000.00	129 000.00	129 000.00	25 800.00	103 200.00	645 000.00
销售管理中心	126	18 194 400.00	9 576 000.00	3 830 400.00	13 406 400.00	1 915 200.00	957 600.00	957 600.00	191 520.00	766 080.00	4 788 000.00
设计服务中心	94	16 139 800.00	9 494 000.00	1 898 800.00	11 392 800.00	1 898 800.00	949 400.00	949 400.00	189 880.00	759 520.00	4 747 000.00

三、实训任务

（一）投融资管理岗位

【业务资源 1】存款方案决策

公司 10 年后（第 10 年年末）需要用一笔资金，现拟定一定期存款计划。

10 年后，需要资金 10000 万元，计划从第 1 年开始每年末等额存一笔资金到银行，直到第 10 年年末存入最后一笔资金后，其本息和满足资金需求。

与公司合作的银行给出两种不同的计息方案，分别如下。

A 方案：按照 4.4%年利率单利计息。

B 方案：按照 4.0%年利率复利计息。

现需要对两种方案进行决策。

【任务 1-1】

根据业务资源 1，完成存款方案决策（A 方案）。折现系数以题面给出数据进行计算，计算过程以完整小数位进行引用，以四舍五入保留 2 位小数填入表 10-15 中。

表 10-15　A 方案（单利计算）　　单位：万元

项　目	第 0 年	第 1 年	第 2 年	第 3 年	第 4 年	第 5 年	第 6 年	第 7 年	第 8 年	第 9 年	第 10 年
当年存入本金											
当年产生利息											
累计存入本金											
累计产生利息											
累计本息和											

【任务 1-2】

根据业务资源 1，完成存款方案决策（B 方案）。折现系数以题面给出数据进行计算，计算过程以完整小数位进行引用，以四舍五入保留 2 位小数填制作答。并判断应选择哪种方案，以“方案 A/方案 B”填入表 10-16 中。

表 10-16　B 方案（复利计算）　单位：万元

项　目	第 0 年	第 1 年	第 2 年	第 3 年	第 4 年	第 5 年	第 6 年	第 7 年	第 8 年	第 9 年	第 10 年
当年存入本金											
当年产生利息											
累计存入本金											
累计产生利息											
累计本息和											
应选择哪种方案（方案 A/方案 B）											

【业务资源 2】投资方案决策说明

1. 投资方案

公司为抓住机遇，抢占办公和居家桌椅的设计安装服务和销售服务的市场，计划新开立集设计、安装、展示、销售于一体的体检门店。根据市场及投资管理等相关部门的计划，以及财务部门的测算。目前，备选的投资方案共有 5 个。5 个投资方案彼此独立，初始投资额和相关现金流量等情况已经测算完成（见任务 3 题面），公司资本成本率为 10%。

2. IRR 函数用法（用于内含报酬率计算）

IRR 函数用于计算由数值代表的一组现金流的内部收益率（内含报酬率），其语法如下。

IRR（Values，Guess）

参数：Values 为数组/单元格的引用，包含用来计算返回的内部收益率的数字。Guess 为对函数 IRR 计算结果的估计值。

例如：

IRR（−2，0.9，1.2）=3.16%

【任务 1-3】

根据业务资源 2，完成投资项目折现现金流量计算。折现系数以题面给出数据进行计算（表 10-17），计算过程以完整小数位进行引用，以四舍五入保留 2 位小数填入表 10-18 中。

表 10-17　投资项目现金流量预测情况　单位：万元

项　目	2020 年	2021 年	2022 年	2023 年	2024 年	2025 年	2026 年	2027 年	2028 年	2029 年	2030 年
项目 A	−3 500.00	−200	400	600	800	1 000.00	1 000.00	1 000.00	1 000.00	1 000.00	1 000.00
项目 B	−2 500.00	100	200	300	500	600	600	600	600	600	600
项目 C	−3 000.00	50	250	500	700	800	800	800	800	800	800
项目 D	−2 500.00	20	200	450	550	650	650	650	650	650	650
项目 E	−4 000.00	−200	300	600	600	800	800	800	800	800	800
附：折现系数	1.000 0	0.909 1	0.826 4	0.751 3	0.683 0	0.620 9	0.564 5	0.513 2	0.466 5	0.424 1	0.385 5

表 10-18 折现现金流量 单位：万元

项　目	2020 年	2021 年	2022 年	2023 年	2024 年	2025 年	2026 年	2027 年	2028 年	2029 年	2030 年
项目 A											
项目 B											
项目 C											
项目 D											
项目 E											

【任务 1-4】

根据业务资源 2，完成互相独立的 5 个项目的投资评价。以完整小数位进行引用，金额单位为万元，以四舍五入保留 2 位小数填制作答，投资判断以是/否填入表 10-19 中。

表 10-19 独立投资项目评价表

项　目	净现值	现值指数	是否可行（是/否）
项目 A			
项目 B			
项目 C			
项目 D			
项目 E			

【任务 1-5】投资项目辅助评价

根据业务资源 2，完成互相独立的 5 个项目的辅助投资评价。以完整小数位进行引用，以四舍五入保留 2 位小数填制作答，内含报酬率以四舍五入保留 2 位小数的百分数形式作答，项目优劣用数字 1-5 排序填入表 10-20 中。

表 10-20 独立投资项目辅助评价表

项　目	静态回收期	折现回收期	内含报酬率	投资项目优劣排序
项目 A				
项目 B				
项目 C				
项目 D				
项目 E				
注：根据内含报酬率对项目优劣进行排序，使用数字 1～5 作答。				

【任务 1-6】约束资源条件下投资决定

根据业务资源 2，完成投资资源受限时的投资决策。以完整小数位进行引用，以四舍五入保留 2 位小数填制作答，是否选择某项目投资用是/否填入表 10-21 中。

表 10-21　约束资源条件投资决策

项　目	决策
项目 A	
项目 B	
项目 C	
项目 D	
项目 E	
最大净现值（万元）	
总投资额（万元，正数作答）	
注：假定初始投资总额度不能超过 9 000 万元，按照净现值最大化为原则，选出应该投资的项目。	

【任务 7】长期筹资规划

【业务资源 3】筹资规划说明（资本成本及筹资规划说明）

公司计划在 2020 年拓展业务，投资设立新的体验中心门店，在当前的长期资本基础上需要增加长期资本 1 亿元。公司当前的长期有息负债和有权者权益近似按照 0.50 亿元和 3.30 亿元计算。

公司目标的资本结构（长期有息负债/所有者权益）比例为 2:8。

为了调整达到目标资本结构，长期借款可以通过新借或归还实现，权益资本可以通过分配利润或新吸纳股东注资实现。假定融资后，公司长期借款的税后资本成本为 7%，权益资本成本 10%。

【任务 1-7】

根据业务资源 3，完成长期筹资规划。以完整小数位进行引用，以四舍五入保留 2 位小数填制作答，标有%的项目以四舍五入保留 2 位小数的百分数形式填入表 10-22 中。

表 10-22　2020 年筹资规划　　**单位：万元**

项目	新增数额	筹资后金额	筹资后比例（%）	资本成本（%）
长期有息负债				
所有者权益				
筹资后加权平均资本成本（%）				

【业务资源 4】现金折扣决策

公司与 M 供应商签订了 500 万元采购合同，合同就付款内容作了如下约定：10 日内（含 10 日）付款，将享受给予 5 万元的现金折扣，如果超过 10 日（不含 10 日），则应在 30 日内付款，且将不享受折扣，公司最迟应于 30 日付款，否则构成违约。公司的资金成本率假定为 10%。

【任务 1-8】现金折扣决策

根据业务资源 4，完成现金折扣决策。以完整小数位进行引用，天数以四舍五入保留整数填制作答，其他结果四舍五入保留 2 位小数的百分数形式作答，决策结果以是/否填入表 10-23 中。

表 10-23 现金折扣决策分析

项目	内容
现金折扣率（%）	
折扣期（天）	
信用期（天）	
放弃现金折扣成本（单利计）	
放弃现金折扣成本（复利计）	
是否应该选择享受现金折扣（是/否）	
注：一年按照 360 天计算。	

【业务资源 5】财务预算说明

1. 利润表预算说明

（1）营业收入取自预算管理岗任务 1 和预算管理岗任务 2 结果。

（2）营业成本、销售费用、管理费用取自预算岗任务 4 和预算管理岗任务 7 结果。

行政人力中心、财务管理中心、质量管理中心、采购管理中心费用计入管理费用。销售管理中心费用计入销售费用。设计服务中心费用计入营业成本。

（3）税金及附加按照收入的 1%编制预算。

（4）财务费用预算为 250 万元，其中利息费用 330 万元，利息收入为 80 万元。

（5）营业外支出 800 万元，无营业外收入。

（6）所得税税率 25%。

（7）除上述条件外，其他影响损益项目的金额预计均为 0。

2. 现金预算编制

（1）期初现金余额查询历史资产负债表。销售回款参考预算管理岗任务 3，采购支出参考预算管理岗任务 5。

（2）付现费用参考预算管理岗任务 7。税金及附加、财务费用、营业外支出、所得税费用按照任务 9 结果填制。此部分付现的费用支出时间假定与费用归属期间一致，不存在期间差异。

（3）除上述因素外不考虑其他因素。

（4）公司的最低活期资金持有量为 5 000 万元，如资金不足，则按照整千万元向银行进行借款进行资金筹措；如果超过 5 000 万元，可以以整千万元向购买资金理财。资金筹措或购买理财后，资金同样不得低于 5 000 万元。

【任务 1-9】利润表预算

根据业务资源 5 和预算岗完成任务（以填制结果引用），完成利润表预算。以完整小数位进行引用，以四舍五入保留 2 位小数填入表 10-24 中。

表 10-24　2020 年利润表预算　　单位：元

项　目	本期金额
一、营业收入	
减：营业成本	
税金及附加	
销售费用	
管理费用	
研发费用	
财务费用	
其中：利息费用	
利息收入	
加：其他收益	
投资收益（损失以“-”号填列）	
其中：对联营企业和合营企业的投资收益	
公允价值变动收益（损失以“-”号填列）	
资产减值损失（损失以“-”号填列）	
资产处置收益（损失以“-”号填列）	
二、营业利润（亏损以“-”号填列）	
加：营业外收入	
减：营业外支出	
三、利润总额（亏损总额以“-”号填列）	
减：所得税费用	
四、净利润（净亏损以“-”号填列）	

【任务 1-10】现金预算

根据业务资源 5 和预算岗完成任务（以填制结果引用），完成现金预算编制。以完整小数位进行引用，以四舍五入保留 2 位小数填入表 10-25 中。

表 10-25　现金预算编制　　单位：元

预算期间	行次	金额
期初现金余额	1	
加：销售回款	2	
可供使用现金	3	
减各项支出：	4	—
采购支出	5	
付现费用	6	
税金及附加	7	
财务费用	8	

续表

预算期间	行次	金额
营业外支出	9	
所得税费用	10	
现金支出合计	11	
现金多余或不足	12	
资金筹措	13	
资金理财	14	
期末活期资金余额	15	

（二）营运分析岗位

【任务 2-1】营业成本分析

根据企业介绍中业务资源，完成营业成本分析表。以完整小数位引用计算。标有%的项目，计算结果以%形式四舍五入保留 2 位小数填制答案，如，3.05%，其余结果以四舍五入保留 2 位小数填入表 10-26 中。

表 10-26 营业成本增长分析 单位：元

项　目	2018 年增长率			2019 年增长率		
	2017 年营业成本	2018 年营业成本	营业成本增长率（%）	2018 年营业成本	2019 年营业成本	营业成本增长率（%）
销售商品						
销售服务						
合计						

【任务 2-2】人工成本分析

根据企业介绍中业务资源，完成人工成本分析表。以完整小数位引用计算。标有%的项目，计算结果以%形式四舍五入保留 2 位小数填制答案，如，3.05%，编制以四舍五入保留整数填制答案，其余结果以四舍五入保留 2 位小数填入表 10-27 中。

表 10-27 人工成本增长分析 单位：人、元/人

部门	2017 年		2018 年		2019 年		2018 年增长幅度（%）		2019 年增长幅度（%）	
	编制	人均工资	编制	人均工资	编制	人均工资	编制	人均工资	编制	人均工资
行政人力中心										
财务管理中心										
质量管理中心										
采购管理中心										
销售管理中心										
设计服务中心										
合计										

【任务 2-3】成本费用分析

根据任务资源基础数据中的【公共资源】，完成成本费用变化分析表。以完整小数位引用计算。标有%的项目，计算结果以%形式四舍五入保留 2 位小数填制答案，如，3.05%，其余结果以四舍五入保留 2 位小数填入表 10-28 中。

表 10-28　成本费用变化分析　　单位：元

序　号	项目	2018 年		2019 年	
		增长额	增长幅度（%）	增长额	增长幅度（%）
1	人工成本				
2	租赁费				
3	折旧费				
4	无形资产摊销				
5	材料消耗费				
6	网络通信费				
7	日常办公费				
8	业务招待费				
9	差旅费				
10	市场推广费				
11	广告宣传费				
12	合计				

【任务 2-4】销货成本分析

根据任务资源基础数据中的【公共资源】，完成销货成本分析表。以完整小数位引用计算。标有%的项目，计算结果以%形式四舍五入保留 2 位小数填制答案，如，3.05%，销售量以四舍五入保留整数填制答案，其余结果以四舍五入保留 2 位小数填入表 10-29 中。

表 10-29　销货成本分析　　单位：元

项　目	销货方式	2017 年			2018 年			2019 年		
		销货数量	单位销货成本	销货成本	销货数量	单位销货成本	销货成本	销货数量	单位销货成本	销货成本
居家桌椅	零售									
	批发									
办公桌椅	零售									
	批发									

【业务资源 1】储备存货成本说明

公司拟分析与储备存货有关的成本，以 2019 年采购管理中心发生费用和销货成本为计算基数，分析存货的取得成本和储存成本。

1. 订货成本

订货固定成本包含：人工成本和日常办公费。

订货变动成本包含：网络通信费和差旅费。

2. 购置成本

2019 年销货成本视为公司的购置成本，全年销货量为全年需要量。

3. 储存成本

储存固定成本包含：折旧费。

储存变动成本包含：租赁费。

计算 2019 年储备存货的各项成本。

【任务 2-5】储备存货总成本计算

根据本岗位【业务资源 1】，完成存储存货相关总成本计算表。以完整小数位引用计算。结果以四舍五入保留 2 位小数填入表 10-30 中。

表 10-30 储备存货总成本计算表 单位：元

项目	订货成本		购置成本	储存成本	
	订货固定成本	订货变动成本	购置成本	存储固定成本	存储变动成本
销货成本					
人工成本					
租赁费					
折旧费					
网络通讯费					
日常办公费					
差旅费					
合计					

【业务资源 2】订货决策说明

为进一步加强存货管理，在保障企业正常销售的情况下，加快企业存货周转速度，采购管理中心收集相关资料，分析各产品每批次的最佳订货量。

采购管理中心为了更容易找出各产品进货时间和经济订货批量，做了如下假设。

（1）企业能够及时购买到产品，并且可以集中购买。

（2）暂时不考虑缺货成本。

（3）以居家桌椅和办公桌椅为两大产品类。

（4）以 2019 年销货量为全年存货需求量。

（5）买方市场货源充足。

（6）假设一年按照 360 天进行相关计算。

（7）订货相关的成本如表 10-31 所示。

表 10-31 订货相关的成本

项 目	单位订货变动成本（元）	单位存货储存成本（元）
居家桌椅	900	12
办公桌椅	1 200	18

【任务 2-6】经济订货批量

根据已完成任务和本岗位【业务资源 2】，完成经济订货量的计算。订货批量、订货次数和订货周期向上取整数引用计算，其他以完整小数位引用计算。金额结果以四舍五入保留 2 位小数填制答案，其余结果以整数填入表 10-32 中。

表 10-32　订货周期计算　单位：元

项　目	项目	
	居家桌椅	办公桌椅
全年最低需要量（套）		
单次进货成本（元）		
单位储存成本（元）		
经济订货批量（套）		
每年最佳订货次数（次）		
最佳订货周期（天）		
经济订货量占用资金（元）		
注：订货批量和订货次数和订货周期向上取整引用计算		

【业务资源 3】特殊订单决策说明

利亚装饰有限公司与我公司前期签订过一份办公桌椅购销合同，从本公司购买办公桌椅，最初订货 500 套，每套价格 1 000 元。合同履约后，利亚装饰公司追加一笔订单，追加购买 50 套桌椅，利亚装饰愿意以原有合同定价的 110%作为此追加订单的价格，试分析是否接受此追加订单。

我公司如果接受此追加订单，需要单独定一批货，订货成本为 2 550 元，已知该类型桌椅的单位变动成本为 850 元/套，正常市场售价为 1 000 元。如果不接受利亚装饰的订单，购买此批桌椅也可以按照正常市场售价进行销售。

【任务 2-7】特殊订单决策

根据本岗位【业务资源 3】，完成追加订单计算表。以完整小数位引用计算。结果以四舍五入保留 2 位小数填制答案。接受追加订单将“是”或“否”，填入表 10-33 中。

表 10-33　追加订单计算表　单位：元

项目	金额
增加订单的相关收入	
增加订单的变动成本	
增加的边际贡献	
专属订货成本	
正常销售的边际贡献	
增量收益	
接受追加订单（是/否）	

【业务资源 4】服务成本分析说明

公司设计服务中心分为两个业务组，分别是设计组和安装组，分析计算属于设计组和安装组的成本明细，人工成本以设计服务中心人均成本乘该组人员编制。各项费用消耗明细见表 10-34。各项费用按照设计服务中心 2019 年发生额分摊。

表 10-34 各项费用消耗明细

项　目	设计组	安装组
人员编制（人）	20	75
折旧费占比（%）	40%	60%
材料消耗费	专属安装组消耗	
网络通信费	人员编制权重（编制×权重）分配，设计组权重为 2，安装组权重为 1	
日常办公费		
差旅费占比（%）	30%	70%

【任务 2-8】销售服务成本分析

根据任务资源基础数据中的【公共资源】和本岗位【业务资源 4】，完成服务成本分析表。以完整小数位引用计算，结果以四舍五入保留 2 位小数填入表 10-35 中。

表 10-35 2019 年服务成本分析 单位：元

项目	人工成本	折旧费	材料消耗费	网络通信费	日常办公费	差旅费	合计
设计							
安装							
合计							

【业务资源 5】资源最佳利用说明

企业接受居民和商业的订单，需要安装组派出人员提供安装服务，已知接受每一户居民订单业务耗用 0.2 天时间，一个人每天最多可安装 5 单居民订单；如果接受每一商业订单业务，则需耗用 2 天时间。

假设安装组能提供的最大工天数（限制资源）为 24 000 天。且按照要求，企业用于居民订单安装的工天数不得少于商业订单安装的工天数。销售服务成本数据，见表 10-36。

表 10-36 销售服务成本数据

项　目		居民	商业
销售	销售单价	300	12 000
单位变动成本	人工成本	80	2 135
	材料消耗费	55	3 060
	差旅费	19	195

为最大化利用资源，以边际贡献最大化为目标，分析如何安排订单服务。

【任务 2-9】安装服务边际贡献计算表

根据本岗位【业务资源 5】，完成安装服务边际贡献计算表。以完整小数位引用计算。标有%的项目，计算结果以%形式四舍五入保留 2 位小数填制答案。如，3.05%，其余结果以四舍五入保留 2 位小数填入表 10-37 中。

表 10-37　2019 年安装服务边际贡献计算表　　**单位：元**

项　目	居家桌椅	办公桌椅
销售单价		
单位变动成本		
单位边际贡献		
边际贡献率（%）		
每单产品需要安装时间（天）		
单位限制资源边际贡献		

【任务 2-10】订单安排计算

根据已完成任务和本岗位【业务资源 5】，完成最佳订单安排计算表，以完整小数位引用计算，结果以四舍五入保留整数填入表 10-38 中。

表 10-38　订单安排计算表

项　目	订单安排
商业订单量	
商业订单安装工天数	
居民订单量	
居民订单安装工天数	
总工天数	
最大边际贡献（元）	

（三）预算管理岗位

【业务资源 1】销售预算说明

（1）公司业务包括销售商品和设计、安装服务。

（2）商品销售预算。商品销售以 2019 年实际销售情况为基础，根据销售部门收集到的市场及客户信息调整得到。相关预测信息为：预计全年总销售量为 50 万套，居家桌椅和办公桌椅商品的销售数量比为 3∶1。预计 2020 年居家桌椅商品零售批发数量比为 2∶3，办公桌椅商品零售批发数量比为 1∶4。销售价格，按照 2019 年实际销售情况各类商品及其对应的销售方式下的平均售价作为预算价格。

注：本岗位所有价格和收入成本均不含增值税，不考虑增值税因素。

（3）服务销售预算。服务销售包括设计服务和安装服务。服务销售以 2019 年实际销售情况为基础，根据销售部门收集到的市场及客户信息调整得到。相关预测信息为：预计全年总销售量为 140 000 单，其中居民客户订单为 134 000 单，商业客户订单为 6 000 单。

居民客户订单中设计和安装的比例预计为 40%和 60%。

商业客户订单中设计和安装的比例预计为 20%和 80%。

各类型客户对应的服务价格，按照 2019 年实际销售情况各服务的平均价格作为预算价格。

（4）销售回款预算。

假定商品销售和服务销售在四个季度内都均匀发生。

商品销售的收款方式为销售收入发生当季度收款 60%，下季度收款 40%。

服务销售的收款方式为销售收入发生当季度收款 60%，下季度收款 30%，再下季度收回剩余尾款 10%。

假定 2019 年末应收账款可在 2020 年前两个季度，第一季度收回 60%，第二季度收回 40%不考虑预收等其他因素。

【任务 3-1】产品销售预算表

根据本岗位【业务资源 1】，完成商品销售预算。以完整小数位引用计算。销售数量四舍五入保留整数填制答案，其他结果四舍五入保留 2 位小数填入表 10-39 中。

表 10-39　2020 年商品销售预算表　　**数量：套　金额单位：元**

序号	商品类别	合计		零售		批发	
		销货数量	销货收入	销货数量	销货收入	销货数量	销货收入
1	居家桌椅						
2	办公桌椅						
3	合计						

【任务 3-2】服务销售预算表

根据本岗位【业务资源 1】，完成服务销售预算。以完整小数位引用计算。订单数四舍五入保留整数填制答案，其他结果四舍五入保留 2 位小数填入表 10-40 中。

表 10-40　2020 年服务销售预算表　　**数量：单　金额单位：元**

序号	客户类别	合计		设计		安装	
		订单数	服务收入	订单数	服务收入	订单数	服务收入
1	居民						
2	商业						
3	合计						

【任务 3-3】销售回款预算

根据本岗位【业务资源 1】，完成销售回款预算。以完整小数位引用计算。结果四舍五入保留 2 位小数填入表 10-41 中。

表 10-41　2020 年销售回款预算表　　**金额单位：元**

项目	2020 年回款				
	第 1 季度	第 2 季度	第 3 季度	第 4 季度	2020 年回款合计
2019 年期末应收账款					
2020 年第 1 季度收入					
2020 年第 2 季度收入					
2020 年第 3 季度收入					
2020 年第 4 季度收入					
回款合计					
期末应收账款					

【业务资源 2】商品进销采购预算

商品进销存预算说明如下。

（1）商品进销存预算，是指居家桌椅和办公桌椅两类商品的购进、销售及库存预算。

（2）期初库存情况和期末预计库存数量按照题目给出数据进行计算。

（3）商品销售数量按照任务 1 中计算的销售预算情况进行预计。

（4）预计 2020 年居家桌椅商品购进价格为 680 元/套，办公桌椅商品购进价格为 1 050 元/套。

（5）此预算编制存货计价的方式采用先进先出法计算销货成本和库存成本。

（6）商品采购付款。

2019 年年末，应付账款预计在 2020 年 1 季度支付 70%，2 季度支付 20%，3 季度支付 10%。

2020 年当年，采购在 4 个季度均匀发生。付款方式为采购当季度支付 30%货款，下季度支付 50%，再下季度支付剩余 20%货款。

不考虑预付账款等其他因素。

【任务 3-4】存货采购预算

根据【业务资源 2】，完成商品进销存预算。以完整小数位引用计算。数量四舍五入保留整数填制答案，其他结果四舍五入保留 2 位小数填入表 10-42 中。

表 10-42　2020 年商品进销存预算表　　**单位：套、元**

行次	项目	年初库存		累计进货		累计销售		年末库存	
		数量	成本	数量	成本	数量	成本	数量	成本
1	居家桌椅	270 000	175 500 000.00					200 000	
2	办公桌椅	110 500	110 500 000.00					100 000	
3	合计	380 500	286 000 000.00					300 000	

【任务 3-5】采购付款预算

根据本岗位【业务资源 2】，完成采购付款预算。以完整小数位引用计算。结果四舍五入保留 2 位小数填入表 10-43 中。

表 10-43 2020 年采购付款预算表 金额单位：元

项 目	2020 年付款				
	第 1 季度	第 2 季度	第 3 季度	第 4 季度	付款合计
2019 年期末应付账款					
2020 年第 1 季度采购					
2020 年第 2 季度采购					
2020 年第 3 季度采购					
2020 年第 4 季度采购					
付款合计					
期末应付账款					

【业务资源 3】成本费用预算说明

1. 商品销货成本预算

按照任务 3～4 的结果进行预计。

2. 人工成本预算

2020 年，人工成本的预算编制由人力部门根据相应业务预算和人员变动及工资结构调整，给出如下预测信息，见表 10-44。

表 10-44 人工成本预测信息

项 目	人员编制（人）	人均固定工资（元/年）	绩效奖金计提比例（%）	单位承担费用计提比例（%）				
				社会保险费	公积金	福利费	工会经费	职工教育经费
行政人力中心	30	84 000	20%	22%	10%	8%	2%	5%
财务管理中心	15	90 000	20%	22%	10%	8%	2%	5%
质量管理中心	15	82 000	20%	22%	10%	8%	2%	5%
采购管理中心	10	88 000	20%	22%	10%	8%	2%	5%
销售管理中心	130	78 000	40%	22%	10%	8%	2%	5%
设计服务中心	110	104 000	20%	22%	10%	8%	2%	5%

绩效奖金预测和单位承担的费用预测均按照人均固定工资基数测算。

3. 费用明细预算

（1）各部门费用归属要求为：行政人力中心、财务管理中心、质量管控中心、采购管理中心费用计入管理费用；销售管理中心费用计入销售费用；设计服务中心费用计入营业成本（服务成本）。

（2）人工成本预算按照任务 3～6 人工成本预算数确定。

（3）租赁费、折旧费、无形资产摊销、网络通信费、差旅费按照 2019 年实际发生数作为预算数。

（4）办公费预算按照各部门人员编制进行匹配，人均年办公费预算标准为 7 200 元。

（5）材料消耗费发生在设计服务中心，与服务订单数量相匹配，按照每服务订单 150 元进行计算编制。

（6）业务招待费预算审定后结果为：行政人力中心 450 万元，财务管理中心 40 万元。

（7）市场推广费与广告宣传费按照商品销售订单和服务订单合计数进行预算计算编制。其中：每订单预计市场推广费为 30 元，每订单广告宣传费为 10 元。

【任务 3～6】人工成本预算

根据本岗位【业务资源 3】，完成人工成本预算。以完整小数位引用计算。人员编制数四舍五入保留整数填制答案，其他结果四舍五入保留 2 位小数填入表 10-45 中。

表 10-45　2020 年人工成本预算表　　**人员编制：人　金额单位：元**

序号	部门	人员编制	合计	个人部分承担部分			单位承担部分					
				固定工资	绩效奖金	个人部分小计	社会保险费	公积金	福利费	工会经费	职工教育经费	单位承担部分小计
1	行政人力中心	30										
2	财务管理中心	15										
3	质量管理中心	15										
4	采购管理中心	10										
5	销售管理中心	130										
6	设计服务中心	110										
7	合计	310										

【任务 3-7】成本费用预算

根据本岗位【业务资源 3】，完成成本费用预算。以完整小数位引用计算。结果四舍五入保留 2 位小数填入表 10-46 中。

表 10-46　2020 年费用预算明细表　　**金额单位：元**

序号	部门	费用合计	人工成本	租赁费	折旧费	无形资产摊销	材料消耗费	网络通信费	日常办公费	业务招待费	差旅费	市场推广费	广告宣传费
1	行政人力中心												
2	财务管理中心												
3	质量管理中心												
4	采购管理中心												
5	销售管理中心												
6	设计服务中心												
7	合计												

【业务资源 4】本量利分析说明（本资源适用于任务 3-8～任务 3-10）

为了对 2019 年居家桌椅商品零售部分的经营情况进行评价和测算，公司特对其进行本量利分析。

收入成本费用存在如下假设。

（1）成本费用计算的规则，假定营业收入、营业成本两项均和销售量保持线性关系不变，即单位售价和单位营业成本不变。此处的营业成本指属于该商品该销售方式的销货成本。

（2）税金及附加，销售费用、管理费用、财务费用的分摊，按照居家桌椅商品收入占公司整体收入的比例进行分配。

（3）税金及附加随业务量变化而正比例变化。

（4）在销售费用中，假定 50%随业务量变化而正比例变化，50%不随业务量变化。

（5）管理费用和财务费用不随业务量变化而变化。

（6）任务 9，为保证保本销售量状态下，计算各收入成本费用利润情况

（7）任务 10，为保证最低目标利润 500 万时，保利销售量状态下，计算各收入成本费用利润情况

【任务 3-8】销售业务利润计算

根据任务资源基础数据中的【公共资源】和本岗位【业务资源 4】，完成居家桌椅业务的利润计算。以完整小数位引用计算。销售量四舍五入保留整数填制答案，其他结果四舍五入保留 2 位小数填入表 10-47 中。

表 10-47 2019 年居家桌椅零售利润计算 **金额单位：元**

项 目	数值
销售量（套）	
收入	
营业成本	
税金及附加	
销售费用	
其中：固定销售费用	
变动销售费用	
管理费用	
财务费用	
营业利润	

【任务 3-9】销售业务保本分析

根据本岗位【业务资源 4】，完成居家桌椅业务的保本分析计算。以完整小数位引用计算。保本销售量向上保留整数进行后续计算并填制答案。其他结果以向上保留至整数的销售量进行后续计算，并保留 2 位小数填入表 10-48 中。

表 10-48　2019 年居家桌椅零售保本分析　　金额单位：元

项目	数值
销售量（套）	
收入	
营业成本	
税金及附加	
销售费用	
其中：固定销售费用	
变动销售费用	
管理费用	
财务费用	
营业利润	

【任务 3-10】销售业务保利分析

根据本岗位【业务资源 4】，完成居家桌椅业务的保利分析计算。以完整小数位引用计算。保利销售量向上保留整数进行后续计算并填制答案。其他结果以向上保留至整数的销售量进行后续计算，并保留 2 位小数填入表 10-49 中。

表 10-49　2019 年居家桌椅零售保利分析　　金额单位：元

项目	数值
销售量（套）	
收入	
营业成本	
税金及附加	
销售费用	
其中：固定销售费用	
变动销售费用	
管理费用	
财务费用	
营业利润	

（四）绩效内控管理岗位

【任务 4-1】营业利润完成情况分析

根据任务资源基础数据中的【公共资源】，完成营业利润完成情况分析表。以完整小数位引用计算。标有%的项目，计算结果以%形式四舍五入保留 2 位小数填制答案，如：3.05%，其余结果以四舍五入保留 2 位小数填入表 10-50 中。

表 10-50 营业利润完成情况分析 单位：万元

序号	项 目	2019 年目标值	2019 年实际值	完成情况（%）
1	营业收入			
2	营业成本			
3	税金及附加			
4	销售费用			
5	管理费用			
6	财务费用			
7	营业利润			
注：完成情况=实际值/目标值×100%				

【任务 4-2】销售商品增长情况分析

根据任务资源基础数据中的【公共资源】，完成销售商品增长情况分析表。以完整小数位引用计算。标有%的项目，计算结果以%形式四舍五入保留 2 位小数填制答案。如，3.05%，销售量以四舍五入保留整数填制答案，其余结果以四舍五入保留 2 位小数填入表 10-51、表 10-52 中。

表 10-51 商品销售量增长情况分析 单位：元

项目	渠道	2018 年增长率			2019 年增长率		
		2017 年销售量（套）	2018 年销售量（套）	销售量增长率（%）	2018 年销售量（套）	2019 年销售量（套）	销售量增长率（%）
居家桌椅	零售						
	批发						
办公桌椅	零售						
	批发						

表 10-52 商品销售收入增长情况分析 单位：元

项目	渠道	2018 年增长率			2019 年增长率		
		2017 年商品收入	2018 年商品收入	收入增长率（%）	2018 年商品收入	2019 年商品收入	收入增长率（%）
居家桌椅	零售						
	批发						
办公桌椅	零售						
	批发						

【任务 4-3】销售服务增长情况分析

根据任务资源基础数据中的【公共资源】，完成销售服务增长情况分析表。以完整小数位引用计算。标有%的项目，计算结果以%形式四舍五入保留 2 位小数填制答案。如，3.05%，订单数以四舍五入保留整数填制答案，其余结果以四舍五入保留 2 位小数填入表 10-53、表 10-54 中。

表 10-53　销售订单增长情况分析　单位：元

项目		2018 年增长率			2019 年增长率		
		2017 年订单数（单）	2018 年订单数（单）	订单增长率（%）	2018 年订单数（单）	2019 年订单数（单）	订单增长率（%）
居民	设计						
	安装						
商业	设计						
	安装						

表 10-54　销售服务增长情况分析单位：元

项目		2018 年增长率			2019 年增长率		
		2017 年服务收入	2018 年服务收入	收入增长率（%）	2018 年服务收入	2019 年服务收入	收入增长率（%）
居民	设计			77.78%			
	安装			-11.11%			
商业	设计			68.75%			
	安装			16.36%			

【任务 4-4】部门成本费用控制情况分析

根据任务资源基础数据中的【公共资源】，完成部门成本费用控制情况分析表，以完整小数位引用计算。标有%的项目，计算结果以%形式四舍五入保留 2 位小数填制答案。如，3.05%，其余结果以四舍五入保留 2 位小数填入表 10-55 中。控制情况填制“节约”或“超支”。

表 10-55　2019 年部门费用控制情况　单位：万元

序号	部门	预算执行对比			
		全年预算	实际发生	执行情况（%）	控制情况
1	行政人力中心				**
2	财务管理中心				**
3	质量管理中心				**
4	采购管理中心				
5	销售管理中心				
6	设计服务中心				
注：执行情况=实际发生/全年预算×100%；控制情况填制“节约”或“超支”					

【任务 4-5】人员编制分析

根据任务资源基础数据中的【公共资源】，完成人员编制分析表，以完整小数位引用计算。标有%的项目，计算结果以%形式四舍五入保留 2 位小数填制答案。如，3.05%，其余结果以四舍五入保留整数数填入表 10-56 中。

表 10-56　人员编制增长情况　　单位：人

部门	2018 年增长率			2019 年增长率		
	2017 年编制	2018 年编制	增长率（%）	2018 年编制	2019 年编制	增长率（%）
行政人力中心						
财务管理中心						
质量管理中心						
采购管理中心						
销售管理中心						
设计服务中心						
合计						

【业务资源 1】绩效得分计算说明（绩效得分与绩效奖金计算规则）

1. 绩效得分计算

（1）对企业影响为正面影响的指标得分=实际值/目标值×100，负面影响的指标得分=200−实际值/目标值×100。

（2）公司层和部门层得分最高为 100 分。

（3）目标值以当年预算报表与上年实际报表数据进行计算。

（4）如果指标出现负数，计算得分规则：完成情况优于预计情况，完成度按最高得分计；否则，得分按 0 分计。

2. 奖金系数计算规则（表 10-57）

表 10-57　奖金系数计算规则

项　目	规则说明	
	得分区间	系数计算规则
公司层	[95, 100]	系数为 1.0
	[90, 95)	系数为 0.9
	[85, 90)	系数为 0.8
	[0, 85)	系数为 0.5
部门层	[95, 100]	系数为 1.2
	[90, 95)	系数为 1.0
	[85, 90)	系数为 0.9
	[0, 85)	系数为 0.5

3. 年度奖金计算方法

（1）部门奖金最终系数=公司层考核系数×公司指标权重+部门层考核系数×部门指标权重。

（2）公司整体权重：部门指标权重=4∶6。

（3）个人年度目标奖金=月度个人基本工资/工资占比×奖金占比×年度在岗月。

（4）奖金占比+工资占比=1。

（5）个人年度实际奖金额=（个人年度目标奖金×个人考核等级奖金系数）×部门年度实际奖金系数等级与奖金系数（表 10-58）。

表 10-58　等级与奖金系数

考核等级	奖金系数
A	1.2
B	1
C	0.5
D	0

4. 个人奖金系数及工资占比

现有三人月度基本工资及工资占比和最终个人奖金系数如下，计算三人的年度绩效奖金，员工考核基本情况见表 10-59。

表 10-59　员工考核基本情况表

部　门	姓名	个人基本工资（元/月）	工资占比	在岗月份	考核等级
销售管理中心	张三	11 000	70%	12	A
设计服务中心	李四	13 000	80%	12	B
行政人力中心	王五	9 000	90%	10	C

【任务 4-6】整体业绩指标计算

根据任务资源基础数据中的【公共资源】和本岗位【业务资源 1】，完成公司 2019 年的整体业绩指标完成情况表。以完整小数位引用计算。标有%的项目，计算结果以%形式四舍五入保留 2 位小数填制答案。如，3.05%，其余结果以四舍五入保留 2 位小数填入表 10-60 中。

表 10-60　公司整体业绩指标完成情况

序号	项目	计量单位	权重	目标值	实际值	得分	加权得分
1	收入完成率	%	20%	100%			
2	净利润完成率	%	15%	100%			
3	净利润增长率	%	15%				
4	总资产周转次数	次数	20%				
5	权益净利率	%	15%				
6	资产负债率	%	15%				
7	合计得分	100.00					

【任务 4-7】业务指标计算

根据任务资源基础数据中的【公共资源】和本岗位【业务资源 1】，完成 2019 年销售管理中心业绩评价计算。以完整小数位引用计算。标有%的项目，计算结果以%形式四舍五入保留 2 位小数填制答案。如，3.05%，其余结果以四舍五入保留 2 位小数填入表 10-61 中。

表 10-61 销售管理中心业绩完成评价

序号	项目	计量单位	权重	目标值	实际值	得分	加权得分
1	零售额	万元	20%				
2	批发额	万元	20%				
3	商业订单增长率	%	10%				
4	家居订单增长率	%	10%				
5	销货成本增长率	%	20%				
6	（收入）存货周转次数	次	20%				
7	合计得分						

【业务资源 2】公司非财务指标数据（非财务指标统计情况）

各部门反馈部门非财务指标数据，如表 10-62 所示。

表 10-62 非财务指标数据

项目	年初计划	本年实际发生情况
客户满意度（%）	100%	95%
客户投诉次数（次）	10	12
服务态度评分（分）	100	90
客户报修率（%）	5%	7%
培训计划完成率（%）	100%	95%
员工流失率（%）	5%	6%
核心员工保有率（%）	100%	90%

【任务 4-8-1】服务指标计算

根据任务资源基础数据中的【公共资源】和本岗位【业务资源 1】及【业务资源 2】，完成 2019 年设计服务中心业绩评价计算。以完整小数位引用计算。标有%的项目，计算结果以%形式四舍五入保留 2 位小数填制答案。如，3.05%，其余结果以四舍五入保留 2 位小数填入表 10-63 中。

表 10-63 设计服务中心业绩完成评价

序号	项目	计量单位	权重	目标值	实际值	得分	加权得分
1	设计订单增长率	%	20%				
2	安装订单增长率	%	20%				
3	客户满意度	%	10%				
4	客户投诉次数	次	20%				
5	服务态度评分	分	15%				
6	客户报修率	%	15%				
7	合计						

【任务 4-8-2】行政人力中心业绩指标计算

根据任务资源基础数据中的【公共资源】和本岗位【业务资源 1】及【业务资源 2】，完成 2019 年行政人力中心业绩评价计算。以完整小数位引用计算。标有%的项目，计算结果以%形式四舍五入保留 2 位小数填制答案。如，3.05%，其余结果以四舍五入保留 2 位小数填入表 10-64 中。

表 10-64　行政人力中心业绩完成评价

序号	项目	计量单位	权重	目标值	实际值	得分	加权得分
1	部门费用实际与预算比	%	20%	100%			
2	人均部门费用	万元	20%				
3	（公司）全员人均营业收入	万元	10%				
4	培训计划完成率	%	20%	100%			
5	员工流失率	%	15%	5%			
6	核心员工保有率	%	15%	100%			
7	合计						

【任务 4-9】绩效评分系数

根据已完成任务和本岗位【业务资源 1】，完成奖金系数计算表。以完整小数位引用计算。结果以四舍五入保留 2 位小数填入表 10-65 中。

表 10-65　奖金系数计算表

项目	销售管理中心	设计服务中心	行政人力中心
公司得分			
公司系数			
部门得分			
部门系数			
部门最终奖金系数			

【任务 4-10】绩效工资计算

根据已完成任务和本岗位【业务资源 1】，完成绩效工资计算表。以完整小数位引用计算。结果以四舍五入保留 2 位小数填入表 10-66 中。

表 10-66　绩效工资计算表　　单位：元

部门	姓名	月基本工资（元）	基本工资占比	在岗月份	个人考核等级奖金系数	年度目标奖金	年度实际奖金额
销售管理中心	张三	11 000	70%	12			
设计服务中心	李四	13 000	80%	12			
行政人力中心	王五	9 000	90%	10			

*** 综合实训技能评价**

项目实训评价

学习任务：综合实训

（1）学生进行自我评价，并将结果填入学生技能自评表（表1）。

表1　学生自评表

<table>
<tr><td colspan="2">学习任务</td><td colspan="3">综合实训案例应用</td></tr>
<tr><td colspan="2">评价项目</td><td>评价标准</td><td>分值</td><td>得分</td></tr>
<tr><td rowspan="4">技能评价</td><td>投融资管理岗位</td><td>能负责使用净现值、内含报酬率、现值指数等方法进行可行性分析、对投资活动做出合理的决策、对资金需要量预测和资金成本率的计算及分析，对筹资活动做出合理的决策</td><td>20</td><td></td></tr>
<tr><td>营运分析管理岗位</td><td>能负责运用标准成本法、变动成本法、作业成本等管理会计工具进行相关成本管理成本，进行本量利测算、利润敏感性分析、边际贡献各项指标分析、盈亏平衡分析安全边际分析</td><td>20</td><td></td></tr>
<tr><td>预算管理岗位</td><td>能负责编制销售预算、生产预算、成本预算、直接材料预算、直接人工预算、制造费用预算、期间费用预算、应交税费预算、现金预算，编制预计资产负债表及预计利润表</td><td>20</td><td></td></tr>
<tr><td>绩效内控管理岗位</td><td>能负责业绩评价、财务分析、绩效考核、绩效工资计算</td><td>20</td><td></td></tr>
<tr><td rowspan="5">素质评价</td><td>工作态度</td><td>态度端正、无无故缺勤、迟到、早退现象</td><td>2</td><td></td></tr>
<tr><td>工作质量</td><td>能按计划完成工作任务</td><td>5</td><td></td></tr>
<tr><td>协调能力</td><td>与小组成员之间能合作交流，协调工作</td><td>5</td><td></td></tr>
<tr><td>职业素质</td><td>能做到严谨认真工作、自我管理能力强</td><td>5</td><td></td></tr>
<tr><td>创新意识</td><td>视野开阔，思维开放，勇于创新，敢于应对各种挑战</td><td>3</td><td></td></tr>
<tr><td colspan="3">合　计</td><td>100</td><td></td></tr>
</table>

（2）学生以小组为单位，对以上学习任务的过程与结果进行互评，将互评结果填入学生互评表（表2）。

表 2　学生互评表

学习任务		综合实训																		
评价项目	分值	等级								评价对象（组别）										
										1	2	3	4	4	5	6	7	8	9	10
课前任务	10	优	8~10	良	7	中	5~6	差	1~4											
计划合理	10	优	8~10	良	7	中	5~6	差	1~4											
方案准确	10	优	8~10	良	7	中	5~6	差	1~4											
团队合作	10	优	8~10	良	7	中	5~6	差	1~4											
组织有序	10	优	8~10	良	7	中	5~6	差	1~4											
工作质量	10	优	8~10	良	7	中	5~6	差	1~4											
工作效率	10	优	8~10	良	7	中	5~6	差	1~4											
工作完成	10	优	8~10	良	7	中	5~6	差	1~4											
工作规范	10	优	8~10	良	7	中	5~6	差	1~4											
课后任务	10	优	8~10	良	7	中	5~6	差	1~4											

（3）教师对学生工作过程与工作结果进行评价，并将评价结果填入教师综合评价表（表 3）。

表 3　教师综合评价表

<table>
<tr><td colspan="2">学习任务</td><td colspan="3">综合实训</td></tr>
<tr><td colspan="2">评价项目</td><td>评价标准</td><td>分值</td><td>得分</td></tr>
<tr><td colspan="2">考勤（10%）</td><td>无无故缺勤、迟到、早退现象</td><td>10</td><td></td></tr>
<tr><td rowspan="4">工作过程（60%）</td><td>投融资管理岗位</td><td>能负责使用净现值、内含报酬率、现值指数等方法进行可行性分析、对投资活动做出合理的决策、对资金需要量预测和资金成本率的计算及分析，对筹资活动做出合理的决策</td><td>15</td><td></td></tr>
<tr><td>营运分析管理岗位</td><td>能负责运用标准成本法、变动成本法、作业成本等管理会计工具进行相关成本管理成本，进行本量利测算、利润敏感性分析、边际贡献各项指标分析、盈亏平衡分析、安全边际分析</td><td>15</td><td></td></tr>
<tr><td>预算管理岗位</td><td>能负责编制销售预算、生产预算、成本预算、直接材料预算、直接人工预算、制造费用预算、期间费用预算、应交税费预算、现金预算，编制预计资产负债表及预计利润表</td><td>15</td><td></td></tr>
<tr><td>绩效内控管理岗位</td><td>能负责业绩评价、财务分析、绩效考核、绩效工资计算</td><td>15</td><td></td></tr>
<tr><td rowspan="4">成果项目（30%）</td><td>工作完整</td><td>能按照要求完成工作任务</td><td>5</td><td></td></tr>
<tr><td>工作规范</td><td>能按计算原理操作</td><td>10</td><td></td></tr>
<tr><td>知识认知</td><td>通过学习掌握了方法</td><td>10</td><td></td></tr>
<tr><td>成果展示</td><td>能准确计算</td><td>5</td><td></td></tr>
<tr><td colspan="3">合　计</td><td>100</td><td></td></tr>
</table>

参考文献

[1] 王桂花，李玉华．管理会计[M]．北京：北京理工大学出版社，2019.

[2] 蔡维灿，张华金，罗春梅．管理会计[M]．北京：北京理工大学出版社，2020.

[3] 刘洋，曲远洋．管理会计[M]．上海：上海财经大学出版社，2017.

[4] 罗艳琴，江鸿漩．管理会计基础[M]．南昌：江西高校出版社，2017.

[5] 郭少东．管理会计[M]．重庆：重庆大学出版社，2014.

[6] 向美英．管理会计[M]．2 版．北京：中国轻工业出版社，2017.

[7] 王静维，王慧，马盼盼．管理会计实务[M]．北京：北京邮电大学出版社，2019.

[8] 企业内部控制编审委员会．企业内部控制[M]．上海：立信会计出版社，2015.

[9] 余绪缨．管理会计[M]．北京：中国财政经济出版社，1989.

[10] 中国注册会计师协会．财务成本管理[M]．北京：中国财政经济出版社，2022.

[11] 高翠莲．管理会计基础[M]．2 版．北京：高等教育出版社，2021.

[12] 吴大军．管理会计[M]．5 版．大连：东北财经大学出版社，2018.

[13] 孙茂竹，文光伟，杨万贵．管理会计学[M]．7 版．北京：中国人民大学出版社，2017.

[14] 吕长江．预算实物[M]．上海：上海财经大学出版社，2014.

[15] 宋文秀．管理会计基础[M]．北京：清华大学出版社，2022.